无害的偏见

| 西方学者论中国法律传统 |

主编：徐爱国

撰稿人：张传玺　李燕　徐爱国　陈皓　王婧　薛万宝

图书在版编目(CIP)数据

无害的偏见:西方学者论中国法律传统/徐爱国主编. —北京:北京大学出版社,2011.10
ISBN 978-7-301-19627-4

Ⅰ.①无… Ⅱ.①徐… Ⅲ.①法制史-研究-中国 Ⅳ.①D929

中国版本图书馆 CIP 数据核字(2011)第 209715 号

书　　　名:	无害的偏见——西方学者论中国法律传统
著作责任者:	徐爱国　主编
责 任 编 辑:	白丽丽
标 准 书 号:	ISBN 978-7-301-19627-4/D·2967
出 版 发 行:	北京大学出版社
地　　　址:	北京市海淀区成府路 205 号　100871
网　　　址:	http://www.pup.cn
电　　　话:	邮购部 62752015　发行部 62750672　编辑部 62752027
	出版部 62754962
电 子 邮 箱:	law@pup.pku.edu.cn
印 　刷 　者:	北京汇林印务有限公司
经 　销 　者:	新华书店
	965 毫米×1300 毫米　16 开本　16.25 印张(插页 4)　242 千字
	2011 年 10 月第 1 版　2011 年 10 月第 1 次印刷
定　　　价:	36.00 元

未经许可,不得以任何方式复制或抄袭本书之部分或全部内容。
版权所有,侵权必究
举报电话:010-62752024　电子邮箱:fd@pup.pku.edu.cn

法治建设与法学理论研究
部级科研项目成果

序

16世纪,西方社会在文艺复兴、宗教改革和罗马法复兴的影响之下开始向近现代社会转型。与此同时,由于地理大发现和航海技术的发展,西方的传教士和探险者对古老的中华帝国有了最初的印象和体验。自此之后,在中国与西方或主动或被动的交流与碰撞中,西方人对中国社会的风土人情、历史地理乃至社会制度的了解也越来越多,从最初的直观记录,到以这些记录为基础的分析与评述,西方人眼中的中国形象日渐多样和丰满,尽管未必清晰、全面或者正确。这些形象有很多与中国传统的法律制度和法律文化相关。

一百多年前,中国在西方的武力胁迫之下开始了现代化的转型,中国自身的法律传统受到了挑战,被迫开始了变革,从那时起,有历史感的法律学家便有了一种焦虑,他们需要为转型时期的中国法律寻找根据,并勾画出法律转型的目标与途径。转型后的中国法律究竟要延续中国传统还是取法西方,抑或是某种中西传统的混合物?中西法律传统之间是否有通约的可能?这些问题的解决需要求助于历史,尤其是比较法的历史。梳理和反思西方对于中国法律传统的描述和评价某种程度上也是一种比较:首先,通过探寻西方人研究中国的目的,发现问题的方式,所运用的资料、概念和分析框架,我们可能发现自身由于"身在此山中"而不易觉察的研究盲点,增进我们对于自身的理解;其次,加深对于西方法律文化的理解和批判。我们可以分析西方学者的描述和评价与我们的观察和结论是否一致,如果不一致,为什么会出现偏差?不同时代的西方人对中国法的看法前后有哪些变化?为什么会有这些变化?等等。

近年来,这种反观他人评价的研究逐渐为学者们重视,外文文献译介的兴盛和相关资料的发掘与这种重视互为因果、互相推动。已经有学者对西方人的这种观察和总结进行了梳理,如《接触与碰撞:16世纪以来西方人眼中的中国法律》(田涛、李祝环著,北京大学出版社2007年版)、《中国法律文化对西方的影响》(史彤彪著,河北人民出版社1999年版)、《西法东渐——外国人与中国法的近代变革》(王健编,中国政法大学出版社2001年版)等。《美国学者论中国法律传统》(高道蕴、高鸿钧、贺卫方编,清华大学出版社2004年增订版)、《中国法律形象的另一面:外国人眼中的中国法》(张中秋编,法律出版社2002年版)、《中华帝国的法律》(D. 布迪、C. 莫里斯著,朱勇译,江苏人民出版社2003年版)等一些西方学者研究中国法的论文与著作相继翻译出版,某种程度上也为我们考察晚近学者对于中国法律传统的看法提供了方便。

本书的研究对象定位于16世纪初到20世纪80年代西方人对于中国法律的论述。研究资料主要来源于国家图书馆、北京大学图书馆等所收藏的有关明清时期来华西方人的回忆录、游记,相关学者的著述,辅之以对这些资料和著述的研究文献。在研究方法上,采用法社会学的视角,梳理和剥离出相关论者对于中国法的描述与观点,在此基础上加以评述。事实上,只有在法社会学的视角之下,中国法的问题——法律在传统中国社会治理模式中的地位和作用——才能成为西方学者们的研究对象,西方对于中国法律传统的认识才逐渐从表面走向深入。同样,作为反观者的我们也只有在法社会学的视角之下,才会关注古代中国的法律传统而不仅仅是法律典籍,才会去反思西方学者进行的中国法律史研究。因此,本书重点关注的是18世纪以来的西方法社会学家对于中国法律传统的看法。

在具体的篇章安排中,第一章和第二章主要介绍鸦片战争之前西方人眼中的中国法形象。这部分的史料梳理有两个考量：一是这些记述很多成为了后世西方学者研究和评价中国法律的资料，二是有助于加深我们自身对于那个时代的理解。19世纪初期之前，中华帝国依然沿着因袭千年的轨迹相对平稳地运转着，这个时期，西方的冒险家、商人和传教士等是西方了解中国的主要媒介。他们对于中国的法律条文乃至运作状况的认识还是相对零散、感性的，但是他们最早感受到了中西文化的差异以及彼此之间沟通与认同的困难。当1793年英国的马戛尔尼率团出使大清时，这种差异和困难得到了集中的体现。作为中英两国历史上的第一次官方接触，马戛尔尼使团并没有促成中英两国之间的有效交流，但是其成员对于中国的记述和评价成为后来西方人认识和研究中国的重要资料，自此之后，西方人不再认为中国是一个神秘而美好的国家，而留下了野蛮、落后和停滞的形象，甚至后来鸦片战争的爆发也与使团来华的经历不无关系。

第三章探讨的是孟德斯鸠对于中国法的论述。孟氏最早运用社会学和比较的方法分析了法律与政体、道德风俗、地理环境甚至贸易、人口的关系。在其名著《论法的精神》中，中国作为专制政体的典型被反复提及。孟德斯鸠论中国法的可取之处，在于他用近代启蒙学者的眼光从宏观上来分析和评价一个专制的政治制度和法律制度。严复和梁启超等中国近代的启蒙学者从他那里获益颇多。书中，读者会看到严复在翻译《法意》时对于孟氏论述的评价，两相对比之下，或许可以发现孟德斯鸠论中国法过程中的真实之处和不实所在，从而判定孟德斯鸠论中国法的理论价值与缺陷。

第四章是关于马克思·韦伯对于中国法律的论述。生于19世纪的德国社会学家马克思·韦伯构建了庞大的社会学理论体系，法律社会学成为其政治社会学、支配社会学和宗教社会学讨论中不可或缺的重要方面。在韦伯看来，作为西方法律和形式理性的参照，传统中国法是法律史原始阶段的法，传统中国社会的政治结构和社会观念决定了传统中国法停滞在这个阶段。但是韦伯并未明确传统中国的法律属于何种理性的法，而对于这个问题的探究又引发了对中国法律史本身研究方法和态度的反思。不管结论如何，韦伯的理论给我们的思考提供了更多可能性却是不争的事实。

第五章总结了罗斯科·庞德与中国的渊源。庞德是20世纪美国社会法学的代表人物，与孟德斯鸠和韦伯不同，庞德到过中国三次，并且在1946年至1948年担任国民政府的司法行政部顾问和教育部顾问，亲身参与了中国的法制转型，因此庞德对于中国法的论述少了形而上的抽象色彩而更多是具体的改革建议。庞德认为，中国已经有很好的法典，最为关键的要使法典在适用中能够成为真正适合于中国社会的法典，因此庞德极力主张统一法律教育，编纂统一的法律著述，统一法律解释和适用。这些主张践行了庞德的社会法学思想，而其对《中华民国宪法》草案的辩护则成为其思想理论体系盲点的一个注脚。

第六章梳理的是20世纪80年代美国批判法律运动的领袖人物罗伯特·昂格尔对中国法的论述。批判法律运动的思想渊源可以追溯至法律现实主义，而法律现实主义又与社会法学有着密切的关联。昂格尔认为不同的社会形态存在不同的社会意识和社会秩序（社会组织），法律问题只是其澄清社会问题的一个手段。以这种意识—组织进路看待中国的法律传统，昂格尔认为，中国没有走向西方式的法治，一方面是因为在中国的内省性宗教观以及儒家、法家思想影响下，中国最终没有发展出自然法观念；另一方面是因为中国古代的士人、商人相对于政府的依附地位导致中国不存在多元利益集团，阻碍了法治的实现。但是昂格尔只是将中国古代社会作为西方自由主义社会法治的一个参照物，却忽视了在反对法律形式主义而证明法律与政治联系时，中国古代社会的治理经验是可以为其提供佐证与帮助的。

最后一章探讨的是比较法律史及其方法论。作者认为,法律史的比较分为两个层次:浅层次的规范比较和深层次的结构(文化)比较,只有在类似的社会结构下,法律才具有可比性,因此将中国的传统法律与西方古代的法律相比较才是可行的。在古代,宗教和道德是社会控制的主要手段,决定着法律的运行。宗教和道德的差异决定了古代东西方法律表面相似之下的差异所在,也导致了后来的分化:当西方步入了现代社会的时候,东方社会相对静止,东西方的法律传统开始出现了分野。事实上,法律史的结构比较隐含的就是一种法社会学的视野——法律不仅是静止的书面条文,更是一种动态的调控手段,它与其所处的社会之间有着密切的关联和互动。在这样一种视野下中西对照,才能够解释中西法律传统真正的差异所在。

今天,西法东渐已然有一百多年的历史了,但是我们似乎仍在焦虑,我们仍然需要为当下的法律寻找根基。这个过程必定相当漫长而艰苦,还原西方人眼中的中国法形象并对其做出反思和评价,本书做出的这种努力相信是在这一过程中向前迈出的一步。

本书为徐爱国主持的司法部"法治建设与法学理论研究项目"之"西方学者论中国法律传统"(08SFB2010)的最终成果。其中,第一章的执笔者为张传玺,第二章的执笔者为李燕,第三章和第七章的执笔者为徐爱国,第四章的执笔者为陈皓,第五章的执笔者为王婧,第六章的执笔者为薛万宝,全书由徐爱国统稿。

本书中插图均为1793年英国马戛尔尼访华团随团画师威兼·亚历山大所画。这些画作内容涉及中国政治、经济、社会生活诸方面,不但成为18世纪西方了解中国的最早的形象资料,还成为此后西方人关于东方景象的一个重要创作来源。

徐爱国

2011年仲夏

目录

第一章　中西法律文化的冲撞
　　——近代西方人眼中的中国法 /001
　一、引言 /003
　二、欧洲与中国：彼此态度的变与不变 /005
　三、西方人看到了什么 /008
　四、中国法形象的变化过程 /027
　五、结语 /031

第二章　英国外交使团遭遇中国法
　　——马戛尔尼使团的中国法律印象 /041
　一、引言 /043
　二、马戛尔尼使团访华的背景介绍 /045
　三、马戛尔尼使团的中国印象
　　——对四位成员的记述的考察 /047
　四、结语 /055

第三章　法国启蒙主义与中国法传统
　　——孟德斯鸠论中国法 /063
　一、引言 /065
　二、孟德斯鸠与中国法 /065
　三、中华帝国的政体特质 /069

四、政治奴役与家庭奴役 /074

五、自然环境与中国法特性 /079

六、风俗、习惯和宗教与中国法律的特质 /083

七、经济与法律 /088

八、结语 /090

第四章　德国现代化理论中的中国法
　　　　——马克斯·韦伯论中国法传统 /107

一、引言 /109

二、韦伯的法律史观和类型学研究与中国法形象的定位 /109

三、韦伯对传统中国法形象的描述和论证 /113

四、作为形式理性的参照,传统中国法应归于何种类型 /122

五、余论:兼评中西方学者对韦伯论传统中国法的倾听
　　和质疑 /126

第五章　美国法律教授的中国之行
　　　　——庞德社会法学思想在中国的实践 /143

一、引言 /145

二、庞德的社会学法理学思想 /145

三、任职中国的背景与过程 /147

四、对中国法律的评述 /151

五、评价与反思 /168

六、结语:庞德与当代中国 /173

第六章　中国法传统的批判与误读
　　　　——昂格尔批判法学中的中国法传统 /181

一、引言:昂格尔的批判法学与中国法 /183

二、中国传统社会及其法律 /184

三、关于昂格尔对中国传统社会的看法的评述 /196

四、结语 /211

第七章　比较法律史及其方法论 /223
　　一、问题的提出 /225
　　二、规范比较与结构比较 /226
　　三、中西法律之间道德与宗教的比较因子 /230
　　四、比较法律史方法论的四对范畴 /234
　　五、简短的结语 /241

第一章 中西法律文化的冲撞

——近代西方人眼中的中国法

第一章 中西法律文化的冲撞

一、引言

在很长的历史时期里,中国在西方人眼中一直是一个神秘的国度[1],西方载籍中掺杂传闻与想象的描述,久已有之。自16世纪初以来,随着西方人与中国的不断接触,西方文献涉及中国形象之处逐渐增多,中国的地理、历史、风物、人情乃至社会制度等诸多方面渐为西人所观察和了解。对于中国古代法律文化的研究而言,近年来,随着中西文化交流史研究的深入,大量海外文献的译介,以及对中国法律史史料的新认识,越来越多的中国学者关注到涉及中国古法的中西文化交流史料。从卷帙浩繁的记录中国的文献中捡拾涉及中国法的资料,并对数百年来西方人对中国法的观察与思考加以新的分析和运用,成为一种值得重视的中国法律史研究路径。

相关著述的主题主要包括两类,即西方人对中国法的认识和西方人对中国法的影响。一方面,相当多资料可补本土史料之不足,另一方面,将西方人对中国法的论述作为中国法律史研究的一部分,已有必要。这里所重点关注的,是西方人对中国法的认识。西方人的认识,亦可分为两个层次:其一是对中国法的直接的观察和记录,来源于数百年间来华的西方人的耳闻目睹;其二是西方学者依据这些记录作出的理论分析和评价。西方学者的不少经典论述,所举并非对中国法的亲身观察,而是历史上来华西人的记录。时至今日,西方对中国法的印象,多来自后者,即言中国法的面相,则多称伏尔泰、孟德斯鸠与韦伯;而对前者是否真实反映中国法的内容与实质,以及前者与后者之间的关联,似乎并非西方关注的重点。众所周知的是,西方对中国法的恶评,是推动清末修律的动因之一;而且在某种程度上仍影响着现代西方甚至国人对中国古法的认知。简要梳理西方对中国法的直接记录,用以分析西方理论的基础,理清西方人的叙述脉络,实有利于公正评价中国古法。

本章目的在于初步梳理16世纪至19世纪初西方人对中国法的直接观察,因此不过多涉及西方学者基于这类观察而作的分析。相关主题下的中国学者的已有成果可分为两类:一为梳理为主,如《接触与碰撞:16世纪以来西方人眼中的中国法律》[2],该书图文并茂,信息丰富,较全面而直观地展现了西方文献中的中国法内容,且有激荡的感情流诸笔端,对我们的研究颇有助益;又如《沟通两个世界的法律意义——晚清西方法的输入与法律新词初探》第一章"中西初识"部分,亦大体点出西方人(尤其是传教士)对中国法的一些观察方式的特点;另一类是某些专题性质论著,限定主题或时间段,其中部分涉及本章主题的,如言及19世纪初中国法西译问题的《西法东渐:中西法律概念对应关系早期历史的考察》[3],重点考察19世纪初之后以传教士为主体的西方人对中国法的影响的《传教士对中国近代法制之影响》[4],等等。

西方所存的涉及中国古法的载籍的历史,可以追溯到非常久远的从前。公元2世纪末,正值中国东汉后期,罗马人鲍默鲍尼奥·梅拉(Pomponio Mela)写道:"居住在地球一端的中国人所奉行的法律禁止他们杀人、通奸、卖淫、盗窃和敬拜神像,因此在那个幅员辽阔的国度里看不到庙宇、神像、妓女、通奸者;没有盗贼被审判,也没有谋杀人的记录。"[5]公元9世纪中期,两个阿拉伯商人曾到过唐宣宗治下的中国,他们记录中提到,对罪恶的处罚特别残酷,对个人的监视很严密,"在中国,不论是本国人还是阿拉伯人,抑或是任何其他外国人,每个人都必须言其全部所知,而无任何借口不如此行事"。盗贼一旦被擒获就会被立即处死。[6]著名的《马可波罗行纪》中,有对元代盗之处罚、制造伪币应处以极刑、特设公共法庭处罚不孝者、缢杀罪人和释放罪人的记载。[7]

不过,明代之前的这类史料零散而稀少,不能作为有效的材料。16世纪初,欧洲人开始向东方迈进,《马可波罗行纪》的记载,指引着伊比利亚半岛的舰船的航向。1509年,葡萄牙人和中国人相遇在马六甲;1515年,《东方概要》中开始有了对明代中国海禁法律规定的记载。自此,反映中国法律的西方人著述逐渐多了起来。

这些著述的显著特征是,其作者多为传教士。如首版于1585年的西班牙圣奥古斯丁会修士门多萨的《中华大帝国史》多依据葡萄牙传教士克鲁斯和西班牙传教士拉达的记载而编纂;还有诸如利玛窦神父原作的《中国札记》、曾德昭神父的《大中国志》、以杜赫德神父为重要编辑者的自 1702 年至 1776 年数十年间的《耶稣会士书简集》、杜赫德神父据《耶稣会士书简集》的资料而编纂的《中华帝国通志》,等等。这些著作一旦发表,就在欧洲引起轰动,被译成多种文字,多次重印,且内容多有互相借鉴之处,影响极其深远。这些作品基本都会介绍中国法律的某些部分。其中不少作品或其摘录,被译为中文,有的中译版本多达四五种,有利于感兴趣者选择利用;而有的洋洋百余万言,至今尚待中国学者发掘。

19 世纪前后,待英国马戛尔尼使团访华后,1810 年英译本《大清律例》面世,在英语世界引起广泛讨论;其后又有法译本出版。中国法律作为一个专门题目,被置于近代西方社会科学理论的检视之下,西方对中国法的评价逐渐定型。透过不计其数的此类记述,我们能够看到,自 16 世纪开始,西方人眼中的中国法是如何从朦胧和扭曲到清晰地呈现出其面相的。

我们在这里所关注的,正是 16 世纪初到 19 世纪初(具体而言,就是英译《大清律例》问世之后)三百年间西方人眼中的中国法的形象;所用材料,尽量撷取在欧洲传布面广、影响大的部分;重点考察西方人对中国法的某些特征的观察和评价,间或辅之以中国的史料;并试图找到某些框架性的线索,以得出初步的结论。冲破资料和眼光方面的限制,尚待来者。

二、欧洲与中国:彼此态度的变与不变

(一)西方的变化

1492 年哥伦布发现美洲大陆,西欧对世界的梦想就此开始。伊比利

亚半岛上的葡萄牙和西班牙两国竞相开始远航,希图征服远方。两国对本不了解的世界预先做了势力划分:1493 年,罗马教皇亚历山大六世以所谓"教皇子午线"为界,为两国划分了势力范围;1494 年,两国间又签署了《托德西拉协议》,确认葡萄牙在东方的势力范围;1514 年,教皇莱奥十世授予葡萄牙"保护东方的天主教会"的权力即保教权;1529 年,因麦哲伦环球航行证明地球为圆形,葡、西两国更定了分界线,签订《萨拉戈萨条约》,自此,两国的势力范围正式划定。

地理大发现的后果之一是西欧有了去扩张海外贸易的希望,此时西欧的财富追求和商业发展急需在异域找到宣泄口;而葡、西两国划定地理上的势力范围的重要内容是确定葡萄牙的保教权;同时保教权又与殖民征服相联系。这样,从教会、国家到个人,葡萄牙举国乃至西欧的目光,都投向了东方,武力征服、贸易和传教活动如西来的波涛。借由 15 世纪对非洲海岸的征服和经营,1503 年,达·伽马舰队入侵印度;1505 年,葡萄牙国王唐·曼努埃尔一世任命了首位驻印全权代表;1510 年,葡萄牙人占领果阿,随后于 1511 年,攻占马六甲。西欧人发现东南亚地区并非传说中的香料、黄金和宝石的盛产地,而此时,被认为是"高贵、优雅和丰盛之国"、而国民却很"脆弱"的中国已经近如咫尺了。[8]外交接触和军事冲突曾经并存于葡萄牙官方与个人的对华关系设想中。最初的外交接触受到挫折[9],几无悬念,武力征服的习惯模式被不少早期欧洲人(先有葡萄牙人,后有西班牙人)所建议和尝试。[10]但中国毕竟不是美洲大陆;在经历最初的武装冲突后,欧洲人只能(暂时)放弃这样的打算。[11]通商和传教成为西方官民与教会对中国的主要企图。限于明清两朝均持海禁政策,对海外贸易多有限制,贸易上的往来并未对中西交流产生重要影响。与此相对的,传教活动取得丰富成果。16 世纪时,葡萄牙人在澳门地方建立埠口,挟保教大权,一时隆盛。但此时的西班牙不仅在欧洲与葡萄牙有纷争,以至两国强行合并之事亦出;而且西国一直觊觎葡国的东方保教权,两国支持的不同的基督教修会彼此争竞;随国势渐盛,法国亦曾挑战葡国的垄断地位,其于 1687 年遣华的传教团得到了康熙帝的接见,自此法国传教士亦大举来华。对中西文化交流居功最大的传教士团体是耶稣会,明代后期采适应策略,得以长期在中国境内活动,直至康熙帝因礼仪之争而禁教,近百年间获取不少信息,存留的文献丰富。

西方试图了解中国的另一个方式是派遣外交使团访华。总的说来,欧洲对中国的外交接触是失败的,两者间的近代外交关系一直没能建立起来,甚至早期来华的托梅·皮雷斯使团还被明朝政府下狱。但欧洲对华交往的领袖角色不断易主,崛起的不同新兴强国总希望能与中国建立关系,获得在这方面冠绝欧洲的地位和荣耀。

1793年英国使团访华是对中西关系产生重要影响的事件。此前西方对中国的印象多有因传闻而夸大之处,不论是正面还是负面描述。英国使团做了充分准备,细致观察,纠正和扩充了对中国的认识。对比中国,英国人在智识上的优越感,使团的失败际遇,欧洲因使团失败而陷入的自尊受挫后的愤怒与仇视,都为中国在几十年后遭受列强凌辱埋下了祸根。

(二) 中国的变与不变

马可波罗在中国的行止际遇,曾对西方人有莫大的吸引力:游历各处,饱览风物人情,甚至还能入朝为官,获得在异国的殊荣。元朝是中国历史上一个独特的朝代,海外贸易繁荣,蒙古统治者也不疑惧形形色色的来华的西人。记载元朝事迹的《马可波罗行纪》一书的意义,不仅在于它提供了关于中国的一些信息,更在于它暗示了一个庞大帝国对外的开放性。然而数世纪后,真正踏上中国土地的西方人才发现,马可波罗口中的"中国",并不是真正的中国,中国远非开放:明初就因海盗问题开始实行海禁闭关政策,对外国人进入中国境内又有严格限制。沿海贸易规模长期被压制,但得益于正德年间海禁松弛的状况,得以持续。传教士的活动则有令人瞩目之处:对传教行为的变通、上层路线、绞尽脑汁的讨巧和伪装,诸多手段使得传教士在中西交流史上占据了重要地位。

然而这一切的变化最终都操控在中国人手中。中国很早就有地理和文化上的"中国"和"外蕃"的区分,满足于周边小国的俯首来归、"奉我正朔"。明清锁国、自居于天下中央,从来都是自上而下地看待外国人的。对外国人,中国人所重视的首先是他们在文化和政治上的顺从;朝贡制度是对外关系的框架:明清历代会典的"礼部",对外国使节来华朝觐的程序、仪式多有详细规定。此为中国所未变者。这是西方人想要同中国建立外交关系时，面对的首要问题。

正当马戛尔尼使团来华之际的1792年，乾隆帝通过战事的胜利主导了对蒙藏喇嘛教的一次改造，即确立了转世灵童的金瓶掣签制度，中央对藩属的控制空前严密；英国人因本国间接卷入西藏战事而忧心，或许还没对乾隆帝这位"善良的老人"会以何种姿态对待他们做好心理准备：他们没能探究明白，中国统治者心目中的英国是何角色？最终，在中国人戒备而矜持的坚守下，英国人出使的目的没有达到。天朝漠然地目送马戛尔尼一行西归，全然没想到自己的举动"羞辱了整个欧洲"。此后未经五十年，欧洲列强以船炮叩门，将羞辱加倍奉还给了中国人。

三个世纪间，欧洲在实际交往中对中国的态度和行为有着明显的变化：从浅尝辄止的征服计划，到通商和传教的传统动力下的融入中国社会的努力，再到外交层面的屡次尝试；从葡萄牙到法国，从商人到传教士，一旦发现本国标准不适合适用到与中国的交往中，就会转变态度，适应中国的做法；而在近代国际关系成型的18世纪前后，英国未能撼动中国一以贯之的对外政策，中国对待欧洲各国的原则未变。

三、西方人看到了什么

前文是西方对中国的认识过程变化的简要背景。对于我们所关注的主题——西方人眼中的中国法的形象变化——而言，非为多余而无用：从私人到组织（传教士团体）再到国家使团，不同观察主体是从相异的角度来看中国法的，间有所属国家国情、自身素质、在华境遇等等方面的不同，其对中国法的印象自然不会一样。本部分则试图描述，西方人都看到了中国法的哪些部分，其观察记录又是如何从零散的、表面的，再到深入的、整体的。本部分将以西方人的记录为主，间以中国载籍的辅证。

第一章　中西法律文化的冲撞

（一）实体法律规定

1. 从海禁到亡叛

西欧人自海上来华,首先注意到的就是明清两朝的海禁命令。《大明律附例·兵律》"私出外境及违令下海"条不仅以律文对内禁止民间的海外贸易,而且以条例规定,"夷人"来华,只能"朝贡"后方得贸易,禁止"私相贸易",此亦即"非朝贡即不许互市"的朝贡贸易体制。第一位葡萄牙通华使节托梅·皮雷斯曾于使华前,在1515年左右在《东方概要》中描写了"王国关于航海出国的规定"[12],也描述了明代中国的海禁政策。有明一代海禁政策紧弛不一,时有废启;但对外国人入华和在华活动的限制,虽无正式法律加以规定,但一直是全国上下的基本态度。即使在朱姓王朝的末期,利玛窦神父仍提到这种限制并试图解释其原因:"中国人不允许外国人在他们国境内自由居住,如果他还打算离开或者与外部世界有联系的话";"我从未听说过有这样的法律,但是似乎十分明显,这种习惯是许多世代以来对外国根深蒂固的恐惧和不信任所形成的"。[13]天朝不仅对外国人入境有极大限制,而且对本国人民背国从夷和内部叛乱严加镇压。费尔南·洛佩斯·德·卡斯塔内达在1553年写于葡萄牙的《葡萄牙人发现和征服印度史》中说:"国王颁布法令,对逃离中国者处以死刑"[14],而据1554年写于马六甲的《中华王国的风俗和法律》,对"深山里的反民"处置比一般犯罪严厉得多,"处死"、"当街示众,让大家都知道他们是背叛国王的逆贼"。[15]这些记录似乎反映了《明律·刑律》"谋反大逆"条和"谋叛"条的规定。

2. 司法管辖权的行使

在对所谓"化外人"犯罪的管辖上,明律与唐律的"属人与属地主义综合"原则不同,一概采现代所谓"属地主义"原则;据《大明律·名例》"化外人有犯"条:"凡化外人犯罪者,并依律拟断。"但据胡安·包蒂斯塔·罗曼在1584年作于澳门的《中国风物志》中说:"居住在澳门这里的葡萄牙人,如同中国皇帝的藩臣,因此,服从与承认广州的管辖……葡人自己之间的民刑纠纷,由长官和听审官审理判决,但如涉及中国人的,则由香山县及广州的中国官员与法官审理判决,往往葡人被押交给他们,当众鞭笞与惩罚"[16],说明在澳门仍采综合原则,并似已成制度。

另一方面,早期在华的欧人也记录了中国司法体系的统一性。这种统一性首先表现为中央对地方官吏的监督和地方与中央政府的例行联系。如写作于1554年的《中华王国的风俗和法律》就提及"朝廷的官员每年两次到各城巡视审案,主要查看地方官员是否尽职,是主持正义还是作威作福、欺压百姓。倘是后者,立即撤职,换上另外的人",而"各城的统治官和司法官""负责每月给朝廷写公文,汇报在辖区内所发生的事"。[17]中央对地方的司法监督同样能够在其他文献中看到,如与《中华王国的风俗和法律》时代相当的加里奥特·佩雷拉的《关于中国的一些情况》中,就数次提到"掌握流动法庭的法官"审案和对地方事务的"巡视"。[18]其次,西方人也了解到司法统一性在机构和制度上的表现,死刑的复核、报批和执行程序,似乎能直观地表明司法体系的统一和完整,西人对此着墨甚多。西班牙籍奥古斯丁会修士马丁·德·拉达写于16世纪后期的《记大明的中国事情》中记载道:"他们说除了打仗时将官之外,官员不得判人死刑。在其他情况下,如果有人该当死罪,那把他关在监里,以待把案情上报皇帝,由皇帝判死刑。"[19]门多萨根据拉达的记录写道:"这位皇帝统治他的帝国和臣属,尽管大到有很多省和城镇,仍然没有一个总督、长官或法官能把任何人处死,除非首先得到皇帝和朝廷对死刑的批准。"[20]与拉达处于同一时代的属多明我会的葡萄牙传教士加斯帕尔·达·克鲁斯作于1569年的《中国情况介绍》中,提到了"国王确认死刑"、由地方(省)复审和执行死刑的情况。[21]据《明史·刑法志》所载,死刑案件的最终审理和执行,明代间有变化。在皇帝的司法权之典型——死刑案件的最终裁决上,曾有太祖亲审死罪、永乐十七年(公元1419年)京师外死罪重囚"悉赴京师审录"、天顺三年(公元1459年)后每年霜降进行朝审等制度上的设计。而死刑的执行,在朝审之外,对"决不待时"的死罪重囚,则遣官"往决之"。而到清初之后,死刑的秋审制度正式建立,一方面将皇帝的司法权制度化,另一方面更利于体现恤刑原则。18世纪末马戛尔尼使团访华对秋审制度的记录,延续了16世纪下半叶以来西方人对此的观察和认识。[22]这些中西记载,对理清明清朝审、秋审制度提供了一些线索。

3. 强盗伤杀与窃盗累犯

古代中国的传世法典都将强盗伤杀作为重案严厉惩处。作为显著现象,很难不引起来华的西方人的注意。葡人加里奥特·佩雷拉作于1553—1563年的《关于中国的一些情况》中曾提到:"对盗贼和杀人犯,他们决不宽恕","那些作为盗贼或杀人犯而抓起来的","都被投入监狱,不多久就会饿死或冻死";未死人犯的"罪行就被上报朝廷,从那儿传来死刑的判决"。[23]这种犯下强盗和杀人罪行的人难逃一死的说法与中国古法的规定与实践都有不符之处。几年后成文的加斯帕尔·达·克鲁斯的《中国情况介绍》除了说到佩雷斯所提及之事外,进一步提及对死囚区分情况处理的情况:官员对死刑案件进行反复审核,"看看是否有什么情况可减轻其罪责,不至于判处死罪";有时有的犯人得以从刑场上生还,"因为发现有些情况应该能赦其罪,使之免死"。[24]

而对于窃盗——偷窃行为——的非同一般的处置,更会引起西方人的兴趣。明末由葡人曾德昭所著《大中国志》中记载,盗窃"如果是初犯,所窃的价值不大,那么只受到刑杖,并关押一个时期。如果犯第二次,加重同样的刑罚,或者在他的外臂印上'窃盗'两个字,这两个字的意思都是盗窃"。[25]这显然是至迟自唐律即有的窃盗累犯科刑加重特色——与其他犯罪之累犯未加特别规定不同——的描写。据《大明律·刑律》"窃盗"条:"凡窃盗已行而不得财,笞五十,免刺;但得财者,以一主为重,并赃论罪;为从者,各减一等。初犯并于右小臂膊上刺'窃盗'二字,再犯刺左小臂膊,三犯者绞。以曾经刺字为坐。"而据《明史·刑法志》,对"窃盗三犯"的处理曾有不少变动。虽然曾德昭的记录与明律和中国载籍在细节处有异,不过此处他详细地描述了如何刺字,利于我们形象理解当时的窃盗乃至其他犯罪刺字的方式。

4. 通奸及妇人犯罪

在曾德昭笔下,"妇女犯奸的,如果她从前有贞洁之名,受到鞭打或杖刑,把裤子一直扒到脚跟,让她出丑,有时当街鞭打;但是,如果她早就失去贞洁,就只让她穿着裤子挨打。"[26]亦即妇女犯奸,公开行刑,以示羞辱。一百多年后,马戛尔尼使团中的随行画家威廉·亚历山大有题为"官员审讯妇女"的画作,描绘了地方官审讯犯奸妇女的情形,特别说明了审讯是在"比较偏僻的地方"进行。[27]据《大明律·刑律·断狱》"妇人犯罪"条下有一般犯罪妇人(除犯奸及实犯死罪等之外)不被亲身提审、单独收监的规定,《大清律例》本条及诸条例亦是;更具体地,《大清律例根源》则载乾隆十年(1745 年)十一月刑部议复张若霭条奏定例,有调奸、图奸案件证据确凿的,受害妇女不必到官的说辞,即"养廉耻、维风化"。可见,妇女——尤其是作为受害者——在收押、拷决过程中确实享有某些优待;但事涉风化的案件,对女犯的隐蔽审理和公开行刑,显然并非如马戛尔尼所认为的是为"保障妇女的隐私"。[28]

5. 钱债纠纷

来华的西方人不仅关注中国法中的犯罪及其制裁,也观察到了某些更为常见的钱债纠纷——即现代所谓的"民事"案件的处理。如作于 16 世纪 50、60 年代的葡萄牙人伯来拉的《中国报道》(即加里奥特·佩雷拉的《关于中国的一些情况》)中写道,对于欠债者,"关押起来一直到付清为止";为更有效地追债,官员会召去欠债人,在问清楚他们不还债的原因后,"给他规定还债日期;如果到期不还,就用笞刑;如此反复,直至丧命"。他还比较了中国和葡萄牙在存在多个债主的情况下,还债顺序的不同:"他们不像我们那样先把钱还给欠债时间最长的,而是先偿还最后所欠的债务。"并且试图找出原因:向最后的债主还钱,是因为这样的债主的借款行为"似乎更是出于道德,而不是出于利益"。[29]克鲁斯作于1569 年的《中国情况介绍》中也有相似的描写,并且说明"如果找不到欠债者,就由亲戚们代他还债";搬家之前,需要广而告之,让债主前来,否则,"邻居们就要被迫偿还他的一切债务"。[30]直到 18 世纪末的中国,似乎还采取同样的手段来解决钱债纠纷——马戛尔尼使团的斯当东就观察到,关押、枷号示众和亲属代偿仍是官府处理民间债务纠纷的手段。[31]

另外,西方人还记录了不少古代法的内容,如"共犯罪造意为首"、罚金的适用,官员丁忧等等。这些记录涉及中国法的不少方面,虽似嫌零散且缺乏精确性,还存在误解、歪曲之处,但反映出西方人对中国法实际内容的认识过程。

（二）司法过程

西人对中国法律关注的另一个重点,是司法过程。同实体法律规定一样,在华西人对司法过程的信息来源,既有耳闻目睹者,又有亲身经历者;其记录同样较多且详细。而且这些记录的出发点之一,是出于中西司法过程所存差异的比较。如《关于中国的一些情况》(《中国报道》)的作者葡萄牙人加里奥特·佩雷拉就曾在1550年前后被中国福建地方政府逮捕下狱,并经历了狱讼的全过程。[32]这些记录很直观地展现了个案处理的过程,并有佩雷拉本人的认识;1625年因海船失事被广东地方羁押的西班牙教士阿德里亚诺·德·拉斯·科尔特斯神父亦有涉及他亲身经历事例的记述——《中国旅行记》传诸后世。

1. 官员品性

在某些早期记录中,中国司法官员以正面形象出现。除去所记录的官员确实拥有良好品行的可能性之外,正面评价中国官员的原因之一可能是记录者未能深入了解中国官场生态,以及个别事件中官员对外国人的特殊姿态。1548年远东耶稣会的首脑人物葡萄牙籍传教士方济各·沙勿略神父所写的一份报告记录了一个商人在广州纳税时以戒指行贿,而官员拒收的遭遇:"他不肯收下,而且对我说,如果知道是谁给我出的这个主意,就要吩咐惩罚他,中国的好官没有任何受贿习惯,尤其是对外国人。"[33]这与随处可见的熟悉中国情况的人建议初次来华的外国人"送些礼物给官员"的记录颇不同。不过,很可能这名商人是在试图遵守这项建议,却遇到了一位"尤其是对外国人"没有受贿习惯的"好官"。原因之二可能是一些记录者本身曾经历牢狱之灾,一旦逃出生天、自觉被公正对待,就不免对司法官员赞赏有加。佩雷拉赞美提审他的官员:"还有一件事很值得称道,即他们在提审时耐性极好。"即使受审的葡萄牙人"没有遵照他们的习惯在他们面前保持应有的姿势",官员们仍"显得如何耐心和忍耐,使我们大为吃惊。据我们所知,这种情况会使我们之中的任何一名法官和审判官忍受不了"[34]。

同时对中国官员的负面评价也是屡见不鲜。愚昧、傲慢、残忍、效率低下、对下专断、对上媚从,尤其是因贪财而枉法的形象多次出现在西方人的记录中，不胜枚举。中国官员主动遵守道德准则、在安全而私密的受贿条件下有清廉表现的情形如何，还不得而知；但外部的严密监督和惩处可能会发挥一些作用。

2. 公开审判

佩雷拉在《关于中国的一些情况》中说到："我们认为这些老爷们有一点做得极好，就是当一个人被带到他们面前，需要对此人提几个问题时，就在他们每个衙门都有的那个大堂上公开进行，哪怕最严重的案子也是如此。"公开审理的优点之一是"公堂上一直有多人在场听取证词。这样，作记录的就不能不如实记录，不能捏造情况"[35]。稍晚些的葡萄牙传教士克鲁斯在《中国情况介绍》中写道："如果要审讯或讯问有些证人，老爷们就当众进行，在场的有其衙门里的司法官员，以及其他一切有必要在场的人。这样做是为了不能造假，也不能在审讯方法上使奸，当然也包括记录在内。"[36]他们赞扬公开审理的形式，是因为当时在欧陆，审判是秘密进行的："而在我们国家的法庭上，证人说的话只有审问者和记录员两人知道，这样就可以用钱贿赂作弊"。[37]

3. 证据模式

关于证据模式，《中华王国的风俗和法律》中提到："不用起誓，但是当有人不想说实话时，便要对他用刑。"[38]通过对比其他异教民族的做法，佩雷拉说，中国人"在法庭上不采取任何起誓手段"，除了清白正直之士，当事人的陈述和证人证言被置于刑讯之下。[39]同样的描述也出现在克鲁斯的《中国情况介绍》中，克鲁斯还提到了证人间的对质："首先分开讯问证人，如果证词有矛盾，就把他们同时传来，当着一个人的面向另一个人提问，甚至由他们争吵相骂，以便从他们之间的话语中弄清事实。"[40]誓证是西欧旧式证据模式，曾长期存在，在不同国家曾有不同发展；而刑讯拷问以及"据众证定罪"则是中国传统的证据模式，传世律典都有细密的规定，如《大明律》和《大清律例》的"刑律·断狱"篇中，均有体现。这种在中国合法的证据模式，在怀有宗教信仰、视誓言为神圣的西方人看来，是值得关注的。

这些源自直观印象的观察，虽然与欧陆情形不尽一致，但它们所反映的是官员主导的诉讼模式,欧陆的西方人对此并不陌生。在宗教裁判存在并影响世俗法庭活动模式、司法官员讲求出身的历史时期,法官主导的纠问式、秘密的审讯,使某些记录者认为中国的审判过程与西方差别不大:"他们的审判和我们的没什么不同,但过程和判决不那么繁杂。"[41]但对非属欧陆法律传统的英国而言,中国的庭审方式便值得进一步评析了。一两百年后,访华的英国使团记载说:"死刑必须经过法庭的审判才能决定。但中国没有陪审制度来核对事实。法官判案不注重口头提出的证据,除非这些证据配合一定的事实和文件证明。"[42]事实上,英国法庭对受审者的权利保护有其历史,亦有不足之处:辩护人水平不一、陪审团核对事实、作出裁定的过程是秘密的,其概括的"有罪"或"无罪"的裁定之所作出,赖于陪审团的素质和法庭辩论的表现,尤其是在证据规则还未明确的近代之前的历史时期,更是不能知晓证据与事实的认定过程。公开和秘密,誓证和非誓证,对抗式庭审、陪审团独立认定事实的模式和中国的纠问式、刑讯与据众证审判定罪孰优孰劣,显然需从具体背景和当时当事者的角度来看。

4. 依法判决和入人以罪

对于判决——尤其是刑案判决——的依据,西方观察者很少直斥为"恣意妄判",且早已意识到中国的成文法律存在和受尊重的事实;惟多指摘枉法施刑、刑讯取证、刑狱残酷等方面。这是因为,"断罪需具引律令格式"乃是传世法典对司法官的形式/程序要求,司法官必须以法之明文作出判决;然而,适用具体条文的前提——事实的认定却没有普遍的、安全的手段:司法官及其辅助者的操守、怜悯之心、智慧、经验和外来压力的有无,均可能影响采证和事实认定的选择。事实认定结果直接和罪与非罪、此罪与彼罪相联系;案中人法律素养、胆略、权势和畅通的申诉渠道的有无,又会对案件的最终结果产生未定的影响。因此,规定判决书的必备内容("具引律令格式")并不能保证个案公平。《大清律例·刑律·断狱》"断罪引律令"条规定:"凡官司断罪,皆须具引律例。违者,如不具引,笞三十……其特旨断罪、临时处治,不为定律者,不得引比为律。"1810年,乔治·托马斯·斯当东英译《大清律例》面世后,1836年即有学者引用该条:"但必须看到,对特定案件所作的敕,不论加重或减轻刑罚,均不得引以为先例。"[43]但明清律例中,既存在较明确的引律断罪的规定,又存在"比附"、"不应得为"等律无明文引他律断罪的情况。后一种情况虽有严密的层报、部议奏闻的程序,但毕竟是一种对不掌握法律知识和立法或司法者意图的人的侵害,容易造成现今所谓"事后立法"的问题。明清律"名例"篇内都有"断罪依新颁律"一条:"凡律,自颁降日为始。若犯在已前者,并依新律拟断。"是为事后立法的明示。但《大清律例·名例》该条又有小注:"如事犯在未经定例之先,仍依律及已行之例定拟;其定例内有限以年、月者,俱以限定年、月为断;若例应轻者,照新例遵行。"已颇似现今刑法理论上"从旧兼从轻"的原则,是为良法美意之一端;但自汉即存在的"不应得为"规定又设置了入人以罪的名目。同一位学者在同一出处说:"这些模糊的抽象性本应是成文法之优点,但很大程度上是无用的,下例即为典型:任何人犯有与法之精神相违的不当行为,即使并未违反任何特定条款,仍应至少笞四十;如果不当行为性质严重,则当杖八十。"显然,他引用的清律条文就是"不应得为"条[44],并以此说明"以如此细密的网眼对付最小的鱼苗的逃逸,此即中国人所谓之'法网难逃'"。[45]

从形式上对依法判决的要求到入人以罪的法典精神,西方人逐渐了解到了中国法的内在特点。这些特点是否决定法律的优劣,实际取决于其他机制的运行状况;或许在这一点上,西方人疏于整理。

(三) 监狱和刑罚

1. 黑狱问题

"中国监狱的管理和秩序据说非常之好。拖欠款项的人也要坐牢,但这种人同普通罪犯分开。把犯罪行的人同疏忽或者遭不幸的人关在一起被认为不相宜和不道德。男女犯人也不同监。"[46]这是很罕见的对中国监狱的赞美之词,幸亏斯当东谨慎地使用了"据说"一词。虽然确乎存在分监的规定,但大量记载显示,黑狱问题是中国法律一个令人侧目的方面。曾经历牢狱之灾的佩雷拉记录他在监狱里的所见:"从我们被关押到目前为止,我们看到大约有60多个这样的人死去(严刑拷打后死于饥寒)。"传教士克鲁斯描述了牢房中犯人争相自杀、因饥饿吃死人肉、狱官处理尸体的场景[47];门多萨在《中华大帝国史》中写道:"这种监狱是那样令人痛苦和悲惨,以致很多人不堪忍受而失望和自杀。"[48]相呼应的,中国人亦有自己的记载,如著名学者方苞将其身陷囹圄的见闻记录下来,是为《狱中杂记》:"康熙五十一年三月,余在刑部狱,见死而由窦出者,日四三人。有洪洞令杜君者,作而言曰:'此疫作也。今天时顺正,死者尚希;往岁多至日十数人。'……"文人李渔亦有深刻评说:"罪人之死于牢狱,天年者少,非命者多:有狱卒诈索不遂,凌虐致死者;有仇家贿买狱卒,设计致死者;有伙盗通同狱卒,致死首犯以灭口者;有狱霸放债逼凶、坑贫取利,因而拷逼致死者;有无钱通贿,断其狱食,视病不报,直待垂死而递病呈,甚至死后方补病呈者。酷弊冤苦,种种不一。"[49]中国之监狱,无论是条件还是管理,远非"非常之好"。

2. 刑制与运用

刑罚体系——以"笞、杖、徒、流、死"为内容的五刑体系自隋唐确立以来,在中国历史上存在了近一千四百年。其中,笞杖刑用于惩处较轻犯罪,这类犯罪较常见,案件又由州县地方自理,加之公开行刑的传统,使西方人得以直接观察到这些刑罚在明清两朝的适用。不少文献均详细记述了笞杖刑的适用,如刑具规制、行刑方式、人数、规则、过程、效果和舞弊情况等。有时观察者还注意到,施以鞭笞不能被看做是针对犯罪的刑罚,而是一种训诫,随意而为。徒、流刑的描述则相对较少,但也能了解一些。如曾德昭在《大中国志》中写道:"有时候,尽管情况不多,也有流放,或者罚作划船奴工,以及其他类似的刑罚。"[50]死刑也被屡次提及,如公开执行,形式上的覆奏程序,吊死、绞死和斩首(或绞刑、桩刑、肢解与火刑)的执行方式,等等。除此之外,枷号、拶指等非正统五刑亦有提及。

3. 枉法滥刑

"这个国家的刑法似乎并不太严厉,但被大臣们非法处死的似乎和合法处决的人数是同样地多。所以发生这种情况是由于这个国家有一项固定而古老的习惯,允许大臣不经过法律手续和审判,就可以随意鞭打任何人。这种刑罚是当众进行的。……有时被告给大臣一笔巨款,就可以违反法律和正义而买得活命。"[51]利玛窦对明末的枉法滥刑情况的描述,亦可见于他所处时代的前后一百年间，西方人的记录。写于16世纪中叶的《关于中国的一些情况》提到，行笞杖刑时，"受刑者躺在地上，用刑者双手举起竹板，如此用力地向下抽打，凡是看到的人无不对他们的残忍感到吃惊"；轻者出血，重者致残，"一百大板后则无药可救，只有死路一条。这只是没有钱贿赂打手的人才这样挨打"[52]。18世纪30年代初版于巴黎的杜赫德神父所撰《中华帝国通志》中，亦说到当事两造不惜倾家荡产，竞相贿赂官员，以求在诉讼中得利。[53]近两个半世纪之后，马戛尔尼使团副使斯当东写道："在中国，对任何人只要不是官吏，简略地审问一下以后就可以随意责打一顿。"[54]不仅作为刑罚，而且包括取证（拷囚与刑讯证人[55]），肉体折磨都被西方人视为残酷、过分。而明清律典的"名例"、"断狱"等篇中，均详细而明确地规定了笞杖刑具的规制、次数、行刑方式、拷讯人犯和证人的次数和总数的限制。限制规定的目的，显然不是为将涉案者打死打残，而是为在惩罚、震慑或求得真相与保全生命、肢体间达到平衡；但在西方人的观察中，因之而丧命、致残的却似乎很常见。

此外，对中国古代刑罚是否严酷，西方人还有别种标准和评价。同是斯当东，在考察中国的死刑适用和执行情况后，他说："从以上量刑上看，中国处刑并不算重，说明犯罪行的人不多。"[56]

斯当东或许没有时间和机会重点观察其他情形下滥用刑罚、黑狱问题所导致的非依判决死亡的事例，因而没有综合考虑这些因素。不一致的评价提示了中国古代刑罚的两个层面：文本和正式司法程序中的刑罚不可谓为严酷，甚至史书中的记载和名人论述，很多也是针对个案，还有夸大的成分；但在日常的司法活动甚至是非司法活动中，滥用刑罚而致人死伤的事例，不可能件件都被重视、被记录；即使官方的诉讼档案，也不能全面翔实记录官方的所有行径；而并非所有受害者都能将其冤屈声扬于外。[57]因此，在不同的时空，那些于史无载的"无名者"虽然代表着法律实施的真实状况，却无法做数据上的统计。中国的典册之外，实情如何，这些观察记录或许值得参考。

（四）法律配套机制

司法和守法，赖于活生生的人。对司法官员和普通民众，有相当细密的配套制度,保障法律的实施。

对司法官而言,考试遴选、回避轮调、司法监察等手段,是公正执司法律的重要手段。

1. 官员遴选

在西方观察者笔下,中国官员的遴选制度是相当优越的。基于科举考试制度而非世袭,首先保证了选拔的公平,其次促进了文化的学习和传播。在西方观察者看来,通过考试取得官职,进入官僚系统,这种制度显然优越于贵族爵位世袭制。尤其对欧陆一些国家而言,法官职位曾长期作为可继承的权利对象,或依民众推举,因而难以保证官员素质。所以,文官遴选制度引起关注非是偶然。1549年,长期游历各国的葡萄牙人文学者 D. 热罗尼莫·奥索里奥在其《光荣之歌》的手稿中说道:"他们说,中国人十分重视教育。如果不把最高的权力交给那个证明具有管理一切之文化能力的人,那就将被视为非法。在授予某个人职位时,绝不考虑其家庭或其所拥有的财富,而考虑他的学识水平。"在经过完善的考试程序后,"少数脱颖而出的精英就将占据最高的行政职位,就会被置于权力的顶峰"。在有些欧洲人看来,这颇类先哲柏拉图所崇尚的"哲人王治国"理论——"柏拉图说过,如果哪个国家能把它的领导权交给它的哲学家们去行使的话,那么这个国家的人必定是幸福的。如果他说的这话是真理的话,那么中国人就应当被认为是幸福的";尽管"他们崇尚的是一种充满错误和迷信的学问","他们仍然值得钦佩,因为他们把最高权力交给了那些被认为其智慧出类拔萃的人。"[58]18世纪90年代,当英国访华使团到达中国后,对文官遴选的考试制度仍有正面评价。斯当东在把科举考试与英国大学考试制度做一类比之后指出,这种向全社会开放的制度,使得某些穷人子弟还是可以脱颖而出,这种可能性对穷人至少是一种安慰;官员的权势来自功名,有助于增加官在人民群众中的威信;即使考试落第者,也有利于社会文化和个人谋生。[59]

2. 回避轮调

不仅主持司法者的素质——虽然不是专业素质——有所保障,而且司法者与地方事务的亲疏关系也是国家政策所考虑的问题,因此会对官员的任职有所限制。特殊的制度是籍贯回避与任职轮调。这一点与西方官员长期把持地方事务的情形不同,因此很多西方观察者都有所记录。如1548年的《中国报道》指出:"每个地方官员都不是本地人……这样互换任地,官员们的态度非常强硬,他们执法公正,不徇私情。"[60]又如佩雷拉认为,这种籍贯回避(远离家乡任职)不利于地方官员积蓄力量,而有助于地方稳固。[61]久居中国的利玛窦也记录了这一点。[62]籍贯回避首先预防了亲情关系对施政的干扰,同时,官员轮调则避免了地方官与辖区之间建立过分紧密的关系,以免官员坐大或地方人情干扰。这一点利玛窦曾加以说明:官员升迁,不得在原地任职,以免人情影响施政、判案。[63]

3. 司法监督

前文已述及统一的司法体系下中央对地方司法体系的监察。"司法极为公正,判决的依据从来不是一方或另一方说的话,而是站在局外形成的看法,这样就能作出公正的判决,并允许当事双方保留权利。这样做是因为害怕每隔半年朝廷在各城进行的查案,要求他们提交报告,检查他们的行为,是否冤枉好人。"[64]这是1554年据曾在中国被囚禁六年的一位葡萄牙人所述,由贝尔西奥神父所做的记录。门多萨在首版于1585年的《中华大帝国史》中提及了中央对地方的监察,如何处置有亏职守的官员:监察官员"多次以权去酬奖那些有善政的,授予他们更体面的位子和官职,因此把好处和已知的酬奖给予善政者,同时严惩为恶者,这使得这个大帝国成为当今全世界已知管理最佳的一个国家。如果估量一下这方面的政治,拿它跟另一面我们有的长期丰富经验相比较,那你将说我说的话。"[65]利玛窦记载了明朝中央对地方官吏的每三年、对朝廷官吏每五年的全面审查、惩处;并列举了五类官员犯罪渎职行为。据其自述,可能利玛窦确实看到了相关文书。[66]这类司法监察的效果为观察者所称颂:"到处都秩序井然,以至我们可以老老实实地说,这是世界上可能有的统治最好的地方。"[67]地方官员集各种职权于一身,司法监察一般是对官员的执司治绩的监察的一部分。常规的"大计"、"上计"和非常规的巡查、专查相结合的监察制度是保证司法公正的重要机制之一。

4. 保甲连坐

而对民众,中国古代则有广泛而深入的保甲连坐的威慑。

第一章　中西法律文化的冲撞

秦汉以降，历代王朝对社会的控制皆很严密，手段即为连坐，如家庭连坐、邻里连坐、职务连坐等。前两者是对普通个人的监控手段，后者针对有一定公共职权者。两千余年间多有变动，松紧不一，但一直是政府控制社会的有效手段，直至今日中国。针对普通民众的、基层的保甲和连坐制，不仅在法律上有所体现，而且在实际生活中也是显著现象；在明清两朝，很难不引起西方人的注意。门多萨记载说，官员们清点户口，十户一组，令其报告罪案的发生，"使犯者得以改正，其余人得到教训。至于知情不报的人，和犯者受同样的处罚，这使得邻居彼此监视，在畏惧中生活，唯恐造机会被人投诉。再者，不让敌人趁此得到好处"。[68]监临主守、村正里长、什伍邻右、家内尊长等的、基于连坐处罚的制度，亦为18、19世纪的作者所记录和评析，偶尔还可见直接引述法律条文的情形。如杜赫德所著《中华帝国通志》即载有监临对所部、家长对子仆、上官对下僚及邻里间的连带责任；据英译《大清律例》的规定，德庇时爵士曾言："除家内的奴隶制，某些犯罪，缘坐全家作为官奴婢，正如刑法的第140条之规定。"[69]虽然律法关照亲情伦理，禁止告发亲属，但在连坐的高压下，父子、手足间的检举揭发或有所闻。利玛窦就曾记有罗明坚神父涉案事，其中提及，有兄弟间为免于受到连累的出卖行径。[70]

（五）法理

对中国社会和法律相对熟悉的西方人，总会自觉或不自觉地追究直观的法律事例背后的东西。

1. 法律的发展和朝代性

明末以来长期生活在中国的西方人肯定接触到了中国的文化及其典籍载体。曾德昭《大中国志》中描述了中国"古代和黄金时代"君臣、父子、夫妻、兄弟、朋友间的和谐关系，"那时候他们的法律很少，奉行的人却很多，一切建立在自然的启示和原则上"；但后来大道崩溃，"而律法增多。新的王侯改变一些律法，修正另一些，并且增添了许多"。明朝的开创者洪武针对前代元朝的异族统治，"必须制定新的法律，不过仍以古法为依据"[71]。这些记录很容易就会让我们联想到先秦儒家和道家经典对三代以来法律发展的论述——大道不行之世，律令就会滋彰；并且曾德昭提到了后代对前朝法律——尤其是当时明代——的继受与创新,亦即法律的朝代性。这一点,在与他基本处于同时代的利玛窦那里有更详细的叙述:"在中国,没有像我们的《十二铜表法》和《凯撒法典》那类可以永远治理国家的古代法典。凡是成功地取得王位的,不管他的家世如何,都按照他自己的思想方法制定新的法律。继位的人必须执行他作为王朝创业人所颁布的法律,这些法律不得无故加以修改。"[72] 在中国,大凡王朝更替,修律与修历并立,乃为新政权的重要工作。颁布本朝新律,首先是统治合理性和合法性的一种宣示。

2. 法律在政教中的作用

《唐律疏议》开宗明义,在"名例"的疏解部分提出国家政治教化之两端:"德礼为政教之本,刑罚为政教之用,犹昏晓阳秋相须而成者也。"宣扬德礼和持执刑罚,是调控社会的重要手段,两者互相配合,不可或缺。这一点也为西人所体会。曾德昭在《大中国志》第一部第二十九章"中国为便利和完善统治而采取的特殊措施"中,在列举诸多律法禁限后写道:"总之,他们有管治百姓和国家的法律、律令和规定。这包括两个方面。一方面是全国通行的古老风俗和仪式,这记载于《五经》之中,被认为是神圣的。另一方面是国家的法律,民事和刑事的各种案件依法得到审理,实施过程中也将遵守。"[73]

中国人对道德的重视,尤体现于对"孝道"的宣扬和对"不孝"的惩处。目前所见,出土简牍中即有秦汉律对"父母告子不孝,官府代为处刑"的规定;传世法典如唐宋明清律,皆规定有供养父母、子孙不得违反父祖教令等内容,"不孝"为十恶重罪之一,刑罚特重之。这一现象西方人同样不断有所述及,直至马戛尔尼使团访华,仍以弃婴为焦点,评论了孝道在法律上的体现:"中国的法律同孝道观念结合起来,认为子女完全是属于父母的,对不孝敬父母的子女要处以刑罚。"[74]

实际上,西方观察者和对观察记录做理论上评析的学者对此还有发挥,如将"孝"与家长制的专制、弃婴现象相联系,恶感不免从中渐生。如此,对"礼刑结合"的赞美与对"家国同构"的专制政体和管制措施的诋毁,两极评论同现于西方著述,亦间有论争;但明显的是,最终孟德斯鸠而非伏尔泰式的负面评价成为主流看法。究其源头,此前西方对中国的观

第一章 中西法律文化的冲撞

察记录对相关学者的理论影响很大。如孟德斯鸠多次引述杜赫德的作品,关于皇权、家长制专制政体、依靠棍棒的恐怖统治等描述,都可以在《中华帝国通志》中找到影子。例如杜赫德说:"中国之政治治理,完全表现为父子间的相互义务。皇帝乃为帝国之父,辖理一方的官员被称为父母官。"[75]对孟德斯鸠的观点有所研究和遵从的小斯当东在英译《大清律例》的前言中,谈及马戛尔尼使团对中国人的道德的看法的变化时曾说:"使团发现,他们的美德所包含的仪式上的遵从的成分,多过道德义务;而他们的罪恶,自对其做最低限度的期待之处观之,看来应受超出一般程度的责难。"[76]从道德体系中孝道与家长制这一点,可以看出"材料——理论——对理论的检验"这样的线索。

通过上文的梳理可见,西方人早期对于法律的观察,限于事例和现象;刑罚残酷被强调,但认为法律之外的配套机制对司法公正起了很大作用;对司法公正称赞有加。

早期记录者多未能深入中国社会,既有错误或扭曲描述的问题,也不能了解他们所看到的现象的深层原因;因此大体可以说,这些记录属于浮光掠影式的描述:虽然有组成相对完整的形象的可能性,但组合而成的毕竟不是法律本身。例如,前文引用过的《中华王国的风俗和法律》以法律为重点内容,但仍属听闻性质的记录;而即使是亲历牢狱之灾的当事人的记录,也不能跳出个案对中国法的真实规定和整体面貌作出描述。

当西方人有机会长期居住在中国境内、掌握中国语言和文化、接触法律文本后,上述问题才能得以解决。实际上,对中国法律进行专门研究,很早就被某些西方人视为来华的任务之一,并有实际行动。如门多萨《中华大帝国史》第十七章就提到,成书的资料来源之一、西班牙籍的拉达神父,曾从中国带回大量书籍,其中第九类即为"该帝国的法律,其制订的时代与制订的人,违反法律时应施加的惩罚,以及同治国有关的许多其他事项"。而门多萨的这部著作,"就是从这些书上得来的,这些内容,是由出生于中国的译者并同居住于菲律宾的西班牙人一道写出的"[77]。据上引译文前的说明,拉达"曾有机会取得一大批中国的印刷品,后来他找人翻译出来,这是一个很有意义的早期创举,旨在根据来自当地的文献解开中国现实情况的谜"[78]。拉达的成果虽已散佚,但许多内容得蒙门多萨《中华大帝国史》一书的出版而传世。

明后期传教士在中国获得了超过以前的地位,某种程度上应该说是耶稣会士采取适应策略所取得的成果;利玛窦、庞迪我等传教士得以长期居住在中国,掌握汉语,接触中国文化的典籍载体,并得以从文本上了解中国法律。前引利玛窦对中国法的描述即可证明。从耳闻目睹的事例到亲身研究法律,这实是一大进步。清代传教士规模和活动都较壮观,对中国各方面的记录也更贴近实际,本部分起首已有简述。相关作品对18世纪西欧尤其法德人文学者特别是哲学家深有影响。但是在对中国法律本身的研究上,仍未有突破。小斯当东曾这样评述传教士的工作并为之开脱:"包括一手描述及其翻译在内的传教士的文献成果,已然数量众多、规模庞大","但一旦深究,我们就有理由感到遗憾:他们的注意力没有更多地放在首当其冲需要了解的对象上,因而我们开始怀疑,他们的处境或其他情况应有某种潜流使他们无法成为精确和忠诚地陈述这些对象的、无私而公正的观察者。同时,也无法设想还有一类人能更胜任收集和交流那些最为需要的信息的工作"[79]。

(六)英使访华与小斯当东英译《大清律例》

持续时间以百年计的传教士的工作是一种量上的积累,最终完成对中国法的观察的质的改良的是1793年马戛尔尼使团访华及其后续的成果。使团成员早有准备,将自己的见闻与西欧当时流行的关于中国的出版物内容多有对照,记载详细,突出成果即为时任使团副使的乔治·斯当东爵士所著的《英使谒见乾隆纪实》,其中对西传谬误多有纠正和补充。但对于清代当时的法律,仍未有系统的研究,有些论述仍有错误和偏见。1810年小斯当东将《大清律例》的主干部分译为英文,在前言部分说明了马戛尔尼使团的意义和局限性:"(已故的马戛尔尼伯爵)的出使是获取对中华帝国更为精确和直接的认识的重要一步。"挟智慧和判断力以及启蒙时代的优势而来的英国人,得以真切地记录不同于以往传教士所关注的对象,且与其先辈的偏见不同,英国人具备考察这类对象所必需的民族性先见,在时间短暂又处处受限的观察途中,得以"全新地审视并修正与拓展我们对这个不一般的、有趣的帝国的观感"。但令人遗憾的是,他们在北京宫廷逗留的时间太短,在地方的行动又处处受限,否则可以"渐次获得更直观和丰富的关于中国统治者和被统治者的知识;可以通过连贯而亲切的与不同阶层的民众的交流而知悉更多的他们的风俗习惯与日常行为,还能在更确定的依据上判断并定性他们对不同场合的主导动机"[80]。

不过,使团一行虽然在外交上可谓失败,但却培养了一位日后对中国法倾注大量心血并取得这方面研究的权威地位的人物——乔治·斯当东的儿子乔治·托马斯·斯当东,亦即上文多次被引述的小斯当东。小斯当东在去往中国的途中学会了中文,表现出惊人的语言学习能力。[81]加之他曾随父访华,接触过中国风物,可以说他是翻译中国法律的不二人选。

而据小斯当东自己说,他翻译《大清律例》实有机缘:"译者对他主题的选择,最初是受一定程度的偶然因素的影响。第一次关注这个主题,是因为他亲身见证了无益的攻讦、无据的忧虑和尴尬的讨论,于此而言,自当前很重要的我们与中国人的贸易和民族往来的发轫始,对他们的法律之精神的错误或有缺憾的观念就屡见不鲜";因此有必要翻译中国法律并出版。[82]小斯当东此处的潜台词就是,之前西方人并未掌握中国法律的直接知识,认识难免有所偏颇。即使是他参与过的访华使团的成果,亦如前文他所说的,多有缺憾。而对法律的研究,不仅具有贸易和交往上的需要,而且是对一个民族的历史做深入了解的重要方面。小斯当东对此引用了英国历史学家、《罗马帝国衰亡史》的作者爱德华·吉本的论述:"一个民族的法律形成了该民族历史中最具启发性的部分。"[83]这也应是他翻译《大清律例》的动因之一。

作为马戛尔尼使团的成员,小斯当东有资格评价使团的观感和成果:"马戛尔尼爵士的使团在中国的短暂停留,尽管没提供什么机会证实或证伪传教士灌输给我们的、大量不同的地理、历史和统计上的细节,但足以发现,中国人长久以来所习惯并为某些欧洲的史家所深信不疑的、他们在知识和品德上优越于其他民族的自我吹嘘,实是大谬不然。"[84]

小斯当东直接引用杜赫德和孟德斯鸠等人的论述以为论据,其对中国法的理论层面的认识也会相应受到影响；而这些人对中国政治与法律不乏恶评。小斯当东则以使团的观感对赞美中国的论调给了重击。老斯当东所著《英使谒见乾隆纪实》说到，元代之前中国文化比同时代的欧洲先进得多，但之后中国文化停滞不前，欧洲却经历着日新月异的进步。[85] 以欧洲的新眼光来看中国，"使团认识到，他们的知识，在我们欧洲人近期取得最长足进步、因而带有相应的偏见的领域，实是有缺陷的；他们的美德所包含的仪式上的遵从的成分，多过道德义务；而他们的罪恶，自对其做最低限度的期待之处观之，看来应受超出一般程度的责难。"[86]

平心而论，小斯当东对清代法律并非是彻底的负面评价。在1810年英译《大清律例》付梓之际，他在前言中以颇类刑法志的形式追溯了中国自李悝《法经》始的法律发展史，之后针对《大清律例》，他说："在这部法典中，恰好融合了两个可贵的品质：相对简单的风格和简明的形式，而其内容，在很多方面，当然比其他相近规模的中国语言和文字的出版物更为易懂"；而其语言也大体如此。[87] 与《大清律例》英译本前言的主要内容相合，作出与之相类似的评价，并进而有东西不同法律与《大清律例》的对比的，亦见于1810年8月份的《爱丁堡评论》上所刊载的论文。[88]

即使在法律的历史和立法技术的评价上，小斯当东也保持了比较公允的立场，但一次裹挟近代先进思想观念的、居高临下的出使与观察，以及一部当时行用的法典的翻译，还是造成了重要的历史变动：一方面，"英国对中华帝国以往在欧洲普遍盛行的近乎神话般形象的改变，预示着19世纪西方对于中国文明的基本判断和相应对策，并最终导致了中国灾难性后果的出现"；另一方面，"西方对中国法律学术真正的研究实肇端于此"[89]。于前者而言，1840年，时年59岁的小斯当东在英国下议院发表演说，以其对中国的了解和知识，力主发动鸦片战争。[90] 中国的灾难开始了。

于后者而言，虽然小斯当东对中国法律本身有过较客观的评价，但依据他的翻译成果的后来学者在他的路上越走越远。仅举一例：前文引述过的英国学者德庇时的《中国人：中华帝国及其民众总论》第一卷中专有"政府与法制"一章，对中国法律这个题目大有发挥：先引用小斯当东对《大清律例》在形式、语言方面的赞美，接着述及其内容：作为治理的工具,法网严密、刑罚残酷、死囚无权、犯罪及处罚、黑狱,以及某些具体犯罪及处理。[91]德庇时的著述采用了孟德斯鸠的观点,将中国法律视为棍棒统治的棍棒;把法律与社会形态和习俗相联系,制造出家长制的专制政体与残酷的刑法之两端;追求法律公平和奴性统治下的社会治理效果。我们不难看到,他的论述背后有当时流行欧洲的黑格尔历史哲学中"民族精神"的影子。依靠新出的理论,使用杜赫德提供的材料,引述小斯当东翻译的法律文本,如此包装过的德庇时的观点实在时髦,很难不让其对中国无甚了解的读者深信不疑,并由此记住以下的论说套路:专制政体与残酷刑法相结合,映射出一个遗存在东方的、早已停滞不前的古旧的帝国形象。中国法被遮蔽在西方标准的阴影下,百口莫辩。

四、中国法形象的变化过程

(一) 主体的变化

早期的观察和记录者多为贸易或负有正式使命的西方人,类似于"准殖民者"或投机者。受限于中国对外国人入境的排斥态度,早期的观察与记录多有离岸观察、道听途说的问题,如身处菲律宾面向中国收集关于这个大帝国的信息;或只是对一事一地的事例的记录,如对澳门一地的行纪。如此,他们首先遇到和关注的是与海外活动有关的和一些地域性的,包括福建、广东、浙江等沿海港口省份城市和少数当事人身至之处的法律。其后以西欧传教士为主体的记录者逐渐深入中国内地,且得以长期生活在文化相对发达的首都和其他大城市(如利玛窦曾居于南京),而且传教士团体具有相对较高的文化素养、为传播基督教而学习中国文化的热情,且有充分的时间和机会掌握汉语、接触法律文献,因而能较全面地记录中国法。

而境遇方面,西方人如托梅·佩雷斯曾无辜或确曾犯罪而入狱受审,亲身经历过司法过程,耳闻目睹了中国法律的许多方面。对此,他们有出于自身遭遇的记录,这些记录也相对集中于监狱(狱政管理、黑狱问题)、审判、押解和提转、刑罚之执行等方面。

18世纪后半期,英国使团来华的观感记录成为具有较高价值的材料。英国使团成员对访华准备充分而又各有专长,有精通本国法律者,有身具语言天赋者,有绘画逼真者,得以共同记录所见所闻。

(二)认识的深化

相当多的西方观察者站在法律体系的外围,观察到的只是法律的某一部分表现。他们的记录零散、表面化,夹杂谬误和扭曲,甚或自作聪明的解释。即使是前文尽力拼凑的早期记录,所展现出来的也非完整而真实的中国法体系。偶尔可见有试图全面描述中国法面目的努力,但均未有突破。这种零散的、片断式的、似是而非的描述和论断,可谓是对中国法的外部"实例观察"。

西方人尤其是传教士(重点是耶稣会士)大量来华,长时间居住在中国境内,情况有所改观。自明后期《中华王国的风俗和法律》的集体性的记录开始,以明晚期的利玛窦的《中国札记》为典型,表明西方人开始关注法律规定本身,并力求更贴切地理解中国法的内涵。这种特别关注,使中国法从杂乱的记录中逐渐脱离出来,成为单独的被观察主题,相关记录涉及面也更完整、更有深度。量上的积累最终推动了质的变化,转折即为1793年马戛尔尼使团访华所做的记录,及之后1810年出版于伦敦的英译本《大清律例》,和其后围绕中国法的一系列的研究和评论。这也标志着西方人对中国法的观察深入到了法律条文的深层次。此为对中国法的内部"法意观察"。

尤其值得重视的是,有关中国的丰富记录为西方尤其是法德两国的人文学者创造新的哲学和政治学理论提供了素材,观察者的评价也为理论家所重视。这方面最为突出的例子就是杜赫德所编纂的有关中国的资料为欧洲学者所大量引用和分析,孟德斯鸠对政体类型之一种——专制政体的论述,就是借助杜赫德的材料和评价才血肉丰满。反过来,后起的观察者承袭了这些学者的观念来反观中国法,愈加证明了新的理论,勾勒着西方人眼中中国法的新形象,这样的形象无论是否真实全面,毕竟越来越牢固清晰。

从时间段的划分来看,上述几个阶段并非严格隔断,但具有这样的大体趋势。值得注意的是,对学者产生影响的并不一定是更真实、更晚期、更专业的作品,而与相关作品的传布有关系,如杜赫德神父身为法国人,其作品首版于巴黎,适逢法国人文理论风生水起,大师辈出。有时实在难以判断,西方的经典理论论述是因素材的启发而生的灵感产物,还是理论已有,恰得实例的佐证。

(三)评价:不变的与变了的

1. 评价的分化

通过对本章所见材料的初步梳理可见,18世纪晚期之前,西方人对中国法的评价,除对零散的实体规定不做评价和对个体官员的清廉与否存在不同看法外,对其他不同方面具有两极分化的特点。大体可以区分为:

对于司法过程和配套运行机制,如公开审判、官员遴选、司法监督等,西方人基本持赞赏态度,尤其是经中西对比之后,对西方所无的,往往视为良法美意,进而大肆赞美异教徒司法之公正严明、中华帝国统治教化之良好;而对于司法过程中的腐败、枉法施刑和监狱管理(黑狱问题)、残酷刑罚,则持抨击态度。

2. 评价的趋同

而在18世纪晚期之后的英国人那里,评价趋于整体性的负面。实体法律规定,尤其是刑罚的酷烈,成为抨击的一个焦点。再将法律的黑暗面与政治制度的落后性相联系,并辅以民族性的背景,似乎整个欧洲的知识界开始彻底抛开对中国法的两极评价,中国法变得一无是处。

由此可以看到,欧洲人对中国法的某些面相,自始持负面评价;而对另外一些面相,则有一个评价上的变化过程。18世纪末到19世纪初,西方人对中国法的看法开始整体转为负面。

(四)观感变化的原因

评价变化的背后,隐藏着评价的时代标准的问题。早期评价倾向正面,是因为中国社会整体上还保持着秩序良好的外貌,而当时的欧洲正处于旧时代结束、新时代孕育的阶段,茫然的孤立的观察者不能把握欧洲自身的时代精神,他们对中国法的观察也就缺乏自己的时代标准;当欧洲的变革完成,欧洲人自己的进步与落后的标准确立之后,自认为掌握社会进步真谛的欧洲人以自己的标准来测量中国法的短长,当然会更多地发现不合其口味之处。

对西方人观感的变化原因,可以稍作归纳:

(1)观察主体的变化。观察主体的变化直接导致了观感的变化:商人、冒险家、传教士等提供的中国法的部分印象相当正面,与欧洲(本国)法做对比时也往往直观;但到清乾隆时期(18世纪中后期),对法律具有相当知识的政治家和学者开始直接观察中国法,他们的观感和评析则倾向于负面。

(2)欧洲自身的国情差异。来自不同国家的外国人之间对同一现象或有不同认识。欧陆法律与中国古法具有某种外在表现上的相似性,如成文传统、法官主持下的"纠问"式程序,等等。欧陆来华的非专业人士倾向于类比,并找到差异处。从形式上看,中国法运行的机制相当完善。这样,客观上具有一个观察和对比的标准,这些导致直观印象的正面描述。

英国法的外观则与中国法具有绝大差异,如同侪审判(陪审制)的运用。英人对其独特的法律体系本就自豪,自13世纪始就已藐视欧洲其他国家的法律制度。采用完全不同的标准来比较不同的法律体系时,负面印象在所难免。

(3)西方法思想的发展。客观上西方法律在三百年间有了显著进步,相对中国法,摆脱了更多的中世纪色彩。到19世纪左右,"先进"与"落后"的对比更容易作出。前文已有述及。

(4)马戛尔尼使团的遭遇。评价趋于负面的直接原因是英国使团的遭遇在整个欧洲的传播。马戛尔尼使团为访华作出细致准备,整个欧洲虽非利益与荣誉的共同体,但在对华态度上,仍有一致性。各国都对马戛尔尼使团的出访寄予厚望。使团的失败,不仅使英国人恼羞成怒,也让其他国家滋生类似于兔死狐悲之感。在欧洲人看来,文明世界与中国接触的大门被中国人一手关闭了。自尊心受挫之后激起的优越感在西方蔓延开来,批判浪潮也随之而起;另一方面,以西方理论分析中国法律的进程得以全面开始,其基调却是迎合负面评价。

早期西方人对中国法的赞美,实是针对旧世界、旧时代。观察者自身的国度亦处于大变革的前夕或变革过程之中,渺小的个人无力持新的、先进的观念去全面地观察外部世界;而横向比较的重要标准是社会效果。在那个时代里,中国法律的表现优异;17世纪开始,西欧的旧世界崩塌,新制度的影子遮蔽着东方。自此进步与停滞成为中西比较时西方人惯用的词汇。

五、结语

清末风雨飘摇之时,梁启超满怀激情地写下《少年中国说》,言当时之中国被倭人称为"老大帝国",此一称谓又"盖袭译欧西人之言也"。从早期自海路而来踏上中国土地的西方人眼中的"大帝国"(great empire),到在三四百年后的梁启超笔下的欧西人所谓之"老大帝国",一个"老"字,道尽了那数个世纪所见证的西方在自然科学和社会制度方面的进步与创新,及以此为标准反观中国的"徒增数百年寿数"的停滞。

明清两代,中国法的本质甚至基本内容都没有改变,只因观察主体改变了,观察的角度变化了,观察的标准更新了,评价也就随之不同。中西法律沿着不同路线发展,作为交结点的西方人对中国法的认识,真正重要的改变在于,最初西方人是以中国法的立法与司法的衔接为入手点,不真正涉及法律本意的优劣;但到了后来的学者笔下,法意亦成为分析与攻讦的对象。

　　西方人对中国法的认识,首先来自直观印象,因此触及的是极少数的显而易见的实体法律规定(海禁、盗贼、杀人、通奸、钱债、反逆等),司法过程(审判的特点),刑罚,监狱管理,法官选拔和对司法的监督与控制,等等。对这些事项本身,西方人存在两极的评价:对于形式和过程上的严密,以及法律对社会的控制效果,多表赞赏;对于刑罚的残酷和枉法现象,多表抨击。然而对于中国法的具体内容、其内在运行机理,则所见甚浅。对实体法律本身缺乏系统了解的情况,直到19世纪初才因中国法的西译得到改观。不幸的是,在某种程度上也因此(即使并非是唯一原因)使西方人彻底失去了对中国法的正面评价。

　　19世纪初,西方人对中国法的印象全面趋于负面,当然会有一些对华使团受辱引发的自尊挫伤感,及其造成的欧洲文明对中国文明的歧视的表面化这方面的原因;而深层原因是,西方开始因此强调其本身的标准,舍弃了从中国整体情形看待中国法的方式。或者说,西方对中国的整体印象转为负面,法律自身也不可避免地成为负面评价的对象。

　　西方对中国法的全面负面看法一旦形成,不久就转化为某种政治和外交上的优势。领事裁判权的存废之争中,中西皆承认刑法改革为关键之一。清末的修律运动中,改革派(法理派)们已经学会了西人对古法的批判腔调;中国内部也就开始继承了西人对中国法的负面观点。中国古法的积极一面如历史悠久的恤刑思想和实践,法律运行的配套机制,亦被后人贴上人治、专断的标签,在评价时有意无意地忽视了。而且,中国古法本身及相关机制并未呈现全面的消极性,至少适应着社会的需要:当时中国社会内部的两种基本关系——官民关系和家庭内关系——本无根本改变,但政治制度的弊病对法律功能的实现影响至深。修订法律的工作却在外部压力和吸引力的影响下匆忙展开。这种本末互置的"超前性"是否应该重新评价,亦是文尾的一点赘言。

注　释

〔1〕这里所谓的"西方",是在地理和政治、文化双重限制下的概念;加上本章所关注的时间段,实指西欧国家。

第一章 中西法律文化的冲撞

〔2〕田涛、李祝环：《接触与碰撞：16世纪以来西方人眼中的中国法律》，北京大学出版社2007年版。

〔3〕王健：《沟通两个世界的法律意义——晚清西方法的输入与法律新词初探》，中国政法大学出版社2001年版；王健：《西法东渐：中西法律概念对应关系早期历史的考察》，载高鸿钧主编：《清华法治论衡》第二辑，清华大学出版社2002年版。

〔4〕苗鸣宇：《传教士对中国近代法制之影响》，中国政法大学法学院2001年硕士论文。

〔5〕*Recognitiones Pseudo Clementinae*, IX, 19 in V. Langlois (a cura di), *Fragmenta historicorum*, Vol. V, pars altera, F. Didot, Parigi 1884, p.81. 转引自〔意〕白佐良、马西尼：《意大利与中国》，萧晓玲、白玉崑译，商务印书馆2002年版，第8—9页。

〔6〕George T. Staunton(ed.), *The History of the Great and Mighty Kingdom of China*, compiled by Juan Gonzales de Mendoza (reprinted from the early translation of R. Parke), London, 1853, (1940年影印于北京), Vol. 1, introduction, vi. 译文另见〔西班牙〕门多萨：《中华大帝国史》，何高济译，中华书局1998年版，绪论，第4页。此处的描述并非是由欧洲人，而是由阿拉伯人作出的。据介绍，原始手稿记录的是公元851年和867年的中国，写于1173年左右，后被译为法语，并在1718年出版。

〔7〕分别见于A. J. H. Charignon注，党宝海新注：《马可波罗行纪》，冯承钧译，河北人民出版社1999年版，第243、363、389—390页。马可·波罗是否到过中国、《马可波罗行纪》一书内容的真实性，尚有疑问，如见〔英〕弗朗西丝·伍德（吴芳思）：《马可·波罗到过中国吗？》，洪允息译，新华出版社1997年版；但相关记载，有的与《元史纪事本末·刑部》、《元典章·律令之定（补）》等篇内容相合，如笞杖之刑零数为七，中国涉及元代之载籍所见多有。

〔8〕〔葡〕托梅·皮雷斯：《东方诸国记》，生田滋等译，《大航海丛书》第一辑，V，岩波书店1978年版，第240—241页。转引自戚印平：《远东耶稣会史研究》，中华书局2007年版，第254页。

〔9〕1513年，葡人欧维士到达广东屯门；1516年，佩雷斯特罗至东南沿海。1515年，葡王唐·曼努埃尔一世派出正式特使托梅·皮雷斯前往中国。1517年，使团到达中国并与中国官方有了正式接触；1519年，皮雷斯的弟弟西蒙率舰队来华，并因行为不端引起冲突，导致使团下狱、皇家下诏——葡萄牙"不许入贡"。外交接触遭遇失败。出使过程见黄庆华：《中葡关系史（1513—1999）》（上册），黄山书社2006年版，第86—115页。《明臣经济录》载中葡冲突亲历者汪鋐"题为重边防以苏民命事"，有："至正德十二年，有西北极边强番素未通于中国名曰佛朗机者，驾船而南，驱逐满剌加国王，窃据其国。假托进贡，突至东莞，直趋省城。布政吴廷举许其朝贡，为

之奏闻;继而勘系逆番。诛其首恶加必丹末、火者亚三等。以杜绝边衅。"

〔10〕早期葡葡牙、西班牙等国武力征服中国的计划,参见戚印平:《远东耶稣会史研究》,中华书局2007年版,第六章、第252页以下。提出征服中国建议的,不特有东南亚殖民地官员、商人、早期使团成员,更有传教士,如被誉为"欧洲第一位汉学家"的西班牙人马丁·德·拉达神父。对中国怀有不同目的与期望的欧人,常有一致的征服中国意愿。

〔11〕如据《明史·张嵿传》,嘉靖二年(1523年)"合官军、士兵三万八千人进击新宁。……嵿令指挥柯荣、百户王应恩率师出海御之,擒别都卢、疏世利等,获其二舟"。《明史·佛郎机传》亦载此事。

〔12〕〔葡〕托梅·皮雷斯:《东方概要》(手稿),杨平译,载澳门《文化杂志》编:《十六和十七世纪伊比利亚文学视野里的中国景观》,大象出版社2003年版,第5页。

〔13〕〔意〕利玛窦、〔比〕金尼阁:《利玛窦中国札记》,何高济、王遵仲、李申译,广西师范大学出版社2001年版,第44页。

〔14〕〔葡〕费尔南·洛佩斯·德·卡斯塔内达:《葡萄牙人发现和征服印度史》第四卷第一版,张公译,载澳门《文化杂志》编:《十六和十七世纪伊比利亚文学视野里的中国景观》,大象出版社2003年版,第46页。

〔15〕〔葡〕费尔南·门德斯·平托等:《葡萄牙人在华见闻录——十六世纪手稿》,王锁英译,澳门文化司署、东方葡萄牙学会、海南出版社、三环出版社1998年版,第23—24页。

〔16〕〔西班牙〕胡安·包蒂斯塔·罗曼:《中国风物志》,陈用仪译,载澳门《文化杂志》编:《十六和十七世纪伊比利亚文学视野里的中国景观》,大象出版社2003年版,第127页。

〔17〕〔葡〕费尔南·门德斯·平托等:《葡萄牙人在华见闻录——十六世纪手稿》,王锁英译,澳门文化司署、东方葡萄牙学会、海南出版社、三环出版社1998年版,第12、13—14页。

〔18〕同上书,第33、39页。

〔19〕〔英〕C. R. 博克舍编注:《十六世纪中国南部行纪》,何高济译,中华书局1990年版,第214页。

〔20〕〔西班牙〕门多萨:《中华大帝国史》,何高济译,中华书局1998年版,第95页。

〔21〕〔葡〕费尔南·门德斯·平托等:《葡萄牙人在华见闻录——十六世纪手稿》,王锁英译,澳门文化司署、东方葡萄牙学会、海南出版社、三环出版社1998年版,第115—117页。

〔22〕马戛尔尼使团所作的秋审制度的观察记录及对此的评介,参见田涛、李祝环:《接触与碰撞:16世纪以来西方人眼中的中国法律》,北京大学出版社2007年版,第78—81页。

〔23〕〔葡〕费尔南·门德斯·平托等:《葡萄牙人在华见闻录——十六世纪手稿》,王锁英译,澳门文化司署、东方葡萄牙学会、海南出版社、三环出版社1998年版,第52页。

〔24〕同上书,第116—117页。

〔25〕〔葡〕曾德昭:《大中国志》,何高济译,上海古籍出版社1998年版,第170页。原文此处"诈盗"的译法有误,应为"窃盗"。原文使用Za Tao,后文说两个字的意思都是盗窃,显应是"窃盗"两字。

〔26〕同上书,第170页。

〔27〕画作见田涛、李祝环:《接触与碰撞:16世纪以来西方人眼中的中国法律》,北京大学出版社2007年版,第85页;画作的说明见86—87页。

〔28〕马戛尔尼的认识,参见同上书,第87页。

〔29〕〔葡〕费尔南·门德斯·平托等:《葡萄牙人在华见闻录——十六世纪手稿》,王锁英译,澳门文化司署、东方葡萄牙学会、海南出版社、三环出版社1998年版,第56—57页。

〔30〕同上书,第115页。

〔31〕〔英〕斯当东:《英使谒见乾隆纪实》,叶笃义译,上海书店出版社2005年版,第462页。

〔32〕其事《明史·朱纨传》、《明史·外蕃传》亦有载。

〔33〕〔葡〕费尔南·门德斯·平托等:《葡萄牙人在华见闻录——十六世纪手稿》,王锁英译,澳门文化司署、东方葡萄牙学会、海南出版社、三环出版社1998年版,第5页。

〔34〕同上书,第51页。

〔35〕同上书,第49—50页。

〔36〕同上书,第113—114页。

〔37〕同上书,第50页。

〔38〕同上书,第23页。

〔39〕同上书,第50页。

〔40〕同上书,第114页。

〔41〕〔葡〕曾德昭:《大中国志》,何高济译,上海古籍出版社1998年版,第168页。

〔42〕〔英〕斯当东:《英使谒见乾隆纪实》,叶笃义译,上海书店出版社2005年版,第461页。

〔43〕Sir John Francis Davis, *China: A General Description of That Empire and Its Inhabitants; with the History of Foreign Intercourse down to the Events Which Produced the Dissolution of 1857*, London: John Murray, 1857, v.1, p.266 et its note. 该书初版是在1836年。另参见 George Thomas Staunton, *Ta Tsing Leu Lee, Being the Fundamental Laws, and A Selection from the Supplementary Statutes, of the Penal Code of China* (1810), reprinted in 1966 by Ch'eng-wen Publishing Co, p.456。

〔44〕《大清律例·刑律·杂犯》"不应为"条规定:"凡不应得为而为之者,笞四十;事理重者,杖八十。"律小注云:"律无罪名,所犯事有轻重,各量情而坐之。"

〔45〕Sir John Francis Davis, *China: A General Description of That Empire and Its Inhabitants; with the History of Foreign Intercourse down to the Events Which Produced the Dissolution of 1857*, London: John Murray, 1857, v.1, pp.281—282.

〔46〕〔英〕斯当东:《英使谒见乾隆纪实》,叶笃义译,上海书店出版社2005年版,第462页。

〔47〕〔葡〕费尔南·门德斯·平托等:《葡萄牙人在华见闻录——十六世纪手稿》,王锁英译,澳门文化司署、东方葡萄牙学会、海南出版社、三环出版社1998年版,第48、118—119页。

〔48〕〔西班牙〕门多萨:《中华大帝国史》,何高济译,中华书局1998年版,第109页。

〔49〕贺长龄:《清经世文编·祥刑末议·论监狱》,李渔作。

〔50〕〔葡〕曾德昭:《大中国志》,何高济译,上海古籍出版社1998年版,第169页。

〔51〕〔意〕利玛窦、〔比〕金尼阁:《利玛窦中国札记》,何高济、王遵仲、李申译,广西师范大学出版社2001年版,第65页。

〔52〕〔葡〕费尔南·门德斯·平托等:《葡萄牙人在华见闻录——十六世纪手稿》,王锁英译,澳门文化司署、东方葡萄牙学会、海南出版社、三环出版社1998年版,第49页。

〔53〕J. B. Du Halde, *The General History of China: Containing a Geographical, Historical, Chronological, Political and Physical Description of the Empire of China, Chinese-Tartary, Corea and Thibet: Including an Exact and Particular account of their Customs, Manners, Ceremonies, Religion, Arts and Sciences*, Tr. by Richard Brookes. London: J. Watts, 1736. v.2, p.131.

第一章　中西法律文化的冲撞

〔54〕〔英〕斯当东:《英使谒见乾隆纪实》,叶笃义译,上海书店出版社2005年版,第460页。

〔55〕自明律始,律首五刑图一列五刑正刑,图二列羁讯刑具的规制。其中专有拷讯之用的"讯杖",与正刑之笞杖规制不同。西方观察者似乎没有观察到这个事实。

〔56〕〔英〕斯当东:《英使谒见乾隆纪实》,叶笃义译,上海书店出版社2005年版,第461页。

〔57〕阅读清末《刑案汇览》,偶可见刑部官员依常理发现疑点进而纠正冤案的情形。则当事人如何认罪、案件如何定谳,可想而知。披露出的冤案是偶发现象还是冰山一角,实是耐人寻味。

〔58〕澳门《文化杂志》编:《十六和十七世纪伊比利亚文学视野里的中国景观》,大象出版社2003年版,第39—40页。

〔59〕〔英〕斯当东:《英使谒见乾隆纪实》,叶笃义译,上海书店出版社2005年版,第458页。

〔60〕〔葡〕费尔南·门德斯·平托等:《葡萄牙人在华见闻录——十六世纪手稿》,王锁英译,澳门文化司署、东方葡萄牙学会、海南出版社、三环出版社1998年版,第5页。

〔61〕澳门《文化杂志》编:《十六和十七世纪伊比利亚文学视野里的中国景观》,大象出版社2003年版,第51—52页。

〔62〕〔意〕利玛窦、〔比〕金尼阁:《利玛窦中国札记》,何高济、王遵仲、李申译,广西师范大学出版社2001年版,第44页。

〔63〕同上书,第43页。

〔64〕〔葡〕费尔南·门德斯·平托等:《葡萄牙人在华见闻录——十六世纪手稿》,王锁英译,澳门文化司署、东方葡萄牙学会、海南出版社、三环出版社1998年版,第23页。

〔65〕〔西班牙〕门多萨:《中华大帝国史》,何高济译,中华书局1998年版,第105—108页。

〔66〕〔意〕利玛窦、〔比〕金尼阁:《利玛窦中国札记》,何高济、王遵仲、李申译,广西师范大学出版社2001年版,第43页。

〔67〕〔葡〕费尔南·门德斯·平托等:《葡萄牙人在华见闻录——十六世纪手稿》,王锁英译,澳门文化司署、东方葡萄牙学会、海南出版社、三环出版社1998年版,第33页。

〔68〕〔西班牙〕门多萨:《中华大帝国史》,何高济译,中华书局1998年版,第

104 页。

〔69〕140，指英译本标号，系《大清律例·户律》"隐瞒入官家产"条。参见 George Thomas Staunton, Ta Tsing Leu Lee, *Being the Fundamental Laws, and A Selection from the Supplementary Statutes, of the Penal Code of China*（1810），reprinted in 1966 by Ch'eng-wen Publishing Co, pp. 145—156。德庇时爵士所言参见：Sir John Francis Davis, *China: A General Description of That Empire and Its Inhabitants; with the History of Foreign Intercourse down to the Events Which Produced the Dissolution of 1857*, London: John Murray, 1857, v. 1, p. 289。

〔70〕〔意〕利玛窦、〔比〕金尼阁：《利玛窦中国札记》，何高济、王遵仲、李申译，广西师范大学出版社2001年版，第141页。

〔71〕〔葡〕曾德昭：《大中国志》，何高济译，上海古籍出版社1998年版，第180页。

〔72〕〔意〕利玛窦、〔比〕金尼阁：《利玛窦中国札记》，何高济、王遵仲、李申译，广西师范大学出版社2001年版，第33页。

〔73〕〔葡〕曾德昭：《大中国志》，何高济译，上海古籍出版社1998年版，第179页。

〔74〕〔英〕斯当东：《英使谒见乾隆纪实》，叶笃义译，上海书店出版社2005年版，第310页。

〔75〕Sir John Francis Davis, *China: A General Description of That Empire and Its Inhabitants; with the History of Foreign Intercourse down to the Events Which Produced the Dissolution of 1857*, London: John Murray, 1857, v. 2, p. 32。

〔76〕George Thomas Staunton, Ta Tsing Leu Lee, *Being the Fundamental Laws, and A Selection from the Supplementary Statutes, of the Penal Code of China*（1810），reprinted in 1966 by Ch'eng-wen Publishing Co, translator's preface, ix。

〔77〕澳门《文化杂志》编：《十六和十七世纪伊比利亚文学视野里的中国景观》，大象出版社2003年版，第135—136页。

〔78〕同上书，第130页。

〔79〕George Thomas Staunton, Ta Tsing Leu Lee, *Being the Fundamental Laws, and A Selection from the Supplementary Statutes, of the Penal Code of China*（1810），reprinted in 1966 by Ch'eng-wen Publishing Co, translator's preface, v。

〔80〕Ibid., translator's preface, vii, viii, ix。

〔81〕据马戛尔尼本人讲，小斯当东年纪轻轻即掌握了英、拉、法、希、中五种语言。参见马戛尔尼：《中国见闻》，转引自周宁著/编注：《历史的沉船》，学苑出版社

2004年版,第284页。这实在令人惊叹。此文即见有小斯当东引用法文和拉丁文资料的著述。

〔82〕George Thomas Staunton, Ta Tsing Leu Lee, *Being the Fundamental Laws, and A Selection from the Supplementary Statutes, of the Penal Code of China* (1810), reprinted in 1966 by Ch'eng-wen Publishing Co, translator's preface, xxxiii.

〔83〕Ibid., translator's preface, xv.

〔84〕Ibid., translator's preface, viii—ix.

〔85〕〔英〕斯当东:《英使谒见乾隆纪实》,叶笃义译,上海书店出版社2005年版,第473页。

〔86〕George Thomas Staunton, Ta Tsing Leu Lee, *Being the Fundamental Laws, and A Selection from the Supplementary Statutes, of the Penal Code of China* (1810), reprinted in 1966 by Ch'eng-wen Publishing Co, translator's preface, xxxiii.

〔87〕Ibid., xv; xxxii.

〔88〕国内法律史学者很早就开始引用此评价,以之为《大清律例》张扬。

〔89〕王健:《西法东渐:中西法律概念对应关系早期历史的考察》,载高鸿钧主编:《清华法治论衡》第二辑,清华大学出版社2002年版,第302页。

〔90〕参见〔法〕佩雷非特:《停滞的帝国:两个世界的撞击》,王国卿等译,生活·读书·新知三联书店1993年版,"小引",第13页。

〔91〕Sir John Francis Davis, *China: A General Description of That Empire and Its Inhabitants; with the History of Foreign Intercourse down to the Events Which Produced the Dissolution of 1857*, London: John Murray, 1857, v.1, p.279 et seq.

第二章 英国外交使团遭遇中国法

——马戛尔尼使团的中国法律印象

第二章　英国外交使团遭遇中国法

一、引言

　　乾隆五十八年(1793年)，英国马戛尔尼使团来华访问是一个颇不寻常的历史事件。这是中英两国历史上第一次官方接触，但中英两国对于马戛尔尼使团的访问有着不同的态度和理解。清朝皇帝和官员始终未能理解英国使团来访的意义。英国使团也未完成他们的主要使命。可以说马戛尔尼使团访华并未促成两国实现有效的交流。但英国使团始终对中国充满了好奇。他们记载了在中国的见闻，并阐述了自己对中国的看法。根据黄一农的研究，使节团中至少有十四人记录或出版了相关的日志、传记或报告。[1]这些关于中国的记述是研究"西方人眼中的中国形象"这一题目的重要资料。正如叶向阳指出，"关于马戛尔尼使团及其成员的记述，是几乎所有的学者在讨论欧洲的中国形象问题时都要涉及的"[2]。学者们在探讨"欧洲的中国观"时，往往是将马戛尔尼使团成员的记述作为在一个较长的历史时段内"欧洲的中国观"的一个组成部分或其演变过程中的重要环节。[3]由于这些研究并非"马戛尔尼使团的中国观"的专门研究，因此对使团成员记述的研究往往较为简略。但其中也有一些论著较为详细地探讨了"马戛尔尼使团眼中的中国形象"问题。叶向阳的博士论文《17、18世纪英国旅华游记中的中国形象》专章论述了马戛尔尼使团游记中的中国形象。这是笔者目前所见到的最为系统、详尽地研究马戛尔尼使团眼中的中国形象的论著。叶向阳对使团的七位成员马戛尔尼、斯当东、安德森、霍姆斯、吉兰、丁威迪、巴罗的记述进行了梳理，内容涉及中国的政府、司法、习俗、宗教、文字、军事、礼仪、建筑、医学等方面。叶向阳对马戛尔尼使团游记的内容进行了总结，他认为"虽然马戛尔尼使团成员的旅华游记在对中国形象的塑造上各有千秋，但它们有一个共同的特点，即都把中国看做专制的帝国、停滞的帝国，前者是就中国的政治制度而言,而后者是就中国的文明发展状况来看。他们都觉得前者是因,后者是必然的果"[4]。张国刚在中西文化交流的主题下对马戛尔尼使团的游记做了专门的介绍。他主要关注了马戛尔尼、斯当东、安德逊对中国的看法。[5]张国刚认为使团成员的记述"更多具有站在文明的立场上来审视分析的意味"[6]。田涛、李祝环在《接触与碰撞——16世纪以来西方人眼中的中国法律》一书中,专门讨论了"马戛尔尼使团眼中的中国法律"。作者主要介绍了斯当东对中国法律的论述以及使团随行画家亚历山大描绘的中国审判、行刑等情形。田涛、李祝环认为马戛尔尼使团成员的论述对西方的中国观的转变具有重要的影响。他们指出,自马戛尔尼使团访问中国之后,中国在西方人的眼中成为"停滞的并且充满腐朽与傲慢的国家"[7]。赵世瑜探讨了使团对中国的了解和理解,指出他们"力图通过自己的亲眼所见来重新认识和解释中国"[8]。探讨"马戛尔尼使团成员对中国的看法"的专论并不多见。[9]张顺洪对马戛尔尼和阿美士德对中国的看法进行了比较,重点对马戛尔尼关于中国的预言、专制制度等方面进行了介绍,并指出马戛尔尼对中国的评价既有中肯也有偏颇之处。[10]曾永玲对马戛尔尼日记的内容进行了介绍,列举了马戛尔尼对中国印象较深的几个方面:"皇权登峰造极","闭关自守,盲目骄傲,对外一无所知","清朝官吏的圆滑、贪暴、腐败","防卫力量薄弱"[11]。刘潞对使团画家亚历山大的访华见闻图进行了研究,并以斯当东的官方报告作为重要的参照。刘潞从社会学的视角对亚历山大的图进行解读,指出亚历山大画出了中国社会的若干阶层。[12]

本章试图对马戛尔尼、斯当东、巴罗、安德逊关于中国的记述的主要内容进行总结,并以此为基础,总结这四位使团成员对中国相似的认知方式。其中马戛尔尼是使团的特使,他访问中国的日记是本章的重要研究资料。斯当东是使团秘书。他在回国后综合使团几位成员的记述写了使团访问中国的官方报告。巴罗是使团事务总管,他对中国的记述更突出对中国的理解和评价而并非是对见闻的一般描述。安德逊在使团中的地位较低,是"第一大副"。[13]与其他使团成员相比,他的记述有更多对中国的赞美。

二、马戛尔尼使团访华的背景介绍

马戛尔尼使团是英国官方派出的第一个到中国访问的使团。在使团访问中国之前,已经有英国商人在广东进行贸易。据斯当东介绍,中英两国的贸易额每年达几百万英镑。[14]正如朱雍指出,当时的中国实行"限关政策"[15],中国人并不太看重与外国人的贸易所带来的经济利益,乾隆皇帝在给英国国王的敕谕中明确交代了清朝对对外贸易的态度:"天朝物产丰盈,无所不有。原不藉外夷货物以通有无。特因天朝所产茶叶、瓷器、丝觔为西洋各国及尔国必需之物,是以加恩体恤在澳门开设洋行,俾得日用有资并沾馀润。"[16]

但英国人对在中国的贸易却相当重视。"限关政策"对英国的在华贸易造成了种种限制。英国国王派出使团到中国访问也主要是想取消这些限制,从中国获得更多的经济利益。斯当东在他的官方报告中开篇即指出,"大家都知道,英国是一个商业国家,商人是社会中最活跃最富裕的组成部分。商人的利益和活动随时受到政府极大的注意,并在许多方面影响政府的措施。因此,英国派遣一个使节团到中国访问,自然是为了商业的目的而去的"。[17]

另外,斯当东还指出,政治、人道主义和科学研究也是英国国王派遣使团到中国访问的缘由。他认为一个富足的国家应当在推广人类知识和幸福上有所贡献,并期待从中国获得更多、更有价值的东西。[18]但英国使团期待的访华成果并未出现。清朝皇帝和官员一直认为马戛尔尼使团是来"进贡"的。在马戛尔尼使团为访问中国进行准备工作之时,为了将英国使团访华的消息及早通知清朝,英国东印度公司派人呈递信函给两广总督,通知马戛尔尼使团即将访华的消息。在翻译英国信函时,两份译稿都将英国人试图表达的平等会见,翻译为"进贡"的意思。如将原信函中的"礼物"一词翻译为"贡物"。[19]乾隆最终以不符天朝体制为由拒绝了英国使团提出的有关通商贸易的各项要求。[20]可以说使团并没有完成它的主要使命。

在欧洲,18世纪正是"中国热"高涨之时,但对中国批评的声音也日益增多。许明龙总结了,当时英国的"中国热"的情形。他指出:

> 英国的"中国热"有其自身的特点。首先,英国人对中国物质文明的某些方面,例如对瓷器、茶等特产以及花园、离宫等建筑的赞赏,胜过对中国的悠久历史和丰富的精神文明的钦佩。其次,英国文人大多对中国缺乏兴趣,热烈称颂中国的英国文人更是屈指可数;相反,总有一些英国人对中国始终持怀疑、轻视、贬斥的态度,不时发表一些与"中国热"唱反调的言论,即使在许多英国民众热衷于中国的时候,贬华的言论也从未被淹没;在欧洲的"中国热"降温过程中,英国人有意无意地起了带头作用。[21]

然而,英国的"中国热"并未对使团成员对中国的看法产生太大的影响。巴罗在他的记述中提到了他们出发前,他所了解到的前人对中国的看法。巴罗介绍了他了解到的关于中国赞扬与批评的争论以及传教士对中国记述的矛盾之处。[22]更为重要的是,巴罗表达了他对一些记述的看法,他认为仅凭对中国短暂的接触就对中国人的性格作出总体评价是不公平的。[23]巴罗指出,"总体而言,英国使团是怀着对将要访问的民族的好感起程的"[24]。并且巴罗指出自己在叙述中国之行时,力图做到"不偏不倚,也不怀恶意"。巴罗认为只有通过"比较"才能对中国作出公允的评价。[25]斯当东也记述了他对前人的中国观的看法。他认为,"这些记述有的互相矛盾,有的内容可疑,但他们有一个共同一致的看法……它真是值得人们探讨和研究的最伟大的对象"[26]。因此,使团成员如巴罗、斯当东都了解当时欧洲对中国的争论,但他们并没有占到这些争论的任何一方,而是试图更为公正地来看待中国。他们带着强烈的好奇心到中国来访问。然而使团到达中国后,他们会有怎样的见闻,他们又是如何来解读这些见闻的?

三、马戛尔尼使团的中国印象——对四位成员的记述的考察

使团成员对中国的记述,内容非常广泛,如中国的官员、礼仪、法律、风俗、饮食、宗教、船舶、岛屿、山川、河流、植物等等,使团成员都有所论述。似乎中国的一切都可以引起他们的兴趣。

(一)政治制度

1. 上下通达

中国官僚体系的办事效率给使团成员留下了较深的印象。在马戛尔尼看来,中国的官僚体制上下通达,运转有效。在路途中,中国官员组织厮役搬运使团行李时"其干事之勤恳,秩序之整肃"给马戛尔尼留下了较为深刻的印象。他指出,"吾船上下员司见之莫不啧啧称异"[27]。他认为这件事情可以表明朝廷的政令可以很好地得到执行。他以比喻的方式形象地表达了自己的看法,"中国朝廷,其组织之法,足令上方之力,直达下方,为状殆类一机器。但令此机器之原动力一发,则机器各部即依其秩序而转动,不辍不滞,凡人力能为之事,莫不能任之,洵可异也"[28]。此外,马戛尔尼基于自己的经历认为,地方上的情况也可以直达朝廷并得到妥善的处理。他指出,"吾至中国后每有一事,苟与华官言及,华官殆无有不立时上达,亦无有不立时措置者,谁谓中国上下壅塞耶"[29]。巴罗也记述了中国挑夫搬运使团礼物和行李时的情形。他指出,"这儿的一切似乎只要朝廷一声令下就都能办成,最费力的事也能随时得到执行,甚至是兴高采烈地执行"[30]。但巴罗将此种政令的有效贯彻与中国是一个暴虐的国家的判断联系起来。他评论此种政令的有效执行"在一个如此暴虐的国度里真是不可思议"[31]。对于中国挑夫搬运使团行李的"敏捷有力",

马戛尔尼和巴罗都认为这可以反映朝廷政令的有效执行。但两个人对此的理解并不相同。马戛尔尼更侧重于记述这一观察,并似乎对中国政令的"上下通达"持一种赞许的态度,而巴罗则将此问题置于他对中国政治制度的总体看法之中来理解。

2. 专制与自由

斯当东和巴罗在其记述中,多次提到中国政治的集权专制以及缺乏自由。斯当东指出,"在中国的政治、伦理和历史的文献中找不到任何自由色彩的理论,他们认为这种理论最后一定导致犯上作乱"[32]。斯当东还用相当大的篇幅对此进行了解释。他对比了印度人和中国人性情的差别,指出,民主等理论在安静驯顺成性的印度人中不会有多大作用,但中国人有进取心,无所畏惧,这种理论在中国传播就不同了。[33]接下来,他又对比了中国和英国的情况。他认为,中国人的命运操纵在官吏手中,由于长期受到压迫,中国人希望通过更换政府来改善命运。中国人苦难太深则会抛弃忠君的思想,找另外一个人代替现在的君主。忠君思想抵制不了反抗压迫、神圣人权理论。因此,中国政府极力反对将这些理论介绍过来。[34]而英国人的情况则不同,"英国所有人的利益都维系在政府的稳定上,故此英国政府是世界上最巩固的"[35]。巴罗通过他的观察指出,中国是一个专制而暴虐的国家。巴罗记述了在舟山,清朝官员为使团寻找引水员时的情形。兵丁带来的两人看来能够胜任工作,但已经经商,不愿再重操旧业。巴罗记述到"他们徒劳地哀告道,离家远行会坏了他们的生意,给妻子儿女和家庭带来痛苦。总兵不为所动,命令他们一个小时之后准备妥当"[36]。对此,巴罗评价认为,总兵的专断是"不公正和暴虐的行为。除非是在一个专制的、其子民不知有法而只知有暴君的国度,这是不能容忍的"[37]。其后,巴罗多次论述到中国是一个暴虐的国家。尤其是他对中国专制的政治制度对中国人道德品质的影响做了大量的论述。巴罗指出,中国的"社会状态和政治制度的性质跟他们的所有道德行为都是相关的:在前者的影响之下,他们的天性显然被彻底地扭曲了"[38]。比如巴罗对中国人的"彬彬有礼"进行了分析。巴罗认为,由于"无论什么高官显贵都受朝廷的控制,所以他们彬彬有礼但并无诚心,形式上客套但并无有教养的自然或优雅"[39]。他认为在中国,"人人都有可能变成奴隶",而奴隶"不会有更大的羞辱感了"。因此,中国商人狡猾奸诈。一位皇孙会设法向巴罗索要表。巴罗总结道,"这些事例再清楚不过地昭示了中国人自夸的道德品格中的巨大缺陷。不过就像我先前说过的,其错当在于政治制度,而不在于民族的天性或气质"[40]。斯当东对专制政治对人民性格的塑造也有论述。他指出,"中国普通老百姓外表非常拘谨,这是他们长期处在铁的政权统治之下自然产生出来的。在他们的私下生活中,他们也是非常活泼愉快的,但一见了官,就马上变成另外一个人了"[41]。斯当东举了一个例子来论证自己的看法,即东印度公司从广州送来一个中国人准备为使团做翻译。但他站在中国官员面前,吓得手足不知所措。最终他因担心替外国人服务可能招来危险,辞掉了翻译工作。[42]

然而,安德逊则论述了中国人的自由。安德逊认为,中国政府有其优点和缺点,"但中国人民则似乎是愉快而满意地对待这政府,他们也享受到与这文明社会的最好安排相一致的许多自由"[43]。尽管斯当东认为中国缺乏自由。但他还是对中国的宗教自由进行了论述。他认为"中国人对于一切宗教抱着自由主义的思想"[44]。斯当东以自己的观察来论证这一看法。他记述到在佛庙里看到一个道士来参观,并指出这"不足为奇"。尽管巴罗对中国的专制有严厉的批判[45],但他认为"新闻出版在中国如同在英国一样自由,印刷业对所有人都开放。这种现象非常独特,在专制政府中也许是独一无二的"[46]。巴罗比较了英国和欧洲的情况。他认为,在欧洲,新闻出版保障了自由。而在中国,新闻出版自由没有引起朝廷的担心,是因为不经任何程序的严厉惩罚会防止出版界的为所欲为。[47]

3. 父权式的统治

巴罗和安德逊分析中国的政治制度是一种父权式的统治。巴罗指出"皇帝被认为是臣民之父,理当拥有家庭式父对子的同样权威。从这个意义出发,皇帝乃有'大父'之称"[48]。"省督被认为是一省之父,知州为一州之父,司部主管也理应像一家之父照料管理家庭生活那样,用同样的权威、关心和慈爱来主持工作。"[49]但巴罗对这种体制进行了严厉的批判。他认为,"一个在理论上备受赞誉的政府体制,在实践中却产生了极大的扭曲和滥用。如果用暴虐、压迫和不公来描绘所谓的统治者慈父般的关心和热爱,用畏惧、欺瞒和忤逆来描绘被统治者的子女般的孝顺和敬畏,恐怕更接近事实。[50]尽管巴罗揭露了在表面的父权统治之下其实是压迫和暴虐,他也看到君主的权力受到限制的一面。他指出,儿子对死去父母的祭祀可以对君权进行限制。因为这使君主顾及到死后被祭祀时是被敬畏还是被诅咒。只是这种限制是极其微弱的。[51]另外,史官对君主也有所限制。巴罗认为,"在专制政府中,这个如此卓越和独到的制度,不可能不对君主的作为产生强大的影响。不可能不促使他在任何场合都谨慎行事,以便为自己留下英名,以便使自己的人格清白圣洁,流芳百世"[52]。并且巴罗以唐朝史官与皇帝之间的故事来证明自己的看法。安德逊也指出中国皇帝的统治是一种父权式的统治。但他对此的评论与巴罗并不相同。他指出,皇帝是"从父道出发关怀他的臣民"[53]。他使用了"关怀"而不是"压迫"来表述皇帝的统治。并且他还用皇帝抑制在不富饶的地区为他诞辰举行庆祝来支持这种看法,尽管这种规定只在离京城较近的地方实行。[54]安德逊对乾隆的统治进行了赞美。他指出,"在我结束本章以前,不能不对这位伟大、显赫、聪明、慈善的中国皇帝致以崇高敬意。他治理中国近60年之久,按他的百姓的普遍的呼声,他对他们的康乐和兴旺从未忘怀"。并且,他以一起京控案件作为在司法管理上皇帝保护百姓中最低微的人的例证。[55]

(二)家族观念

中国人的家族观念给英国使团留下了深刻的印象。斯当东和巴罗都用了较大的篇幅来论述中国的家族观念。斯当东强调中国人累世同居,以及尊敬老人已经成为风尚。他指出这种制度的优越性在于"青壮年人偶尔感情失去控制、暴躁激动的时候,老年人可以适当地加以约束和制止",并且"老年人把他们的经验和智慧传授给后代"[56]。另外,斯当东颇赞赏中国家族的互助风气,认为它"使穷困的人不失体面立刻得到帮助,公家慈善机关反而成为不必要的了"[57]。斯当东还将中国家族的互助与欧洲人进行了对比。他认为,中国的家族的互助风气可以解释为什么使团没有遇到沿街乞讨的人。而"很不幸的是对欧洲人来说这是特殊的。这不是靠几个公家慈善机关所能办得到的"[58]。斯当东认为在中国,子女对父母的孝顺比父母对子女的慈爱受到更严格的约束。他指出,"中国的哲学家们不遗余力地教导应如何孝顺,但对父辈应如何仁慈则委之自然本性。但自然本性的支配远远抵不上长期的箴规格言的效力。因此在中国,子女不养活父母的事比父母抛弃子女的事少得多"[59]。巴罗对中国家族观念的主要看法为,中国的孝道并非出于自然的感情,而只是一种规矩。它并不存在于百姓的心中。[60]对比欧洲的情况,巴罗认为在欧洲的许多国家,孩子对父母的感情"不仅是他们被要求,而且是真切地感受着的"[61]。巴罗甚至更进一步认为,在中国,父子之间的关系可以比作奴隶和暴君的关系。他指出"事实上,要求奴隶服从的专制暴君在每个家庭都存在;因为如果儿子是奴隶,父亲自然就是暴君"[62]。

(三)法律

1. 宽容与残酷

使团这四位成员中,巴罗对中国法律的论述最为全面和系统。巴罗从文本上对《大清律例》进行了赞美。巴罗指出,中国法典"文字清晰,结构严谨,完全可以与布莱克斯顿的《英国法释义》相媲美"[63]。巴罗还指出中国法律"在确定罪与罚的轻重尺度时尤其慎重,根本谈不上血腥味。如果实践与理论一致的话,没有几个国家能够夸口说自己有一种更加宽容、又更加有效的司法制度。就所有现存的专制政府而言,没有一个像中国那样,从法律上视人的生命如此神圣"[64]。但巴罗又指出,中国的法律是维护暴行的。他以自己的观察来证明此点。比如他认为,中国的法律纵容"杀婴"行为。在巴罗看来,"如果一种法律不积极阻止犯罪,就可以被视为支持和鼓励犯罪"[65]。巴罗解释,"中国的法律故意不承认有这样犯罪行为存在,好不必对此加以处罚"[66]。

使团成员在中国见到的"打板子"是他们探讨中国法律的重要素材。巴罗指出,"我们在这个国家旅行期间,没有一天没看到板子的使用,而且通常使用的那种方式很难说是薄罚"[67]。巴罗记载了在天津至通州的途中,因为天气太热,送给马戛尔尼使团的食物不能食用。经办的下级官员被摘去顶戴,所有人都受到笞刑。虽然经特使求情,但并没有豁免或减刑。巴罗评论道,此事关乎处置权。"其残酷不下于舟山的总兵,我们的反感也跟上一次类似。"[68]这一事件给马戛尔尼也留下了深刻的印象。马戛尔尼"甚骇其所用刑罚之不当"[69]。但马戛尔尼的评论与巴罗并不相同,他指出"是可见中国之法律与公理,不能以吾西人之目光判断之也"[70]。马戛尔尼还记述了他观察到的另外一次"打板子"的情形。一位鞑靼人因为偷窃被笞。鞑靼人大骂,在长城之外,中国官员不能笞打鞑靼人。于是被再次笞打。此时马戛尔尼已不再感慨"刑罚之不当"而指出这是一出"滑稽之短剧"。巴罗虽然认为打板子是残酷的,但他认为这并不意味着耻辱。[71]巴罗论述到,在中国,尽管一个官员被上级官员责打,是"卑劣的顺从"和"人类灵魂的堕落",但是,"只要出于父权,那么这种责打的后果绝不可能是耻辱"[72]。斯当东也认为在中国打板子不是耻辱的事情。这与欧洲不同。但他的理由与斯当东不同,他认为,"中国老百姓的地位已经低到无可再低,即便被打一顿板子,他们也并不感到什么耻辱"[73]。

2. 司法制度

中国的司法制度也是使团成员论述的重点。使团成员已经注意到中国处理"民事案件"与"刑事案件"的不同司法程序。巴罗即指出,民事案件缺乏类似刑事案件的修正程序。[74]巴罗更进一步分析指出,"民事案件的裁决完全让一个法官做主。因此,不管罪与罚的裁量如何得当,排除上诉程序,本身就阻碍了司法公正"[75]。斯当东指出,"每一省城只有一位审判官,他主要审理刑事案件。其余所有民事诉讼案件俱由地方官审理,不另设单独的独立的审判官"[76]。斯当东还论述到中国的诉讼案件中,财产纠纷很少。他分析了这其中的原因:"中国的产权,无论动产或不动产,均非常简单不易引起纠纷。他们没有限定嗣续人的问题,也没有清算的问题。"[77]他对比了中国和其他国家的不同之处指出,其他国家,以个人为本位很容易引起纠纷,而中国的家庭本位和社会制度不易引起纠纷。[78]

斯当东和巴罗均对刑讯逼供进行了批判。斯当东认为,刑讯逼供是失策的。因为"任何无罪的人都保不定因有嫌疑或被控告而受酷刑"[79]。巴罗认为,"中国刑法中最糟糕的部分是严刑逼供,但是他们总

是说这种方式很少采用,除非被告的罪行因很强的间接证据变得显而易见"[80]。在斯当东看来,司法腐败是一种非常普遍的现象。斯当东认为,司法腐败是中国普遍的现象。原告和被告都要向法官送礼。如果原、被告的礼物同样重要,则有可能作出公正的判决。斯当东最后指出,"据说在中国的法庭中最后决定裁判的仍然是钱。富人胜诉的机会当然多得多"。他把这一点归因于法官的薪金不高。[81]

3. 社会治安

中国社会良好的治安情况给使团成员留下了良好的印象。斯当东指出,"北京人口虽然这样多,但秩序良好,犯法事件很少"[82]。巴罗也指出,"京城的治安管理非常好,居民的安全和宁静很少受打扰"[83]。巴罗和斯当东都将良好的治安归因于类似于英格兰古时候的联保制度和兵丁的巡逻。安德逊指出,杀头案在中国很少见。他曾经打听过许多人,"他们从未见过或听到过有杀头处刑的事。比较轻的刑事案,在这个人口非常多、商业又发达的国内也不常有"[84]。安德逊将此归因于,警察对易于犯罪的人的严格看管。并且他认为,"这一条例,在许多情况下,可以为素负盛名的英国司法制度所仿效而获得良果"[85]。

(四) 妇女的状况

中国妇女的状况引起了使团成员的广泛关注。巴罗认为,"在任何一个国家,女性的状况都能被用作衡量其文明程度的标尺。……在那些女性的品德和智力受到高度尊重的国家,其治国之道一定是最有利于提高人民福祉的。反之亦然,在只看重女性的身体特征的地方,如在亚洲的一切专制国家那样,暴虐、压迫和奴役就必然大行其道"[86]。

对于中国妇女的裹脚问题,使团成员有不一样的解读。巴罗称裹脚为陋俗。他分析"这一陋俗一般被归罪于男人的嫉妒。如果承认这一点,中国男人就应当被视为精于驭女之道,居然能取得对女性的如此强大的优势,诱使她们自愿放弃生命赋予她们的最大快乐——行动自由,接受这种习俗,并让这种习俗深入人心,以至于任何背离都被视为不雅。"[87]斯当东认为,裹脚"戕残人的生机和健康"[88]。斯当东指出了女性的态度对裹脚的影响。他表示不容易想出,男人为什么要在妇女中强制推行这种风俗。妇女也要对这种奇怪的风俗持积极的态度,才能行得通"。[89]而安德逊则将中国妇女的裹脚解释为一种癖好。[90]他并没有将这一现象与男性对女性的支配联系起来考虑。

男性对女性的支配也是使团成员论述的重点。斯当东和巴罗都观察到,在中国,丈夫与妻子不能同桌吃饭。斯当东认为这是丈夫对妻子统治权的表现,是男尊女卑的表现。[91]但斯当东又认为,"幸而中国人素来讲究忠厚待人,从最低层社会一直到最高层社会,从小就被教诲要讲恕道,这对于丈夫压迫妻子起一定的缓和作用"[92]。巴罗论述道:"中国人比古希腊人或蒙昧时代的欧洲人更加竭力强迫妇女温顺,对她们横加约束。他们不满足于剥夺她们运用四肢的能力,还进一步将妇女走出内宅抛头露面定为一种道德犯罪。"[93]巴罗以他的观察来论证这一看法。他指出,妇女出门要坐在轿子里或封闭了的独轮车里。只是下层社会的妇女无法困于内宅,而要从事辛苦的劳作,那时她们的丈夫可能在玩乐。[94]斯当东认为,中国妇女"丧失以平等的身份作为丈夫闲暇时间的朋友和伴侣。丈夫对妻子的姿色的爱好甚至也是日渐减少的"[95]。他解释其中的原因为"中国的妇女,无论是哪一个阶层的,都被剥夺读书受教育的权利。她们的无知,无经验,被关在家里,对男子的畏惧等等"。巴罗把中国人的婚姻完全理解为一种买卖关系[96],认为中国毫无爱情可言。他指出,"至于女儿,那是毫无例外地会被出卖的"。而买卖发生在新郎和新娘的父母之间。这种习俗使妇女的地位更为降低。[97]

然而,安德逊的观察与斯当东和巴罗并不相同。他指出"认为中国妇女是被关在屋子里不准与外人相见的见解,是无甚根据的"[98]。他的根据在于,在观看马车队的人群中至少有四分之一为妇女,并且,他对中英两国的情况进行比较认为,这比例的数字大大超过在英国所遇到的由于观看新奇事物而聚集起来的人群中的妇女的数目。[99]安德逊还讲述了与一些中国妇女接触时的情形。他指出,中国妇女有礼貌地来观察他的衣服,当他与这些妇女握手时,中国妇女报以文雅的亲热。在场的男子,也没有什么不满之处。由此,安德逊指出,"在这城市里,女子,显然地,并未被剥夺他们所应享的这部分自由,因而,中国男子所普遍存在的妒忌性不是一种异常显著的品格,至少,在这帝国的首都是如此。"[100]安德逊并非完全无视丈夫对妻子的权威,但是他的解释与巴罗完全不同。安德逊认为,这种权威并不是生活的常态,只是在某些情况下或者出于任性而为之。但"在一般情况下,妇女在中国有她们的合理的自由;人们与妇女来往和同她们进行社交活动,同在欧洲一样,被视为社会生活中的佳事"〔101〕。

四、结语

马戛尔尼使团成员对中国的记述体现了他们对认识中国的兴趣和努力。使团成员对中国的看法是否恰当?评价是否公允?这些问题已超出本章的范围。从上文的总结来看,使团成员的论述十分丰富。面对相同的主题,使团成员的理解并不相同。比如,对于皇帝父权式的统治,巴罗揭示其实际上是压迫和暴虐。而安德逊则认为,皇帝父权式的统治是从"父道"出发的关怀。即使是同一位使团成员对一些问题的看法也并非一贯。巴罗一方面论述中国法典在确定罪与罚时的慎重,另一方面又指出中国法典维护暴行。然而使团成员对中国的认知方式却存在着一些相似点。马戛尔尼使团对中国的看法并非所谓"以西方标准来看中国"可以概括。虽然他们在认识中国时难以摆脱西方的价值观,但使团成员更试图不带成见地、公允地来了解中国。

本章所总结的使团四位成员对中国的看法,大多数情况下,都是有所根据的。他们往往基于自己在中国的见闻来论述中国。然而,这些见闻往往只是在中国发生的一件事情,未必能说明什么总体性的问题。但使团成员就是利用这些有限的见闻来从总体上评价中国。尽管在使团出发之前巴罗就批评前人基于对中国有限的了解就对中国作出总体评价,然而使团成员几乎采用了同样的方式来论述中国。比如巴罗就基于中国官员强制两人为使团做引水员这件事情,指出中国是一个暴虐的国家。在使团成员的思维中,某中国人在中国某地的所作所为就等同于中国人的特点是什么。这样的认知方式往往会造成偏见。或许正是使团成员急切地想要了解中国,他们才会如此认识中国。

通过对比的方式来认识中国,在使团成员的论述中随处可见。使团成员不仅拿中国与欧洲、英国比较,还会将中国与印度等国家比较。尽管使团成员往往通过比较得出中国不如西方的结论,但也有关于中国优于西方的论述。比如斯当东认为中国的家族互助在解决穷人生活的问题上就优于西方。而比较并非完全为了确定中、西方孰优孰劣。事实上"比较"的认知方式还有重要的功用,即为认识中国寻找一种参照。通过比较可以使中国的特点更为突出地表现出来,从而更好地认识中国。比如对中国和印度国民特点的比较,可以更加突出中国人的特点,从而解释为何民主理论在中国会有更大的影响。比较的方式更多的是借助外在的参照来理解中国。使团成员也试图在中国的语境下来理解一些见闻的真实含义。比如巴罗和斯当东均认为打板子并不意味着耻辱。巴罗是将其放到中国父权政治的语境下来理解这一现象。斯当东是将其放到中国百姓的地位较低这一情况下来理解这一现象。

注　释

〔1〕黄一农:《龙与狮对望的世界——以马戛尔尼使团访华后的出版物为例》,载《故宫学术季刊》第 21 卷第 2 期,2003 年冬季。

〔2〕叶向阳:《17、18 世纪英国旅华游记中的中国形象》,北京大学中文系 2006 年博士论文。

〔3〕叶向阳对利用"17、18 世纪英国旅华游记"进行的关于"中国形象"的研究进行了全面的总结。利用马戛尔尼使团成员记载所做的关于"中国形象"研究也大都有所涉及。文中不再赘述。参见同上。

〔4〕同上。

〔5〕张国刚:《从中西初识到礼仪之争——明清传教士与中西文化交流》,人民出版社 2003 年版,第 180—191 页。

〔6〕同上书,第 183 页。

〔7〕田涛、李祝环:《接触与碰撞——16 世纪以来西方人眼中的中国法律》,北京大学出版社 2007 年版,第 90 页。

〔8〕赵世瑜:《大众的观点、长远的观点:从利玛窦到马戛尔尼——写在英使首次访华二百周年之际》,载《中英通使二百周年学术讨论会论文集》,中国社会科学出版社1996年版。

〔9〕叶向阳指出:"张顺洪教授的《马戛尔尼使团与阿美士德使团之间(1790—1820)英国的中国观》是目前所见唯一的一部把马戛尔尼使团成员的有关中国记述作为主要论据来分析归纳18世纪末英国的中国观的史学著作。"参见叶向阳:《17、18世纪英国旅华游记中的中国形象》,北京大学中文系2006年博士论文。但资料所限,我没有见到这篇博士论文。

〔10〕参见张顺洪:《马戛尔尼和阿美士德对华评价与态度的比较》,载《近代史研究》1992年第3期。

〔11〕曾永玲:《十八世纪英国人眼中的中国——评介〈英使谒见乾隆纪实〉》,载《松辽学刊》1987年第3期。

〔12〕刘潞:《社会学的解读,英使团画家笔下的中国》,载《故宫博物院院刊》2006年第3期。

〔13〕参见〔英〕爱尼斯·安德逊:《英国人眼中的大清王朝》,费振东译,群言出版社2002年版,附录二。

〔14〕〔英〕斯当东:《英使谒见乾隆纪实》,叶笃义译,上海书店出版社2005年版,第8页。

〔15〕参见朱雍:《不愿打开的中国大门——18世纪的外交与中国命运》,江西人民出版社1989年版,第79页。

〔16〕中国第一历史档案馆编:《英使马戛尔尼访华档案史料汇编》,国际文化出版公司1996年版,档案编号二三三。

〔17〕〔英〕斯当东:《英使谒见乾隆纪实》,叶笃义译,上海书店出版社2005年版,第1页。

〔18〕同上书,第9—12页。

〔19〕参见中国第一历史档案馆编:《英使马戛尔尼访华档案史料汇编》,国际文化出版公司1996年版,档案编号二八五、二八六。

〔20〕同上书,档案编号二三三。

〔21〕许明龙:《欧洲18世纪"中国热"》,山西教育出版社1999年版,第149页。

〔22〕〔英〕约翰·巴罗:《我看乾隆盛世》,李国庆、欧阳少春译,北京图书馆出版社2007年版,第21—25页。

〔23〕同上书,第22至23页。

〔24〕同上书,第25页。

〔25〕同上书,第26页。

〔26〕〔英〕斯当东:《英使谒见乾隆纪实》,叶笃义译,上海书店出版社2005年版,第12页。

〔27〕〔英〕马戛尔尼:《1793乾隆英使觐见记》,刘半农译,天津人民出版社2006年版,第29页。

〔28〕同上书,第29页。

〔29〕同上书,第80页。

〔30〕〔英〕约翰·巴罗:《我看乾隆盛世》,李国庆、欧阳少春译,北京图书馆出版社2007年版,第65页。

〔31〕同上。

〔32〕〔英〕斯当东:《英使谒见乾隆纪实》,叶笃义译,上海书店出版社2005年版,第375页。

〔33〕同上书,第375—376页。

〔34〕同上书,第376—377页。

〔35〕同上书,第376页。

〔36〕〔英〕约翰·巴罗:《我看乾隆盛世》,李国庆、欧阳少春译,北京图书馆出版社2007年版,第44页。

〔37〕同上书,第45页。

〔38〕同上书,第62页。

〔39〕同上书,第131页。

〔40〕同上书,第135页。

〔41〕〔英〕斯当东:《英使谒见乾隆纪实》,叶笃义译,上海书店出版社2005年版,第245页。

〔42〕同上书,第245页。

〔43〕〔英〕爱尼斯·安德逊:《英国人眼中的大清王朝》,费振东译,群言出版社2002年版,第76页。

〔44〕〔英〕斯当东:《英使谒见乾隆纪实》,叶笃义译,上海书店出版社2005年版,第398页。

〔45〕同上。

〔46〕〔英〕约翰·巴罗:《我看乾隆盛世》,李国庆、欧阳少春译,北京图书馆出版社2007年版,第284页。

〔47〕同上书,第284—285页。

〔48〕同上书,第258页。

〔49〕同上书,第258页。

〔50〕同上书,第258—259页。

〔51〕同上书,第260—261页。

〔52〕同上书,第262页。

〔53〕〔英〕爱尼斯·安德逊:《英国人眼中的大清王朝》,费振东译,群言出版社2002年版,第124页。

〔54〕同上。

〔55〕同上书,第223—224页。

〔56〕〔英〕斯当东:《英使谒见乾隆纪实》,叶笃义译,上海书店出版社2005年版,第287页。

〔57〕同上书,第288页。

〔58〕同上。

〔59〕同上书,第310页。

〔60〕〔英〕约翰·巴罗:《我看乾隆盛世》,李国庆、欧阳少春译,北京图书馆出版社2007年版,第106页。

〔61〕同上书,第112页。

〔62〕同上。

〔63〕同上书,第263—264页。

〔64〕同上书,第264页。

〔65〕同上书,第123页。

〔66〕同上书,第123—124页。

〔67〕同上书,第276页。

〔68〕同上书,第63页。

〔69〕〔英〕马戛尔尼:《1793乾隆英使觐见记》,刘半农译,天津人民出版社2006年版,第38页。

〔70〕同上书,第38页。

〔71〕同上书,第84页。

〔72〕〔英〕约翰·巴罗:《我看乾隆盛世》,李国庆、欧阳少春译,北京图书馆出版社2007年版,第276页。

〔73〕〔英〕斯当东:《英使谒见乾隆纪实》,叶笃义译,上海书店出版社2005年版,第460页。

〔74〕〔英〕约翰·巴罗:《我看乾隆盛世》,李国庆、欧阳少春译,北京图书馆出版社2007年版,第272页。

〔75〕同上。

〔76〕〔英〕斯当东:《英使谒见乾隆纪实》,叶笃义译,上海书店出版社 2005 年版,第 490 页。

〔77〕同上书,第 463 页。

〔78〕同上。

〔79〕同上书,第 461 页。

〔80〕〔英〕约翰·巴罗:《我看乾隆盛世》,李国庆、欧阳少春译,北京图书馆出版社 2007 年版,第 274 页。

〔81〕〔英〕斯当东:《英使谒见乾隆纪实》,叶笃义译,上海书店出版社 2005 年版,第 463 页。

〔82〕同上书,第 309 页。

〔83〕〔英〕约翰·巴罗:《我看乾隆盛世》,李国庆、欧阳少春译,北京图书馆出版社 2007 年版,第 73 页。

〔84〕〔英〕爱尼斯·安德逊:《英国人眼中的大清王朝》,费振东译,群言出版社 2002 年版,第 76 页。

〔85〕同上。

〔86〕〔英〕约翰·巴罗:《我看乾隆盛世》,李国庆、欧阳少春译,北京图书馆出版社 2007 年版,第 102 页至第 103 页。

〔87〕同上书,第 57 页。

〔88〕〔英〕斯当东:《英使谒见乾隆纪实》,叶笃义译,上海书店出版社 2005 年版,第 197 页。

〔89〕同上。

〔90〕〔英〕爱尼斯·安德逊:《英国人眼中的大清王朝》,费振东译,群言出版社 2002 年版,第 206 页。

〔91〕〔英〕斯当东:《英使谒见乾隆纪实》,叶笃义译,上海书店出版社 2005 年版,第 287 页。

〔92〕同上。

〔93〕〔英〕约翰·巴罗:《我看乾隆盛世》,李国庆、欧阳少春译,北京图书馆出版社 2007 年版,第 104 页。

〔94〕同上。

〔95〕〔英〕斯当东:《英使谒见乾隆纪实》,叶笃义译,上海书店出版社 2005 年版,第 473 页。

〔96〕同上。

〔97〕〔英〕约翰·巴罗:《我看乾隆盛世》,李国庆、欧阳少春译,北京图书馆出版社 2007 年版,第 107—108 页。
〔98〕〔英〕爱尼斯·安德逊:《英国人眼中的大清王朝》,费振东译,群言出版社 2002 年版,第 87 页。
〔99〕同上书,第 88 页。
〔100〕同上书,第 88—89 页。
〔101〕同上书,第 219 页。

第三章 法国启蒙主义与中国法传统

——孟德斯鸠论中国法

第三章 法国启蒙主义与中国法传统

一、引言

孟德斯鸠(Charles Louis Montesquieu,1689—1755)既是18世纪理性主义法学的总结者,又是19世纪法律历史学和社会学乃至比较法学的奠基者。从理性主义立场出发,孟德斯鸠评论过古代中国的法律专制主义;从历史学和社会学,他描述了中国古代法律的精神,其中包括风俗礼仪宗教与法律的关系,地理环境与法律的关系,以及贸易货币人口与法律的关系。本章的主题就是从孟德斯鸠的总体理论中剥离出他对中国传统法律的图画,展现一个西方18世纪的理性主义学者如何评判一个东方帝国的法律制度。与此同时,参照严复在译本《法意》中的评论,试图发现孟德斯鸠论中国法过程中的真实之处和不实所在,从而判定孟德斯鸠论中国法的理论价值与缺陷。

二、孟德斯鸠与中国法

要从思想史的角度来界定孟德斯鸠的理论,可以说,他与这样几个"符号"联系在一起:政治学和法学上的启蒙运动,近代法学百科全书,法律的历史、社会和比较的研究。

孟德斯鸠生活在18世纪的法国,在其青少年时代就受到过自由主义的熏陶。培根的经验论和笛卡尔的唯理论,都对他理论的形成发生过影响。[1]巴黎和波尔多的生活工作与交友,使他成为法国启蒙运动的重要力量。孟德斯鸠的文才和机智比不上伏尔泰,但是他的学识渊博和论证严谨并不逊色。[2]卢梭的人民主权论和社会契约论与孟德斯鸠的理论相去甚远,但是,他的自然法理论和政体理论从孟德斯鸠那里获益颇多。从更广的理论跨度上看,自格劳秀斯提出"自然法就是正当的理性"概念以来,经过霍布斯、洛克、斯宾诺莎的积淀,孟德斯鸠的理性主义政治法律学说已达纯熟的状态。在《波斯人信札》中,他寻找着"最合乎理性的政府",认定"能以最合乎众人的倾向与好尚的方式引导众人,乃是最完善的政府"[3]。为此,他把理论的矛头指向了封建专制,称"欧洲大半政府均为君主专制",这样"横暴的政制","势必蜕化为专制暴政,或转变为共和国"[4]。在《罗马盛衰原因论》中,他称,人民安定的基础"建立在理性和自然上面"[5],而罗马政府之所以完善,就是"因为自它产生以来,它的制度就足以使或是人民的精神,或是元老院的力量,或是某些高级官吏的威望永远能够制裁任何滥用权力的事件"[6]。在《论法的精神》中,他说,人作为"物理的存在物"和"智能的存在物"受不变规律的支配,这些规律就是"自然法"。自然法源于"我们生命的本质",也就是人类本性之"和平","寻找食物","自然爱慕"和"过社会生活"。[7]在理性主义指导之下,他设计出了保障人民的政治自由的权力分立制度。他的理论通过文明的传播"成为改变世界文明的一般思想体系的一部分"[8]。权力分立成为后世法治的核心标志之一,因此,马克思说,"《法国拿破仑法典》并不起源于《旧约全书》,而是起源于伏尔泰、卢梭、孔多塞、米拉波、孟德斯鸠的思想,起源于法国革命"[9]。

在17—18世纪多数理性主义者那里,法律只是一个附带的和从属的主题。[10]由社会契约而生公共的权力,后者又衍生出法律,理性主义者的主导领域是哲学和政治学。从这个意义上说,近代自然法的理论导向了公法的理论,或者说,近代法律理论是政治学下的法律理论。孟德斯鸠的独特之处,则可以从两个方面来看。

其一,他如同其他理性主义者一样,也以人类本性出发,假定人类的自然状态和自然法,由此推论公共权力的形成和公共权力所导向的公法。但是,孟德斯鸠的不同之处,在于他把法律纳入更加广泛的领域。除了政治学和哲学之外,他还关心法律与历史,法律与自然环境,法律与民族精神,法律与赋税、货币、贸易和人口,法律与宗教之间的关系,他称之为"法律的精神"。主题从政治向法律的转化,孟德斯鸠誉有"法学百科全书"的名号,他所构建的法学体系超越了他同时代的理性主义者。[11]在这一点上,中国近代的严复有过仔细的考证。他在翻译孟德斯鸠《法意》的时候,比较了中西"法"一词的差异。在严复看来,中国古代是把"法"与"理"区分开来的。"盖在中文,物有是非谓之理,国有禁令谓之法,而西文则通谓之法",因此,西文"法"字,"于中文有理、礼、法、制四者之异译"[12]。这样,在中西比较意义上讲,西方人所理解的"法"类似于中国古代的"礼典"。以西方人所理解的"法"来看中国古代法律,西方人所指的"法",类似于中国之"《周礼》、《通典》及《大清会典》、《皇朝通典》诸书"[13]。

其二,孟德斯鸠对古希腊罗马的文献很是熟悉,而且对东方的文明抱有开放的心态。在《波斯人信札》中,他探讨了东方专制主义下的政治和民俗;在《罗马盛衰原因论》中,他展现了罗马的历史;在《论法的精神》中,他专题性地研究了"罗马法的继承法"和日耳曼人—法兰克人—法兰西人的"封建法"和"民法"。[14]以如此开放的视野研究法律,孟德斯鸠不仅阐释了近代政治法和刑法的公法理论,而且勾勒出了婚姻家庭法、诉讼法、封建法及原始法这些为近代学者所忽略的理论,使得近代法与古代希腊罗马法连接了起来,贯通了西方的法律传统。

从方法论上考察,孟德斯鸠已经开始超越18世纪。18世纪的理性主义法律理论是缺少历史根基的,"自然法"和"社会契约"并无历史的根据。这也是自然法理论遭到19世纪以后西方法学攻击的原因所在。而在孟德斯鸠那里,理性主义与历史主义却盘结在一起。理性主义让他反对专制,提倡共和,主张权力分立以保障公民政治自由和刑法上的罪刑法定主义;而历史主义又让他趋向保守,称"如果一个国家的法律竟能够适合于另外一个国家的话,那只是非常凑巧的事"[15]。"如果征服者想把自己的法律和习惯风俗强加于一切民族,这是一件愚蠢的事情。"[16]从否定的意义上看,理性主义与历史主义是冲突的,孟德斯鸠并没有提出一贯的自洽理论;从积极的意义上看,孟德斯鸠的理论宣告了18世纪理论的终结,预告了19世纪的法律历史主义。孟德斯鸠由此被后人称为历史法学、社会法学和比较法学的先驱。

孟德斯鸠的理性主义、法律主题和社会历史方法论都与中国法律传统发生着关联。

没有资料表明孟德斯鸠到过中国。从时间上推算,孟德斯鸠出生在清代康熙年间,生活在雍正和乾隆年间。[17]从资料来源上看,孟德斯鸠认识一个中国人并有过交往[18],对中国及中国法的认识,多来源于到过中国的传教士和商人。在《论法的精神》中,引用最多的是杜亚尔德的《中华帝国志》(Du Halde: Description geographique, historique, Chronologique, politique et Physique de l'Empire de la Chine etc.),偶尔引用德麦兰和巴多明神父的书简和记述。[19]值得注意的是,孟德斯鸠对于"中华帝国"的理解,与我们今天的"中国"含义不完全相同。[20]在孟德斯鸠那里,中华帝国与鞑靼人是并列的,中华帝国是指汉人的帝国,鞑靼人指汉人北面的游牧民族[21],既包括西汉时代的匈奴人[22],又包括元代的蒙古人[23],还包括清代的满族人[24]。偶尔,孟德斯鸠还把台湾单独列举出来。[25]

孟德斯鸠与中国法律的实际连接点,起源于清末的翻译家和改良家。[26]孟德斯鸠的思想,通过戊戌变法与中国近代发生了超时空的联系。梁启超撰写过《法理学大家孟德斯鸠之学说》,他称法国18世纪最伟大的学者有三:一为卢梭,二为伏尔泰,三为孟德斯鸠,"三君子者,轩轾颇难。而用力之多结果之良,以孟氏为最"[27],因为三权分立制度的建立、奴役制度的废除和人道主义刑法的确立,都与孟德斯鸠相关。孙中山的五权宪法可以说是在批判孟德斯鸠三权分立基础上的革新。[28]可以说,孟德斯鸠的理论是中国法律现代化进程中的指导思想之一。不过,近代改良者与革命者更多地受到孟德斯鸠理性主义的影响,而对于他的法律的社会历史观,相对关注不足。

尤为突出的是,严复翻译并评论了《法意》。[29]虽然有时候称"孟氏之言,直百解而无一可通者"[30],但是他更多时候则发出这样的感叹:"吾翻译此节之文,不觉首俯至地,而叹孟德斯鸠之精神为不可及也"[31],"吾译是书,至于此章,未尝不流涕也"[32]。对孟德斯鸠的认可甚至崇拜,加上对中国问题的体会和认识,严复广泛地比较了中西法律和法律的精神。举例来说,比如,他说,欧美强大,中国愚弱,在于中国固有的自满。日本与中国相比,日本勃然而兴,中国痿然,同样在于中国的自满。清末新政,没有起色,则在于重制度之"形质",而轻政治之"精神"。有形质而无精神,则类似于"巨人之无脑"。[33]再比如,严复道,"西方之君民,真君民也,君与民皆有权者也。东方之君民,世隆则为父子,世污则为主奴,君有权而民无权者也",西方之伦理,先有义而后有仁,而东方之伦理,先有仁而后有义。"此东西治制之至异也"[34],西方法律的目的是"保民身家",而中国刑律则是"毁人身家"。[35]再有,"法堂之上,吾民匍匐,而彼坐立焉。朝觐之际,彼族鞠躬,而吾泥首焉。"[36]

三、中华帝国的政体特质

(一)亚里士多德与孟德斯鸠

孟德斯鸠的政体理论是他理论的原发点,从思想史的角度上看,其理论源于古希腊亚里士多德的政体理论。可以说,当孟德斯鸠改变了亚里士多德政体分类并发展出"政体原则"概念的时候,古代政体的理论发展到了近代的政体理论。

亚里士多德的政体分类是逻辑上的,执政者的人数是政体分类的核心尺度,政治统治的目的只是一个附带的尺度,依此标准,政体区分为君主/僭主、贵族/寡头、共和/民主。每个社会采取何种政体形式,要看这个社会的自然和社会状况。[37]孟德斯鸠的不同之处在于,他改变了政体划分的标准和尺度,政体的构成、性质和原则取代了简单的统治者的人数和政治统治的目的,其中,"政体原则"成为区分不同政体的核心尺度。君主政治和专制政治都是一个人的统治,但是前者是依法的统治,后者是主观任性的统治。在孟德斯鸠那里,这两种政体性质完全不同。贵族政治和民主政治都是多个人的政治,前者是少数人的统治,后者是多数人的统治。在孟德斯鸠那里,两者统称为共和政治。

亚里士多德对政体并无价值上的判断,"政体统治的目的"下正宗政体与变态政体的划分虽然带有价值的意味,但亚里士多德并未过分渲染。孟德斯鸠对专制、君主和共和的表达也试图表现出客观和平铺直叙,但是他反专制的主观判断在他的著作中表露无遗。民主政治以"品德"为原则,俭朴、节约、节制、勤劳、谨慎、安分、程序和纪律存在于民主社会之中。[38]爱共和国和爱平等构成了民主政治的基本精神。贵族政治以"节制"为原则,宽和、节俭和有限的不平等是贵族政治的基本精神。不平等不会导致"怨恨和嫉妒","威尼斯的法律强迫贵族过朴素的生活"[39]。君主政治以"荣誉"为原则,在君主国,品德应该高尚些,处世应该坦率些,举止应该礼貌些。[40]对专制政治,孟德斯鸠的用词则没有如此温和与赞美。"路易斯安纳的野蛮人要果子的时候,便把树从根底砍倒,采摘果实。这就是专制政体。"[41]"专制政体的原则是恐怖;恐怖的目的是平静。但是这种平静不是太平。它只是敌人就要占领城市的缄默而已。"[42]拿严复的话来说,如果用中国人常用的词语解读,那么孟德斯鸠的共和、君主和专制政体,"则必云太上之民主以德,其次有道之君主以礼,其次无道之专制以刑"[43]。

法律制度与政体的性质相匹配。民主政治下的人民既是君主又是臣民,因此选举法至为重要,"建立投票权的法律就是基本的法律"[44],以"抽签"方式进行的选举属民主政治,以"选择"方式进行的选举属贵族政治。[45]民主之法是平等之法,民主政治因此禁止一个人继承两个人的遗产。雅典的法律允许同父异母兄妹结婚,禁止同母异父兄妹结婚,目的就是要避免一个人继承两个人的遗产。[46]君主政体有等级、门第、出身的区别,由此产生财产上的差别,因此君主国的法律很是复杂。[47]在恐怖统治之下的专制国家里,胆怯、愚昧和沮丧的人民不需要许多的法律,一切事物的运转只取决于两三个简单的概念。政治和民事的管理与君主家庭的管理相调和,国家的官吏和君主后宫的官吏相调和。[48]专制国家没有基本的法律,王位继承不固定。为了王位,君主可以绞死兄弟(土耳其),可以挖掉兄弟的眼睛(波斯),可以使兄弟疯狂(莫卧儿),可以发动内战(摩洛哥），也可以发动革命（俄罗斯）。[49]专制国家的法律仅仅是君主的意志而已，贸易的法律减缩成警察法，贪污是当然的现象，没收财产被经常适用。[50]

诉讼制度也与政体的原则相互匹配。在共和国和君主国里，"对公民荣誉、财富、生命与自由越重视，诉讼程序也就越多。"[51]在共和国里，法官以法律的文字为依据判案，定罪和免罪都有诉讼的定式；在君主国，法律明确时，法官遵照法律，法律不明确时，法官探求法律的精神，诉讼采取共同商议的公断方式。专制国则无所谓法律，法官本身就是法律。[52]君主政体的人身财产法律复杂，专制政体少谈民法；在君主国里，君主不亲自审判，但保留特赦的权力，在专制国里，君主可以亲自审判。[53]在政治宽和的国家，民事的法律就足够预防和纠正恶劣行为。但是在专制政体国家，则必须要有严峻刑罚，刑罚的目的就是要惩罚犯罪[54]，拷问和报复刑在专制国家经常被采用。[55]

（二）中国政体的性质

在孟德斯鸠眼里，雅典、拉栖代孟、罗马共和国、迦太基是典型的共和国，英格兰外表是君主国，实际上为共和政体[56]，而在亚洲，包括俄罗斯，"世界上专制主义可说已经生了根"[57]。共和国多见于欧洲，亚洲与非洲"一直在专制暴政的重压之下喘息"[58]。对于古代中国的政体，孟德斯鸠的看法是不明确的，在政体与法律的理论部分，他认定中国是一个专制的国家；在风俗与法律的理论部分，他又说中华帝国是一个带有君主政体和共和政体性质的专制国家。

首先，他分析了中国古代的"子罪坐父"制度。他说，"在中国，子女犯罪，父亲是受处罚的"，"这个习惯是从专制思想产生出来的"[59]。大自然在中国确立了父权，父亲没有使用他的父权阻止子女犯罪，他就要受到惩罚。在西方国家，亲属犯罪本身就足以使西方人感到羞辱，而在中国，唯有刑罚才可达到这样的效果。因此，"子罪坐父这一事实说明'荣誉'在中国是不存在的"[60]。

其次，共和国提倡节俭，而君主国和专制国必须奢侈。君主国的奢侈是享受自由的成果，而专制国是在滥用奴役谋取好处。孟德斯鸠引用建文帝的话说:"我们很是奢华,连老百姓不得不出卖的儿女的鞋子也要绣上花。"[61]中国的奢华导致了革命,孟德斯鸠说,中国历史经过了22个朝代,每个朝代的开始是好的,开国皇帝们经过了战争的艰苦,他们崇尚品德,害怕淫佚,他们保持了品德、谨慎和警惕。但是经过了三四个君主之后,后继的君主成为"腐化、奢侈、懒惰、逸乐的俘虏",他们把自己关在深宫,精神颓废,寿命短促,皇室由此衰落。权贵兴起、宦官得宠、帝国灭亡,周而复始,中国"经历了二十二次一般性的革命"[62]。中国经常发生饥荒,由此盗贼多有。当有一个盗贼的军事团体壮大进驻京城的时候,帝国就会消亡。对西方的皇帝而言,如果他在世的时候统治不好,那么他来世的幸福、今世的权力和财富就会减少;而中国的皇帝而言,如果他统治不好,他就会丧失他的帝国和生命。[63]

再次,孟德斯鸠对他那个时代传教士关于中国的评论进行了质疑。他说,杜亚尔德的《中华帝国志》、德麦兰和巴多明神父关于中国政治的书简,对中国政治称赞有加,称中国"政体的原则是畏惧、荣誉和品德兼而有之"。孟德斯鸠的疑问是:"是不是我们的传教士被秩序的外表所迷惑了呢?是不是因为在那里,不断地行使单一的个人意志,使他们受到了感动呢?"[64]孟德斯鸠说,不可否认,中国特殊的自然环境和社会风俗使中国的政治带有自己的独特性。具体地说,其一,共和国需要监察制度,而专制国家并不需要监察官,但是,中国例外,它有自己的监察制度。[65]其二,在中国,刑罚越增加,他们就越临近革命。这一点类似于共和国和君主国。[66]其三,中国既不同于完全专制的俄罗斯,也不同于共和的英格兰,因为俄罗斯抢劫经常杀人,英国抢劫从来不杀人,而中国抢劫不常杀人。[67]其四,专制国家是需要奢侈的,但是中国人口众多,人口和饥荒遏制了奢侈,中国的皇帝为了维持帝国的存在,就鼓励勤劳和节俭。这使得中华帝国带有共和国的特点。他举例说,唐高祖所谓"一男不耕,一女不织,帝国内便有人受饥寒",明朝永乐皇帝禁止挖宝石关闭矿山,都是皇帝提倡节俭的表现。[68]但是,孟德斯鸠设问:"一个国家只有使用棍棒才能够让人民做些事情,还能有什么荣誉可说呢?"[69]在他看来,秦朝和隋朝灭亡的原因,就在于君主们不愿意行使一般性的监督,而是事事都让自己来管理。[70]西方早期的传教士赞美中国的政治,也许是他们被中国政治的外表所迷惑，也许是来自气候的物理原因，中国政府没有达到专制政治应有的腐败的程度。[71]

在政治制度方面，孟德斯鸠认为，古代中国专制与法律并行，法律试图遏制专制的政治，但是在实践上却徒劳无益，"它用自己的锁链武装了自己，而变得更为凶暴。因此，中国是一个专制的国家，它的原则是恐怖"[72]。

严复在翻译《法意》的时候，对于中国的政制多有评论。他说，孟德斯鸠所谓"民主制"和"贵族制"，东方也早亦有之。中国西周时期就有了类似意义上的"共和"一词[73]，不同的是，"东亚则以宗子而成继天立极之至尊，西欧则于游牧之时已著民族之平等"[74]，"是故中国君主也，而有三纲，美洲民主也，而父子兄弟平等"[75]。

对于孟德斯鸠专制下的法律为暴虐方式的论断，严复深以为然，叹"恨不令申不害、李斯见之"，"秦固有法，而自今观之，若为专制之尤者"[76]。严复由此分析了中西"立宪"上的差异，他说，中国"立宪"也有四千年的历史，但是，"必不可与今日欧洲诸立宪国同日而语者"。西方之立宪，区分了君权和民权，君主也受到常法的约束，而中国的君主则"超乎法之上，可以意用法易法，而不为法所拘。夫如是，虽有法，亦适成专制而已矣"[77]。而且，"中国自秦以来，无所谓天下也，无所谓国也，皆家而已"，"天子之一身，兼宪法、国家、王者三大物，其家亡，则一切与之俱亡，而民人特奴婢之易主者耳"[78]。

严复感叹到，其实，中国"三代以降，上之君相，下之师儒，所欲为天地立心，生人立命，且为万世开太平者，亦云众矣"。孔子说，"道之以政，齐之以刑，民免而无耻。道之以德，齐之以礼，有耻且格"，老子则反过来说，"失道而后德，失德而后仁，失仁而后义，失义而后礼"，这些都与孟德斯鸠"君主无德，专制无礼"相悖，只不过，中国社会四千年的历史中都并没有实现天下大治，"半步未进"[79]。

四、政治奴役与家庭奴役

　　政治奴役与个人自由相对,孟德斯鸠对"自由"的理解,界于洛克所理解的自由和康德所理解的自由之间。他不同于洛克之处在于,他并未特别强调人与人之间的平等、独立和自治[80],而是强调人的社会本性;不同于康德之处在于,他并非把权利和法律视为两个普遍意志的和谐并存[81],而是强调政治和法律制度对于政治自由的保护,甚至强调个人利益优先于公共的利益。他说:"在有关公共利益的问题上,公共利益绝不是用政治性的法律或法规去剥夺个人财产,或是削减哪怕是它最微小的一部分","如果说,个人的私益应该向公共利益让步,那就是荒谬背理之论"[82]。

　　在孟德斯鸠那里,自由是一个人可以做他应该做的事情,而不被强迫去做他应该做的事情。自由的界限是他人自由的边界,因为一个人不得为了自己的自由而去侵犯他人同样的自由。[83]按照孟德斯鸠的区分,政治自由涉及两个方面的法律,其一是与"政制"相关的法律,其二是与"公民"相关的法律。前者引申出他著名的权力分立理论,后者引申出他的现代刑法理论。

　　为了防止专横的政治对政治自由的侵犯,政治权力必须分割开来,通过立法、行政和司法权力的分立与制衡,达到政治的自由。以权力分立来保障政治的民主,是法律现代化的一个根本性的特征。这样一种政治和法律的制度设计,既是西方现代各民主国家的基本制度,也是非西方国家走向现代化一直追求的目标。现代西方人现在很少引注孟德斯鸠了,不过,在现代人引注孟德斯鸠的地方,基本上都集中于孟德斯鸠的权力分立理论。中国近代启蒙学者所受孟德斯鸠的影响,也基本上着眼于此。

　　孟德斯鸠权力分立理论的实践根据,源于英格兰政治,因此,在这个

第三章　法国启蒙主义与中国法传统

问题上,他基本上没有涉及中国。不过,在政治自由与公民关系问题上,他从自由的否定方面,也就是政治的奴役方面,较多地评论了中国的法律性质。

(一) 征服与奴役

在国与国之间,永远存在着攻击与防御,这是国际法所要解决的问题。共和国以小国的联合方式或者联邦制的形式保全着安全和自由,希腊、罗马、荷兰、德意志和瑞士都是如此;而专制国则以"牺牲国土","摧毁边境,使成荒漠"把帝国的腹地与外界隔开,以求安全。"在辽远的省份设置藩镇来管理。莫卧儿、波斯、中国的皇帝都有自己的藩属。"[84]

在这个问题上,严复对孟德斯鸠的看法深以为然,他比较了西欧以封建小国而成民主、中国以封建而成为君主的现象和结果。严复说,自《公羊》学说兴起,中国就确立了正宗,《春秋》之大一统,《中庸》同轨同文之盛,议礼考文之尊,于是就有正统、偏安、割据之等差。严复假设说,如果中国社会封建长存,没有兼并,"各君其国,各子其民",如同欧洲中世纪的那样:小国林立,人民相安,公法自立,那么中国就不会"争战无已";即使有争战,也"胜于一君之腐败"。严复感叹道:"呜呼!知欧洲分治之所以兴,则知中国一统之所以弱矣。"[85]

值得注意的是,带有西方人偏见的孟德斯鸠并不反对国家之间的征服。他设问,"一个政府如果已经到了自己不能够进行改革的地步,人家把它改造一下,于它有何损失呢?"征服的民族要维持征服者的统治,一要保留战败民族的法律,二要保留他们的风俗[86],三要促进不同民族之间的通婚。[87]最好的方法,则是征服民族与被征服民族共同管理。这个方法是中国清代的发明,"现在统治中国的鞑靼皇帝规定各省的每支军队都要由汉满人各半组成,这样,两民族间的妒忌心便可得到约束。法院也是汉满人参半"。不过,专制国王需要一支特别忠诚的军队,"中国皇帝身边常常有一支很大的鞑靼军队,以备紧急时调遣"[88]。

武力和奴役东西方都存在,但是,欧洲的自由与亚洲的奴役却形成鲜明的对比。孟德斯鸠说,"一种奴隶的思想统治着亚洲,而且从来没有离开过亚洲"[89]。历史上,亚洲被征服过13次,欧洲巨变只有四次,即罗马人的征服、日耳曼人的征服、查理曼的征服和诺曼人的征服。孟德斯鸠不能够区分蒙古人和匈奴人,他都称之为鞑靼人。他说,鞑靼人是亚洲天然征服者,自己却是奴隶。汉文帝把中国人送到鞑靼去殖民。这些人最后反而变成了鞑靼人,成为中国的死敌。亚洲人用短棒统治,鞑靼人用长鞭统治,这与欧洲的精神水火不容。[90]

在此处译案中,严复做过进一步的发挥。他首先说,近三百年来,西欧兴盛,亚洲式微,其中的原因在于欧洲"其民平等",而亚洲"其民不平等"。中国分满汉,"分之中又有分焉,分则不平"。不平等就无从产生合作之力和手足相救之情,"支那之满民,犹法兰西之贵族也,非天下之至仁,其孰能先事而救之?"[91]。其次,西欧征服者保持被征服地人民的风俗和民事法律,并鼓励不同民族之间的通婚,这样可以维持和巩固征服的成果。严复说,清代以前,中国的征服者做得是很不错的,"北之朝鲜、蒙、准诸藩,西之卫、藏、廓尔喀,南之缅甸、暹罗、南掌、东之琉球,皆得其国而不变其俗,责其为不侵不叛之藩臣而已"[92]。而到了清代,特别是在民族通婚方面,情况却发生了变化。严复说,同性不婚,其生不蕃,这是生理公例。但满汉不婚历史长达二百余年,由此导致满人种族之梗的可叹局面。"汉人众于满人,汉人族较繁异,而满人血气心知大抵相若,故此法行,满人最病也。"[93]最后,严复还上升到了统治者哲学的高度,认为中国的士大夫缺少西欧统治者那样的哲学天赋。他说,马其顿的亚历山大受教于亚里士多德,罗马皇帝奥勒留深于斯多葛之哲学,普鲁士大帝弗雷德里克和法兰西之拿破仑皆深于哲学,而中国的士大夫却是些"不智者"[94],"自朱明以帖括取而士少读书,故虽常理有不见,而人人各奋私智,以苟目前",最终导致近代中国"居于漏舟火屋中,束手待灭而已"的困境。[95]

(二)刑法与政治奴役

在国内政治法方面,孟德斯鸠说,公民的自由主要依靠良好的刑法。如果刑法的每一种刑罚都是由犯罪的特殊性质去规定,都是源于事物的本性,而非立法者的一时意念,那么刑法就是自由的胜利,刑罚就不是对人类的暴行。[96]为此,他把邪术和异端罪、男色罪、大逆罪、亵渎神圣罪、思想和文字犯罪当作是一种政治的奴役。在这里,孟德斯鸠比较了东方

第三章 法国启蒙主义与中国法传统

与西方[97],并特别地提到了中国。

首先,大逆罪。中国法律规定,任何人对皇帝不敬就要处死刑。但是,"不敬"却没有明确的规定,所以任何事情都可以拿来作为借口去剥夺任何人的生命,去灭绝任何家族。报纸报道失实,是对皇帝的不敬;在皇帝朱批的上谕上记字,也是不敬,孟德斯鸠统称为一种专制主义[98],因为"凡是不能够加上其他罪名的人都可被控以大逆罪,因而任何人也就都可以被加上这样的罪名了"[99]。

其次,思想犯、不慎言辞犯和讽刺文字犯。孟德斯鸠旗帜鲜明地反对以思想入罪,认为法律只能够惩罚外部的行为,只有在准备犯罪行为、伴随犯罪行为或者追从犯罪行为时,言语才构成犯罪。文字比言语有恒久性,但是不为大逆罪作准备而写的话,不能够构成犯罪。民主国家不禁止讽刺文字,君主制禁止讽刺,贵族制对讽刺文字禁止最严。在此,孟德斯鸠没有提到中国,但事实上,中国古代的腹诽罪一直存在[100],在他所处的那个时代,文字狱在中国达到顶峰。不过,他说,"亚洲人把君主的侮辱当做是一种家长式的恩惠的施与。这是亚洲人的成见"[101],"中国人夸耀他们的一个皇帝,说他像天一样地统治着,也就是说,以天为典范"[102]。

再次,连坐和拷问。孟德斯鸠严厉地批评了中国的连坐制度,称"父亲获罪要连坐儿女妻室。这是出自专制狂暴的一项法条"[103]。连坐是专制君主光耀他的裁判、平息他的愤怒的一种表现。在孟德斯鸠看来,拷问、罚金、肉刑及报复刑都是专制社会所特有的现象。孟德斯鸠在正文中并没有联系到中国,不过,严复在翻译此处的时候,对应中国问题曾予以演绎。他说,中国古代的刑讯逼供,"法实为之,吏特加厉之而已",其惨烈和无人性,经常为西人所病诟。在这一点上,中西存在着区别,中国社会下,司法官"得一囚而炮烙之,攒刺之,矐其目,拔其齿,而使之自吐实者",在西方国家,司法官"钩距征验、旁搜遐访而后得其与事相发明者"。心虑和精力的差异,使得西方之狱"无刑讯而法行"[104]。

严复感叹,如果让孟德斯鸠到中国,看看"刑部之所以虐其囚者","州县法官之刑讯",那么"将其说何如?"或者,看看明代"当时之廷杖,与家属发配象奴诸无道",那么"其说更何如?"严复说,"一切牢狱之黑暗无人理","中国黄人,其亭法用刑之无人理,而得罪于天下久矣"[105]。

(三) 民事奴役

民主政治与贵族政治强调人人平等,君主政治不应有奴隶,而专制政治可以容忍奴隶制。[106]奴役制度的起源,一是基于制度上的原因。专制制度下,人们可以轻易地出卖自己,而宽厚政体下,人民通过自由选择以契约的方式转让自己的自由。二是基于气候的原因。炎热的气候导致疲惫,对疲惫之人最好的方式就是惩罚、恐怖和强迫。[107]

民事奴隶可以分为家奴、太监和妇女。家奴地位、主奴关系和奴隶的解放方面的法律,历史上屡见不鲜。[108]太监制度是专制制度下独特的制度,他们的地位却在一般的自由人之上。"在东京,所有文官武官都是太监","在中国的历史上,我们看到许多剥夺太监一切文武官职的法律;但是太监们却老是又再回到这些职位上去"[109],太监是贪婪的,还可以有自己的女人和家庭,"东方的太监,似乎是一种不可避免的祸患"[110]。

不同政体之下,妇女的角色和地位各不相同。因此,共和国要求妇女德性、庄重、贞洁和质朴,摈弃风流情场的交际。希腊各城市有职官监督妇女,罗马家庭法庭审判妇女违背风俗的行为。在君主国,妇女在宫廷里自由出入、无拘束有风度;在专制国,妇女是"奢侈的对象","绝对地是奴隶"[111],君主幽闭了众多的妇女。[112]

妇女的地位总是从属的[113],因为妇女的"理性"与"容色"总不能够同时存在。容色独霸天下时,她们没有理性;理性取得霸权时,容色却不复存在。因此,妇女只好处于依赖的地位。[114]由于气候、男女人口和风俗的原因,欧洲实行一夫一妻制,亚洲实行多偶制。在亚洲,家庭奴役与专制统治相辅而行,多偶制导致对妇女的幽闭。幽闭的目的是造就妇女"廉耻、贞操、端庄、恬静、和平、服从、尊敬、爱情",以及"对家庭的依恋"[115]。妇女幽闭越严,风俗越纯洁。土耳其、波斯、莫卧儿、中国和日本的妻子品行令人惊叹[116],以至于在中国,"一个男人在偏僻冷落房间屋内遇到了单身的妇女而不对他施暴行的话,便是了不起的德行"[117]。

严复在译案中,对中国多妻制度及近代的改革作过评价。他说,中国的多妻制原于《周易》"一阳二阴"之说,认为中国"多妇之制,其累于男子者为深,而病于女子者较浅","大抵如是之十家,其以为苦境者殆九"。要改变多妻的制度,中国会面临诸多的问题。其一,中国为宗法社会,"无后不孝之说,鲠于其间";其二,中国早婚的风俗,会使"乾运未衰,而坤载先废";其三,父母之命、媒妁之言,结果"配非所乐",由此不能"禁别择";其四,女子如果不能自食其力,那么多妻下的子女就不能养。由此,严复对中国近代废除多妻制抱有怀疑的态度,"吾国他日大忧,将在过庶","使中国旧俗未改,宗法犹存,未见一夫众妻之制之能遂革也"[118]。

五、自然环境与中国法特性

地理环境决定政治制度和法律制度的性质,也是孟德斯鸠理论的独特之处。由此,孟德斯鸠被誉为哲学上"唯物主义"的典型代表。在他看来,一个国家的领土与面积的大小、气候、地势因素,都决定着这个国家的政治制度与法律制度。

(一)领土与面积

领土小的国家适合共和国,拉栖代孟能够长久存在,是因为它维持原有的领土,希腊各共和国的精神,就是满足于自己的领土;大小适中的国家适宜君主制,查理曼帝国建立后不久就发生了三分帝国的事件,因为各省总督并不服从命令,亚历山大死后,他的帝国也被分割了,因为希腊和马其顿的首领并不服从;领土大的国家适合专制政治,因为大国偶然事件多,需要君主的迅速决断、君主决定的快速传达。与此关联,中华帝国"幅员广漠",因此是个专制的国家。在最初的朝代,中国的疆域并不辽阔,专制的特点也并不突出[119],而到了孟德斯鸠时代,中国的疆域可称为辽阔,专制主义因此不可避免。专制政体下,就有专制主义的法律与之相匹配。

孟德斯鸠的面积大小与政体相关的理论,曾被美国的制宪会议参与者予以发展。美国独立战争之后,是建立十三个独立的国家,还是建立一个统一的主权国家,美国的建国者们发生过争执。汉密尔顿和麦迪逊等联邦党人主张建立一个联邦的统一的国家,他们的理论根据就是孟德斯鸠的学说。[120]大国应该建立统一的国家,这样有利于集中权力和实力,抵御外来的侵略;同时,为了防止专制主义,就应该建立各州相对独立之上的统一联邦。这样的联邦就不再是专制主义,而是共和主义。

不过,严复却对孟德斯鸠的地理决定论提出了批评。他说,大国适合专制,小国适合民主,这套理论符合古代国家的情况,而不适合解释现代的国家。比如,美国与中国面积不相上下,但是美国并非专制国家。严复说,交通与通讯发达之后,小国与大国并无实质性差异。[121]与之相反,严复认定,国家的强弱在于爱国之心下的"地方自治",也就是把"国群自由"放在首位,不在乎个人的"小己自由"。[122]对比而言,西方"合群而立治,而吾国自三代至今,所以与其民者,不过乡射、傩赛之事而已"[123]。再如德国,它"处四冲难守之地,国之难立,为五洲最",然后它"去分为合,乃以铁血范成"。之所以强大,在于"君臣上下,百数十年壹意抟心,不忘目的,昔之至弱,乃今至强"[124],反观中国的情况"最病者,则通国之民不知公德为底物,爱国为何语,遂使泰西诸邦群呼支那为苦力之国"[125]。

(二)气候与法律

可以说,孟德斯鸠对气候的迷信,达到了一个前所未有的地步。他的口号是:"不同气候的不同需要产生了不同的生活方式,不同的生活方式产生不同类的法律。"[126]

寒冷的气候让北方人精力充沛、自信、有勇气、少复仇、有优越感、有安全感、直爽、少猜忌策略和诡计;炎热的气候让南方人精神懒惰、心神萎靡、感觉敏锐。因此,北方人邪恶少、品德多、诚恳坦白,像青年人一样勇敢;南方人远离道德边缘,易于纵欲犯罪,像老头子一样怯弱。

在孟德斯鸠眼里,印度和中国都属于炎热地区。炎热的气候导致了器官组织上的纤弱和精神上的懒惰,因此,心灵一旦接受某种印象,就不再改变,"所以,东方今天的法律、风俗、习惯,甚至那些看来无关紧要的习惯,如衣服的样式,和一千年前的相同"[127]。中国的"无为"哲学格言是:"我们有自己的眼睛和耳朵,但是完善的境界不在于看也不在于听;我们有嘴、手等等,但是完善的状态要求四肢五官都不动。"[128]炎热的气候导致多妻制。炎热的气候使女子容易容颜变老,男人会遗弃发妻而另觅新欢[129];炎热的地方,人们需要较少,赡养妻子和子女的费用教少,因此,男子能娶多妻。[130]孟德斯鸠的结论是:中国的气候让人们倾向于奴隶性的服从,幅员辽阔的领土加剧了帝国的专制性恐怖。[131]

不过,孟德斯鸠也说,中国的立法者是明智的,他们并不完全受到气候因素的控制,要把道德从物理的决定性因素解放出来。物理的因素使人倾向于静止,而道德的因素使人远离物理的因素。这样,中国的立法者的目的是便于履行生活的义务,使宗教、哲学和法律全都合乎实际。炎热的气候使人懒惰,但是中国的皇帝则鼓励臣民勤劳。"中国的皇帝每年有一次亲耕的仪式",鼓励人民从事耕耘,给最优秀的农民"八品官做"。"中国汉朝的第三个皇帝文帝亲自耕种土地,又让皇后和嫔妃们在皇宫里从事蚕织。"[132]

(三) 地理与土壤

地理位置会影响到政治制度,欧洲温带广阔,国与国之间都很强势,因此欧洲多自由;亚洲在地理上,寒冷地区与炎热地区直接连接,中间缺少温带,国与国之间强弱分明,因此亚洲多奴役。[133]平原导向专制,山地导向共和。亚洲有较大平原,位置偏南,河流不宽,山上积水少,给人的保障少,因此权力就要集中而形成专制;欧洲有天然的区域分割成不大不小的国家,法治易于形成并可以保国。[134]

在土壤方面,孟德斯鸠说,土壤肥沃导向"单人统治的政体",不太肥沃的土地导向"数人统治的政体"[135]。肥沃的土地使人们宽裕、柔弱、怠惰和贪生怕死,这就需要权力的集中;贫瘠的土地让人们勤奋、俭朴、耐劳、勇敢和勇于战争,这就导致了自由和民主的精神。

中国的气候和面积使中国政治适于专制,不过,孟德斯鸠也认为,中国的江南和浙江虽然美丽而富饶,但也是经过辛勤的劳动才得以维持的,这就使得中国的政治必须遏制专制、倾向于宽和。中国的帝王"平治了洪水,帝国版图上出现了这两个美丽的省份。这两个省份土地肥沃异常","要使帝国这样的一块土地不至受到毁坏,就要不断地用人力加以必要的防护与保持。这种防护和保持所需要的是一个智慧的民族的风俗,而不是一个淫佚的民族的风俗,是一个君主的合法权力,而不是一个暴君的专制统治"[136]。

严复对孟德斯鸠的地理环境决定论,有些时候持赞同态度。比如,中国北方人受刑的时候,不畏楚痛,有着惊人的忍耐力,而南方人则少见。他称,英国人戈登辅佐李鸿章平捻军之所以喜用中国士兵,就是因为"扶创虽剧,在欧卒为无望者,吾卒多不死",并道出了"大抵文明之民,其熬楚痛,常不逮于质野"的看法。[137]但是,在更多的时候,严复对地理环境决定论提出了异议。在《法意》的按语中,他说,按照孟德斯鸠的理论,欧洲自由在于寒带与热带之间有温带作为缓冲,而亚洲则缺乏中间过渡带,强弱对峙,因此没有自由。严复批评道,亚洲的东南群岛和中美洲的诸国都处于温带,理论上应该成为强国,但是事实上,"何四千余年寂寂无颂声作耶?"他说,孟德斯鸠过于看重"天时",而未周密考虑"天时、地利和人为",孟德斯鸠的理论"不圆易见","未见其说已密也"[138]。

严复说,意大利人多才,而英吉利人趋利,两个民族的不同在于宗教和风俗,而不必定是地理上的差异;中国北方的燕国与南方的吴国,也没有像孟德斯鸠所说的那样显著差异。中国与北美地势相似,政治和法律却相异。俄国之形而下的因素,比如"电邮汽车,财政美术",与英国、法国、美国、德国和奥地利不相上下,但是,"其民之不自由特甚,官吏之豪贪,刑政之不平,方之亚洲,殆过焉而无不及。由是言之,真无往而不与孟氏之言相反矣"[139]。在严复看来,民族之间的差异,"因于风气,因于宗教,因于种性,因于体力,因于教育,而最重者又莫若其国之治制"[140]。

地缘政治学及法律理论,在西方有一条明显的思想史脉络。[141]亚里士多德在分析希腊政治的时候,就说希腊处在西方和东方之间,同时具备了东西方的优点。希腊之所以不能够长存,只是因为希腊各城邦四分五裂,不能够形成合力成为强大的帝国。[142]法国的布丹在其《简明历史认识论方法》中也说,北方人身体强壮、勇敢冒险,却头脑迟钝,科学技术由此发达,南方人体质较弱却聪明伶俐,宗教与哲学由此发达,而法国人正处于两者中间,因此擅长政治与法律理论。[143]孟德斯鸠的地理决定论,是这种地缘政治学的延续。不过,作为中国近代的启蒙学者,严复更欣赏孟德斯鸠的理性主义理论,而对他的地理环境决定说持否定的看法。

六、风俗、习惯和宗教与中国法律的特质

孟德斯鸠曾经提出过"民族一般精神"的概念,只是被后人漠视了。[144]在思想史上,基于法律的"民族精神说"的桂冠被19世纪的德国人所拥有。[145]我们要追溯法律民族精神说的时候,同样要考察亚里士多德的《政治学》和孟德斯鸠的《论法的精神》。孟德斯鸠的历史学和社会学,让他特别重视法律与一个民族的一般精神之间的关联性。孟德斯鸠说,一个民族的气候、宗教、法律、施政准则、先例和风俗习惯,形成民族的一般精神。[146]其中,孟德斯鸠较多地论述了风俗习惯、宗教与法律之间的关系。

(一)风俗习惯与法律

在孟德斯鸠那里,有两个命题是对立的,一是政体的性质决定了法律的性质,二是风俗习惯决定性地影响着一个民族的法律。对此,孟德斯鸠的说法是:"在不违反政体的限度内,遵从民族精神是立法者的职责"[147],在这里,孟德斯鸠认为,政体的性质仍然优先于民族的精神。但是,他也说,"能以最合乎众人的倾向与好尚的方式引导众人,乃是最完善的政府"[148],甚至提出"在一国中,风俗总比法律更能造成优秀的公民"[149]。在这里,他又强调了风俗习惯的重要性。

就风俗习惯与法律的一般关系而言,法律是制定的,风俗是出于人们的感悟;风俗以人民的一般精神为渊源,法律却来自特殊的制度。法律规

定公民的行为,而风俗则体现为人的行为。不过,风俗固定了,就可以成为法律。法律可以用法律来改变,习惯只能够用习惯来改变,如果用法律来改变习惯,则是"悲惨"的。[150]

每个民族的性格各不相同,西班牙人以信实著称,宁死不愿泄露秘密,但是天生懒惰,使得它的贸易都为其他欧洲人所经营。中国人与西班牙人正相反,"中国人生活的不稳定使他们具有一种不可想象的活动力和异乎寻常的贪得欲,所以没有一个经营贸易的国家敢于信任他们"[151]。这里,孟德斯鸠提到了中国的礼仪,在他看来,风俗与礼仪的区别在于风俗涉及人的内心动作,而礼仪则涉及人的外表动作。具体而言:

1. 礼仪对中国人的意义

中国的立法者把宗教、法律、风俗和礼仪都混在一起,混合成一个法典。所有这些都是道德,都是品德,"这四者的箴规,就是所谓礼教"[152]。中国的礼仪是不可毁灭的,立法者的目标就是使人民过平静的生活,"要人人互相尊重,要每个人时时刻刻都感到对他人负有许多义务;要每个公民在某个方面都依赖其他公民。因此,他们制定了最广泛的'礼'的规则"[153]。在这里,孟德斯鸠并没有"礼不下庶人,刑不上大夫"的概念,在他看来,中国乡村之人与高地位之人所遵循的礼节是相同的,以此达到宽仁温厚和和平秩序,消灭暴戾和邪恶。我们因此可以说,孟德斯鸠只理解了中国"礼"中的礼节意义,而没有理解"礼"的亲亲尊尊的内在等级意义。

2. 中国的礼仪教育

礼仪如同风俗一样,是人生与政治教育的重要内容。他说,从容自若一旦经过严厉的教师当箴规施教后,就成为固定的东西,像道德原则一样永远不变。[154]中国人的整个青年时代都用于学习礼教,整个一生都在实践礼教。

有趣的是,孟德斯鸠"发现"了铭刻在中国人心灵和精神中礼教的原因:其一,中国文字复杂,学文字就要读书,而书里面全是礼教的内容;其二,礼教里没有精神性的东西,只有生活的规则,所以不需要智力上的理解,容易打动人心。[155]在我们看来,孟德斯鸠似乎游离于"以刑治国"与

"以刑弼教"之间,但他不相信刑杀能够树立起道德来。

3. 礼与法结合

孟德斯鸠评论了中国礼法之间的关联性,近似地描述了中国古代社会亲亲尊尊和家本位制度。为了帝国的太平,人民就要孝敬父母,恪守孝道。尊重父母,扩展到尊重像父亲那样的人,比如老人、师傅、官吏和皇帝。反过来,作为回报,老人、官吏和皇帝要以爱还报卑幼。"这个帝国的构成,是以治家的思想为基础的","所有这些都构成了礼教,而礼教构成了国家的一般精神"[156]。

不过,孟德斯鸠并不认为中国人因为礼而值得信赖,他认定中国人"是地球上最会骗人的民族"。在贸易实践中,中国人是没有诚信的,"每个商人有三种秤,一种是买进用的重秤,一种是卖出用的轻秤,一种是准确的秤,这是和那些对他有戒备的人们交易时用的"[157]。他的结论是:在拉栖代孟,偷窃是准许的,而在中国,欺骗是准许的。

孟德斯鸠对中国风俗礼仪的表述,是西方18世纪思想家们论述中国问题的典型代表,拿严复的话说,"此卷论中国政俗教化独多,而其言往往中吾要害"[158]。但是,严复对此基本上持否定态度。他说,孟德斯鸠对中国的评价,其资料来源都来自杜亚尔德神甫的记载,而杜亚尔德则曲解了中国。据严复考证,甲午战争以来,欧洲商人对中国商业品德的判断,与那神甫的看法是相反的。中国官吏的贪婪,这是没有疑问的,但是中国的商人却是极其讲究信誉的。严复说,中国人偿还债务的积极表现,是西方人都自愧不如的。比如,中国一直有"父债子还"的传统,即使父亲死了,他的"子孙,一一代其还纳,此尤他国之所罕觏者也"[159]。

对于孟德斯鸠所谓中国风俗亘古不变的说法,严复也予以反驳。他说,唐宋之变,中国的风俗就发生过重要的变化。只不过,西方人的变化趋势是"益通",而中国之变的趋势是"愈锢","古人之于戏乐也,皆躬自为之",而"今人之于戏乐也,辄使人为之,而已则高坐纵观而已"[160]。

不过,对于孟德斯鸠对中国"礼"的界定和评价,严复则"不觉低首下心,而服孟德斯鸠之伟识也"[161]。严复说,依照曾国藩的说法"古之学者,无所谓经世之术也,学礼焉而已",而其中的礼是无所不包的。《周礼》、杜氏之《春秋释例》、唐杜佑之《通典》,以至宋之张子朱子,清代顾氏等儒家,都以扶植礼教为己任,江慎修纂《礼书纲目》,秦氏修《五礼通考》,"吾国之礼,所混同者,不仅宗教、法典、仪文、习俗而已,实且举今所谓科学历史者而兼综之矣"[162]。宋代以前,中国儒者注重行为规范,宋明之后,儒之形而上与道释结合,讲求性与天道之义。

对于孟德斯鸠所谓中国人善于欺骗,严复认为是"真可谓中吾要害者矣"[163]。所以如此,在于中西不同的社会观,西方人的自由主义本意,是个人之事每人有自由,如有侵犯他人自由,那么每个人都有权追究;而中国的信念则是,社会之事乃是国家之事,唯有官方才有权力处理个人之间的纠纷。如果人民想要图谋社会之事,则被视为"不安本分之小人"。在此环境之下,中国人"为诳好欺"就不足为奇了。[164]

(二)宗教和法律

孟德斯鸠对宗教与法律关系的论述,一直被人们所忽视。当下的国人比较看重韦伯的《中国的宗教》和昂格尔在《现代社会中的法律》中对中国宗教的论述,或者欣赏伯尔曼在《宗教与法律》和《法律与革命——西方法律传统的形成》中对西欧法律与宗教关系的论述。其实,在孟德斯鸠那里,宗教与法律之间的关系,也是法的精神的一部分。在《论法的精神》下册中,孟德斯鸠用两章的篇幅论述了法律与宗教的关系。他将宗教描述为"唯一约束那些不畏惧人类法律的人们的缰绳,君主就像狂奔无羁、汗沫飞溅的怒马,而这条缰绳就是把这匹怒马勒住了"[165]。古罗马就如同一只船,"在狂风暴雨中有两个锚系着它,一个是宗教,一个是风俗"[166]。就法律与宗教的关系而言,法律是戒律,宗教是劝说,宗教影响着法律,法律纠正着宗教。

政体性质、地理环境和气候都影响着宗教。宽和政体宜于基督教,专制政体宜于伊斯兰教;天主教宜于君主国,耶稣新教宜于共和国;君主支持路德,老百姓和中产者支持加尔文教。[167]新教地区靠北,天主教地区靠南,因此新教地区的国家需要更多的劳动。基督教与伊斯兰教的区分,就在于气候的差异。[168]西方人受到基督教的恩惠,施政有政治法,战争有国际法;日本人源自鞑靼人,对庙宇没有感觉。帖木儿和成吉思汗蹂躏亚洲,日本无宗教教义,于是有苛刻的法律。[169]

第三章 法国启蒙主义与中国法传统

宗教影响着法律,一个国家宗教约束越少,法律的约束就越多;宗教与法律发生冲突,那就是件危险的事。成吉思汗统治下的鞑靼人,把刀扔进火里、身靠鞭子、用缰绳打马、用骨头打碎骨头,都是罪恶或是大罪;而食言背信、抢劫财物、伤人杀人,却从来不是犯罪。在台湾人那里,该赤身裸体的季节不裸体、该穿丝衣而穿布衣、寻找牡蛎、不先占卜小鸟歌唱而采取行动,应该下地狱;而酗酒和荒淫则不是罪恶。印度人认为死亡是幸福的开始,法律和刑罚没有任何约束的作用。[170]孟德斯鸠说,宗教教义无所谓利与害,真与伪,但是,当它与社会原则合拍并适用得当的时候,会产生美好的结果,否则会导致可怕的结果。孔教否认灵魂不死,孟德斯鸠认为这是恶劣的和不正确的,但它产生了美好的结论;道教和佛教相信灵魂不死,他认为这是神圣的,但它导致对生命的不珍惜。孟德斯鸠引用一个中国哲学家的话说,佛教教义认为身体不过是住宅,我们的灵魂寄住其中。但是,如果我们把父母的身体也当成一所宅子的话,我们岂不把父母视为泥土?岂不剥夺我们爱父母的美德?[171]

在君主国,宗教首领与国家区分开来,因为君主国里的权力不宜集中,而在专制国家,两者没有必要区分开来,"波斯王同时就是宗教的首长","中国的皇帝同时就是教皇",不过,为了防止君主专权,专制国应该有自己宗教的经典,波斯有《可兰经》,中国"有一些经书,是人人手中都有的,是皇帝自己也要遵守的。有一个皇帝企图废除它们,但是徒劳无功;它们战胜了暴政"[172]。

世俗的权力不能够改变宗教,基督教因此不能够在中国建立起来。在孟德斯鸠看来,古代中国是一个专制的国家,专制国家要隔离和幽闭妇女。基督教的贞女宣誓、教会集合、妇女与神职人员的来往、参与圣餐、忏悔和涂油、慈善事业、公开礼拜、参加圣礼,乃至一夫一妻制,都与中国的礼仪相冲突。因此,"要在中国建立基督教,几乎是不可能的事"[173]。在这样的情况下,西方的传教士在清代中国的处境就可以理解了,那就是,对于西方的知识,中国人先是持欢迎态势的,但一旦涉及利益关系、影响到安宁时,中国就立即禁止新来的宗教及宣传宗教的人。[174]

七、经济与法律

这里的经济与法律,是指孟德斯鸠所探讨的赋税、贸易、货币和人口等经济因素与法律的关系,而不是指后世"经济结构决定法律性质"的政治经济学,也不是指"法律的功能即为低成本高效率"的经济分析法学。不过,孟德斯鸠的经济与法律论,与马克斯·韦伯后来的"经济与法律"主题,有些相似之处,从这个意义上说,孟德斯鸠的研究方法是社会学的,他揭示出不同经济制度有着不同的法律制度。

(一)赋税与国库收入

赋税与一个国家的自由程度相关,自由度高,赋税较重;奴役度高,赋税较少。因此,赋税又与政体的性质连接了起来,欧洲税务比亚洲的税严酷。政治宽和的国家,自由补偿重税负担;专制国家,轻税补偿自由。[175]共和国可以增加赋税,君主国也可以增加税,但是专制国不能够增加赋税,因为臣民无财产可以增税。在东方,"中国不打开非商人的货包","鞑靼王公对过境商品不征税"[176]。

不同政体性质对应着不同的税种,人头税对应于奴役,商品税对应于自由,土地税对应着专制。征税方式也对应着不同政体形式,共和国是直接征税;有包税制度的地方就存在着贪婪。而在专制国家,如果采用直接征税的方式,人民就幸福得多,古波斯和中国就是明证。[177]

亚洲帝国减免国家税收,除了专制政体性质之外,还有两个方面的原因:其一,免除受灾省份的赋税,表现出对人民的恩典;其二,朝臣们懒惰短视,不愿意制订长期的计划,不愿意提出新的赋税要求。[178]

严复在译案中曾经对西方各国的重赋进行过分析,他说,中国士大夫对西方国家的重赋颇感意外,其中的缘由在于中国人对西方制度的不甚

第三章 法国启蒙主义与中国法传统

了解。严复说,西方国家的重赋是与他们的宪政联系在一起的,重赋乃是自由的基础,而在中国,专制之下的赋税却与人民的自由无关。西方的宪政导致了西方各国的富强,普法之战,法国惨败,所偿军费,十年悉偿。法国富强在于它的宪政之美,中国却"终古不化,则其事有难言者矣"[179]。

(二) 贸易和法律

孟德斯鸠对贸易赞叹有加,他认为,贸易可以使野蛮走向典雅和温厚,减少或者消除抢劫和自私自利,最后导向公道和和平。贸易合乎共和政体,推罗、迦太基、雅典、马赛、佛罗伦萨、威尼斯、荷兰有着巨大的贸易。他们相信财产的安全,愿意从事任何形式的贸易。英国可以以商业利益牺牲政治利益,它是世界上同时以宗教、贸易和自由三种伟业自负的民族。[180]银行、贸易公司、港口和关税都是贸易的产物,却与君主制度相冲突。贸易会使"各种不同民族的人民汇集到同一个国家里去,契约、财产的种类和发财致富的途径都将是不可胜数了"[181]。

其实,孟德斯鸠对中国的贸易了解不多,甚至存在着臆测。他说,亚洲各帝国曾经有过大量奢侈性的贸易,"大自然给阿拉伯人规定的命运是经商,而不是打仗","中国内部的贸易比整个欧洲的贸易还要庞大"[182]。

不过,严复在译案中对中国贸易不发达则多有发挥。他认为,中国商业和商业法并不发达,这又是与中国环境和中国人的特点联系在一起的。就商业和商法而言,西方的商业公司至为完备,商业的发展,又催生了发达的票据制度[183],而中国亘古无公司之制度。[184]西方自希腊罗马至荷兰、西班牙、葡萄牙和英格兰,都视海上权为强国之道,而中国"开辟以来,国家拥一统无外之规,常置海权于度外"[185],西方国家给予外国人最惠国待遇,而中国只有"治外法权"[186]。

其中的缘由,首先,西方公司制度的基础在于立宪民主,而中国"专制君主之民,本无平等观念","吾民皆梦然无所见,而必待为上之人,为之发纵指示也者"[187]。其次,西方人的平等观,导致了西方社会人与人之间的"贵贱不甚相悬",而在中国社会,"百工九流之业,贤者不居","通国之聪明才力皆趋为官",中国因此"无医疗,无制造,无建筑,无美术[188],

"禁制天下之发财"[189]。再次，西方人主张"爱自己的仇人"，"宽恕有罪之人"，而中国人则喜欢"以直报怨"，"复九世之仇"[190]。基督教"最禁乘人之危而为己利"，"遇险忘己相援"，而中国人之助人，则是势利的，"乍见孺子之入井者，必讯其父之为何如人，而后可以施匍匐之救"[191]。

（三）人口与法律

人越多，商业越繁荣；商业越繁荣，人口越增加。[192]人口数量既与自然因素和思想方式有关，比如日本和中国[193]，也与政治制度有关，比如雅典。人口与法律制度相关，一夫一妻制度下，私生子受到歧视，雅典和罗马的私生子一般不具有公民权，没有继承权。多偶制存在于东方专制制度下，在中国，妾所生子女被看做正妻的子女，"孝敬之礼和严肃丧仪不用于生母，而用于法定母亲"[194]。

以法律来鼓励或者抑制人口，自古存在。罗马法诱导人们结婚，法律奖励生育者。罗马共和国缺少公民时，法律授予结婚的人和有子女的人某些特权：戏院里有供给有子女者特殊的座位，子女最多的执政官最先接收权杖的权利，子女最多的元老名字放在目录最前面，有最先发言权。反过来，没有结婚的人不得依照遗嘱取得遗产，结婚无子女的人只能够接受一半的遗产。凯撒的法律规定，45岁以下无丈夫或无子女的女子不得佩带宝石，不得坐轿。奥古斯都更进一步，依《茹利安法》，不结婚的人应该受到刑罚。在东方社会，由于气候、土壤和宗教的原因[195]，人口众多，因此，遗弃子女的事件经常发生。

八、结语

从孟德斯鸠的描述和严复的评论比对之后，我们可以得出如下的结论：

第三章 法国启蒙主义与中国法传统

（1）孟德斯鸠把民主制归结为品德，把贵族制归结为节制，把君主制归结为荣誉，把专制归结为恐怖。在此分类下，孟德斯鸠认定中国古代社会是一个专制的国家。对此，严复并未否定孟德斯鸠的看法，不同的是，严复不仅仅从"爱共和国"的简单意义上区分共和与专制，他认为中国不是一个共和的国家，在于中国没有西方社会的平等精神、社会自治和人民的自觉精神，在于中国的皇帝凌驾在法律之上，而不像西方君主那样同样受到法律的约束。

（2）民主政治与宽厚的法律相匹配，民主意味着自由，自由需要政治权力的分离作保障。没有权力的分离，就没有政治的自由，就意味着政治的奴役。孟德斯鸠认为中国是一个专制的国家，与之相匹配，大逆罪、连坐、思想犯、拷问等法律制度存在于中国古代社会。除了政治上的奴役之外，家庭内部同样存在着奴役，幽闭妇女和一夫多妻制是家庭奴役制的典型表现。

（3）地理环境决定了政体的性质，政体性质决定了法律的性质。大国适合君主制或者专制，小国适合共和制；山地适合共和制，平原适合专制；寒冷的气候适合共和制，炎热气候适合专制；肥沃的土壤趋向于专制，贫瘠土壤适合共和。在孟德斯鸠眼里，中国是一个幅员辽阔、气候炎热、平原居多的国度，因此，中国的地理环境适宜于专制制度。严复对此基本持否定的态度，他认为地理环境会影响到政治制度和法律制度，但是决定性的因素，不是地理环境而是政体的性质和民族的精神。

（4）孟德斯鸠提出了民族精神的概念，主要是指一个民族的风俗和礼仪。他理解的中国之礼，更倾向于是一种礼节和无需理解的直白行为方式，内容上间接包含了宗法的行为规范和利他主义的内在动力。孟德斯鸠把这种礼视为一种道德，因此他的结论是，中国古代法律与道德并没有明显的区分。与同时代的伏尔泰不同，孟德斯鸠对中国的风俗礼仪总体上持否定的态度，认为中国礼仪一成不变，而且中国人不讲信义。不过，中国之"礼"客观上又阻碍了专制主义，中国人的道德至上又使得中国的专制制度带有了贵族和民主的性质。

（5）孟德斯鸠还提出了宗教、贸易、货币和人口对法律的影响，但是，一个方面，作为18世纪的思想家，他只是提出了问题，并没有从宗教和经济的内在性质方面作出深入的研究,尚不像 19 世纪末 20 世纪初的韦伯那样,揭示出宗教、经济与法律的内在联系;另一方面,他对中国的宗教和经济不甚了解,因此对中国宗教、经济与法律关系,只是处于想象的阶段。

(6)孟德斯鸠对中国的认识和理解,仅仅依赖于与个别赴欧中国人的交往和早期传教士的文献。资料的不充分和误传削弱了孟德斯鸠论中国法的理论价值,他所理解的中国并不是一个真实的中国,只是一个想象的中国。孟德斯鸠论中国法并未建立在扎实的历史考据材料上,更可能的是,他为了贯彻他理性主义的理论,为了批判专制制度,选取古代中国作为封建专制的一个靶子。孟德斯鸠论中国法的可取之处,在于用近代启蒙学者的眼光来从宏观上分析和评价一个专制国家的政治制度和法律制度,开辟了比较法律史的领域。

(7)孟德斯鸠与中国的连接点,在于中国近代启蒙运动的兴起。他的《论法的精神》,连同卢梭的《社会契约论》、密尔的《自由论》、斯密的《国富论》、斯宾塞的《社会学》和赫胥黎的《天演论》等,成为中国近代启蒙学者西学的原典。严复和梁启超等中国近代学者从他那里获益颇多。西方启蒙学者与中国启蒙学者的结合,开启了中国法律现代化进程,不过,启蒙毕竟是启蒙,启蒙不能够替代科学的研究。以西方严谨的研究精神来认真对待中国法律传统,有待于后世的法律社会学家和法律史学家。

注 释

〔1〕参见〔英〕夏克尔顿:《孟德斯鸠评传》,刘明臣等译,中国社会科学出版社1991年版;张雁深:《孟德斯鸠和他的著作》,见〔法〕孟德斯鸠:《论法的精神》,上册,张雁深译,译者说明,商务印书馆1961年版,第15页。

〔2〕〔苏联〕巴士金:《沙利·路易·孟德斯鸠》,婉玲译,载〔法〕孟德斯鸠:《罗马兴盛衰落原因论》,商务印书馆1962年版,第173页。

〔3〕〔法〕孟德斯鸠:《波斯人信札》,罗大冈译,人民文学出版社1958年版,第140页。

〔4〕同上书,第174页。

〔5〕〔法〕孟德斯鸠:《罗马盛衰原因论》,婉玲译,商务印书馆1962年版,1997年重印,第130页。

〔6〕同上书,第47页。

〔7〕〔法〕孟德斯鸠:《论法的精神》,上册,张雁深译,商务印书馆1961年版,第3—5页。

〔8〕〔英〕梅因:《古代法》,沈景一译,商务印书馆1959年版,第52页。

〔9〕《马克思恩格斯全集》第1卷,人民出版社1995年版,第128—129页。

〔10〕从17—18世纪学者们所著的政治法律著作名称上,我们也可以发现这一点,如格劳秀斯《战争与和平法》,霍布斯《利维坦》,洛克《政府论》,斯宾诺莎《神学政治论》,卢梭《论人类不平等的起源和基础》和《社会契约论》等。

〔11〕"孟德斯鸠比18世纪先进社会思想的其他代表高明的地方,是他具有博大的历史眼光。他的《罗马盛衰原因论》和《论法的精神》包含着有关民事史、国家和法的历史、生活方式和家庭关系史等方面的丰富知识。""他的著作《论法的精神》是独具一格的法学百科全书",参见〔苏联〕巴士金:《沙利·路易·孟德斯鸠》,载〔法〕孟德斯鸠:《罗马盛衰原因论》,婉玲译,商务印书馆1962年版,第182页。严复也说,"夫孟德斯鸠之学之成也,犹吾国古之李耳、司马迁,非纯由诸思想也,积数千年历史之阅历",参见〔法〕孟德斯鸠:《孟德斯鸠法意》,上册,严复译,商务印书馆1981年版,第198页。

〔12〕〔法〕孟德斯鸠:《孟德斯鸠法意》,上册,严复译,商务印书馆1981年版,第2—3页。

〔13〕同上书,第7页。

〔14〕从《论法的精神》结构上看,第6卷第27章"罗马继承法的起源和变革",第28章"法国民法的起源和变革",第30章"法兰克人的封建法律理论和君主国的建立",第31章"法兰克人的封建法律理论对他们君主国的革命的关系"单独成章,与"法的精神"主题并不相符。也许正是基于这一点考虑,严复在翻译《法意》的时候,止于第29章(卷),未翻译出第30章和第31章。但是,第29章"制定法律的方式"与"法的精神"相关,严复不得不翻译出其间与"法的精神"无关的第27章和第28章,参见〔法〕孟德斯鸠:《孟德斯鸠法意》,下册,严复译,商务印书馆1981年版。

〔15〕〔法〕孟德斯鸠:《论法的精神》,上册,张雁深译,商务印书馆1961年版,第6页。

〔16〕〔法〕孟德斯鸠:《罗马盛衰原因论》,婉玲译,商务印书馆1962年版,第41页。

〔17〕孟德斯鸠生卒年为1689—1755年,比照中国历史年表,他生活在中国清代康熙、雍正与乾隆年间。雍正1723—1736年在位,乾隆1736—1796年在位。《波斯人信札》发表于1720年,《罗马盛衰原因论》发表于1734年,《论法的精神》发表于1748年。《波斯人信札》中译者称"孟德斯鸠作《波斯人信札》约在1720年,正当中国

清代康熙年间",参见〔法〕孟德斯鸠:《波斯人信札》,罗大冈译,人民文学出版社1958年版,第142页注释3。

〔18〕孟德斯鸠"有过交往并且对他产生过重要影响的两个人物。一是赴法留学的天主教会会士黄嘉略,二是来华的法国耶稣会士傅圣泽(Jean-Francois Foucquet)",参见钱林森:《偏见与智慧的混合——孟德斯鸠的中国文化观》,载《南京大学学报:哲学·人文·社科版》1996年第1期。文中相关资料转自许明龙:《孟德斯鸠与中国》,国际文化出版公司1989年版;艾田蒲(Etiemble):《中国之欧洲》(下),许钧、钱林森译,河南人民出版社1994年版。

〔19〕〔法〕孟德斯鸠:《论法的精神》,上册,张雁深译,商务印书馆1961年版,第127页。

〔20〕"早期欧洲人因为蒙古的才智而把中国想象成富有和强大的国家,而18世纪的孟德斯鸠则从气候的角度来论证中国为什么还是专制国家",参见史景迁:《文化类同与文化利用》,北京大学出版社1990年版,第50页。"1312年的维也纳会议,那个时候西方对于东方包括中国的了解根本就谈不上文化的平等交流,在大多数时候只能依凭自己的想象,这种想象至少带有民族利益、宗教信仰以及现实需求的种种因素的影响","现在关于中国的种种观念与孟德斯鸠的论述有很大不同",参见郜积意:《东方化东方与文化原质主义——对海外中国古典文学研究的一种批判性理解》,载《人文杂志》1999年第2期。

〔21〕"鞑靼族人,为宇宙之真正的统治者……在各时代,鞑靼在地球上留下了他的威力的烙记……鞑靼人曾经两度征服中国,目前还把中国屈服在他们号令之下",参见〔法〕孟德斯鸠:《波斯人信札》,罗大冈译,人民文学出版社1958年版,第142页。

〔22〕"在中国历史上,我们也看到一些皇帝把中国人遣送到鞑靼去殖民",比如汉文帝,参见〔法〕孟德斯鸠:《论法的精神》,上册,张雁深译,商务印书馆1961年版,第277页。

〔23〕"鞑靼人民虽然是亚洲天然的征服者,但自身却是奴隶。……这点在那个叫做'华属鞑靼'的广大地区里,是再显著不过了","阿拉伯人和鞑靼人都是游牧的民族。……一个可汗被打败后,胜利者立即斩他的头",参见〔法〕孟德斯鸠:《论法的精神》,上册,张雁深译,商务印书馆1961年版,第270—271、289页。"看看铁木儿、成吉思汗这些蹂躏了亚洲的领袖们,如何把人家的民族和城池毁灭掉",参见〔法〕孟德斯鸠:《论法的精神》,下册,张雁深译,商务印书馆1961年版,第141页。

〔24〕"现在统治中国的鞑靼皇室规定各省的每支军队都要由汉满人各半组成",参见〔法〕孟德斯鸠:《论法的精神》,上册,张雁深译,商务印书馆1961年版,第151—152页。

〔25〕"中国的情况就是这样……在东京,同样的原因产生同样的结果……由于同样的原因,台湾岛的宗教不许妇女在三十五岁以前生育子女","成吉思汗治下的鞑靼人"与"台湾人"的"法律把无关痛痒的东西当作必要的东西",参见孟德斯鸠《论法的精神》,下册,张雁深译,商务印书馆1961年版,第117、148页。

〔26〕何兆武:《明末清初西学之再评价》,载《学术月刊》1999年第1期。"中国人开始知道孟德斯鸠其人,大约是1899年,这一年12月13日的《清议报》上刊载了由梁启超撰写的《蒙的斯鸠文学说》一文,第一次向国人介绍了孟氏的生平和著作",参见钱林森:《严复与〈法意〉》,载《江苏社会科学》1996年第4期。

〔27〕梁启超:《梁启超法学文集》,中国政法大学出版社2000年版,第18页。另外参见蒋广学:《梁启超的现代学术思想与20世纪中国思想史之关系》,载《江苏社会科学》2001年第4期。

〔28〕孙中山说,"中国革命之目的,系欲建立共和国政府,效法美国,除此之外,无论何项政体皆不宜于中国"。不过,他又说,"有文宪法是美国最好,无文宪法是英国最好"。但在中国,英国宪法不能学,美国宪法不必学。三权分立的美国宪法有许多弊端,一是考选制度不完备,二是纠察制度不完备,三是代议制不是直接民主。鉴于此,孙中山设计出五权宪法的制度,参见李贵连:《近代中国法制与法学》,北京大学出版社2002年版,第343—344页。

〔29〕严复说,"西士东来,其耆硕好学,莫如明季与国初之耶稣会人。而欧洲于东籍最稔者,莫若前两期之法国,如孟德斯鸠,如福禄特尔,及当时之狄地鲁诸公"。按照今天的翻译,严复所指三人,分别为孟德斯鸠、伏尔泰和狄德罗,见〔法〕孟德斯鸠:《孟德斯鸠法意》,上册,严复译,商务印书馆1981年版,第162页。孟德斯鸠与伏尔泰对中国政治评论的差异,可参见公丕祥:《法国启蒙思想家的东方法律图景》,载《金陵法律评论》2001年秋季卷。文中说,"如果说伏尔泰和魁奈是法国启蒙运动中倾向东方尤其是'中国热'的主要代表,那么孟德斯鸠则是从总体上否定东方及中国的所谓'对华不友好人士'的代表者。伏尔泰和孟德斯鸠构成了这种对中国的矛盾态度的两根支柱"。至于严复,"严复被称作中国自由主义之父,中国后来的自由主义者或多或少都曾受过他的教诲,他对西方自由主义的态度直接间接地影响着他们。从这一意义上讲,严复为中国自由主义规定了大致走向。严复翻译了从亚当·斯密到孟德斯鸠的古典自由主义著作,但他骨子里还是新自由主义倾向占上风",参见宝成关、潘晓斌:《严复与西方自由主义》,载《社会科学战线》1999年第1期。

〔30〕〔法〕孟德斯鸠:《孟德斯鸠法意》,上册,严复译,商务印书馆1981年版,第135页。

〔31〕同上书,第244页。

〔32〕同上书,第50页。

〔33〕同上书,第162、171—172页。

〔34〕同上书,第301—302页。

〔35〕同上书,第335页。

〔36〕〔法〕孟德斯鸠:《孟德斯鸠法意》,下册,严复译,商务印书馆1981年版,第541页。

〔37〕〔古希腊〕亚里士多德:《政治学》,吴寿彭译,商务印书馆1965年版,第132—134页。

〔38〕〔法〕孟德斯鸠:《论法的精神》,上册,张雁深译,商务印书馆1961年版,第46页。

〔39〕同上书,第51、99页。

〔40〕同上书,第29页。

〔41〕同上书,第58页。

〔42〕同上书,第60页。

〔43〕〔法〕孟德斯鸠:《孟德斯鸠法意》,上册,严复译,商务印书馆1981年版,第39页。

〔44〕〔法〕孟德斯鸠:《论法的精神》,上册,张雁深译,商务印书馆1961年版,第8页。

〔45〕同上书,第11页。

〔46〕同上书,第44页。

〔47〕同上书,第73页。

〔48〕同上书,第58、60页。

〔49〕同上书,第62页。

〔50〕同上书,第65—66页。

〔51〕同上书,第76页。

〔52〕同上。

〔53〕同上书,第79页。严复对中国的司法传统作过评价,他说,"中国以州县治民,以行法之官而司刑柄","盖中国之制,自天子至于守宰,皆以一身而兼刑宪政三权者也,故古今于国事犯无持平之狱",参见〔法〕孟德斯鸠:《孟德斯鸠法意》,上册,严复译,商务印书馆1981年版,第113页。另外,在司法官、国君和法律问题上,中国与英国也不相同。中国之道,司法权为君主固有之权,秋审案件,君主有最终的勾决权,而在英国,司法官依国律判处,"王者一字不能易也",参见同上,第116页。

〔54〕〔法〕孟德斯鸠:《论法的精神》,上册,张雁深译,商务印书馆1961年版,第

82—83页。

〔55〕同上书,第93—94页。

〔56〕同上书,第71页。

〔57〕同上书,第63页。

〔58〕〔法〕孟德斯鸠:《波斯人信札》,罗大冈译,人民文学出版社1958年版,第227页。

〔59〕〔法〕孟德斯鸠:《论法的精神》,上册,张雁深译,商务印书馆1961年版,第94页。

〔60〕同上书,第94—95页。

〔61〕同上书,第103页。这里,孟德斯鸠混淆了明代的建文帝和汉代的汉文帝。严复引用了原典,汉贾宜之对文帝陈政事也,有曰:"帝之身自衣皂绨,而富民被文绣。天子之后以缘其领,庶人孽妾以缘其履。民之卖僮者,为之绣衣丝履偏诸缘,内之闲中。夫百人作之,以衣一人,欲天下无寒不得也。一人耕之,十人聚而食之,欲天下无饥不得也。饥寒切于肌肤,欲其亡为奸邪不可得也。"参见〔法〕孟德斯鸠:《孟德斯鸠法意》,上册,严复译,商务印书馆1981年版,第146页。

〔62〕〔法〕孟德斯鸠:《论法的精神》,上册,张雁深译,商务印书馆1961年版,第103页。

〔63〕同上书,第128—129页。

〔64〕同上书,第127页。

〔65〕同上书,第72页。严复对此持否定态度,在他看来,中国的御史台与孟德斯鸠所谓监察官,"名相似而实不同",西方社会的监察官在于民之德行,而中国社会的御史台则不过是君王的耳目,参见〔法〕孟德斯鸠:《孟德斯鸠法意》,上册,严复译,商务印书馆1981年版,第104页。

〔66〕同上书,第83页。

〔67〕同上书,第92页。

〔68〕同上书,第102页。

〔69〕同上书,第127页。严复对此提出了异议,他说,中国之治,强调"礼所以待君子,而刑所以威小人",明代之廷杖,清代革之,试场之搜检,清代因之,因此,孟德斯鸠对中国的评论"不足以为吾辱也",〔法〕孟德斯鸠:《孟德斯鸠法意》,上册,严复译,商务印书馆1981年版,第177页。

〔70〕〔法〕孟德斯鸠:《论法的精神》,上册,张雁深译,商务印书馆1961年版,第72页。

〔71〕同上书,第128页。

〔72〕同上书,第129页。

〔73〕严复说,"中国古之井田,固民主之政也。而其实有诸侯君主者,盖然宗法社会而兼民主之制也",参见〔法〕孟德斯鸠:《孟德斯鸠法意》,上册,严复译,商务印书馆1981年版,第69页。

〔74〕同上书,第21页。

〔75〕同上书,第74页。

〔76〕同上书,第25页。

〔77〕同上书,第26—27页。

〔78〕同上书,第87页。

〔79〕同上书,第180—181页。

〔80〕〔英〕洛克:《政府论》,下册,叶启芳等译,商务印书馆1964年版,第5页。

〔81〕〔德〕康德:《法律的形而上学原理——权利的科学》,沈叔平译,商务印书馆1991年版,第42页。

〔82〕〔法〕孟德斯鸠:《论法的精神》,下册,张雁深译,商务印书馆1961年版,第189—190页。

〔83〕〔法〕孟德斯鸠:《论法的精神》,上册,张雁深译,商务印书馆1961年版,第154页。

〔84〕〔法〕孟德斯鸠:《论法的精神》,上册,张雁深译,商务印书馆1961年版,第133页。严复发出感叹,为国者应该与人并立天地间。彼得治理俄国,立彼得堡为都城,就是为了对西欧各国开户牖。与此相反,"中国自秦起长城,而河山两戒,戎夏划然,更三千年,化不相入","论者以此为秦之功,吾则以此为秦之罪矣!"参见〔法〕孟德斯鸠:《孟德斯鸠法意》,上册,严复译,商务印书馆1981年版,第186页。

〔85〕〔法〕孟德斯鸠:《孟德斯鸠法意》,上册,严复译,商务印书馆1981年版,第203—204页。这里不得不赞叹严复的洞察力,可以说,严复的说法点出了20世纪之后西方人研究中国的一般研究模式:中国秦汉之一统开辟了专制的时代,而西方各国以封建多元形成了西方法律传统。马克斯·韦伯《中国的宗教》和昂格尔《现代社会中的法律》对中国问题的论述,都着重于此,伯尔曼则在《法律与革命》中,详细地探讨了西方法律传统的形成过程。

〔86〕〔法〕孟德斯鸠:《论法的精神》,上册,张雁深译,商务印书馆1961年版,第145页。

〔87〕同上书,第149页。

〔88〕同上书,第151—152页。

〔89〕同上书,第278—279页。

〔90〕同上书,第276—277页。

〔91〕〔法〕孟德斯鸠:《孟德斯鸠法意》,上册,严复译,商务印书馆1981年版,第195—196页。

〔92〕同上书,第205页。

〔93〕〔法〕孟德斯鸠:《孟德斯鸠法意》,上册,严复译,商务印书馆1981年版,第213页。

〔94〕同上书,第212—213页。

〔95〕同上书,第198页。今天看来,严复的说辞也有些夸张。奥勒留可以说是斯多葛学派的代表,但是,亚历山大实际上并不相信亚里士多德的哲学,而说弗雷德里克和拿破仑懂哲学,则是奇论了。

〔96〕〔法〕孟德斯鸠:《论法的精神》,上册,张雁深译,商务印书馆1961年版,第189页。不同政体,就有不同的立法思想和司法原则,这也是孟德斯鸠的一贯思想。严复在译案中,曾经就中国问题予以发挥。在严复看来,中国专制国家下的立法,其实是"塞奸之事九,而善国利民之事一"。中国近代变法"所行之事,诚实使便国者居其七,而塞奸者居其三",结果,"吾国所以日言变法,而终之无一事之可以利行也"。在司法方面,"刑狱者,中西至不可同一事也"。西欧各国,司法持平公允,伸张正义,因此富强,而"中国刑狱之平,至于虞廷之皋陶极矣。然皆以贵治贱。以贵治贱,故仁可以为民父母,而暴亦可为豺狼"。参见〔法〕孟德斯鸠:《孟德斯鸠法意》,上册,严复译,商务印书馆1981年版,第226、224页。

〔97〕"公法在欧洲,比在亚洲更为人所熟知。"基督教国王在"过错与惩罚"之间保持着平衡,"一个波斯人,由于失慎或由于倒运,得罪了君主,必死无疑"。欧洲的不满者,会通敌或者妖言惑众,在亚洲,不满者回到国王面前"出其不意地行刺"。参见〔法〕孟德斯鸠:《波斯人信札》,罗大冈译,人民文学出版社1958年版,第161、174—175、177页。

〔98〕〔法〕孟德斯鸠:《论法的精神》,上册,张雁深译,商务印书馆1961年版,第194页。

〔99〕〔法〕孟德斯鸠:《罗马盛衰原因论》,婉玲译,商务印书馆1962年版,第77页。

〔100〕严复在翻译此段的时候,作过按语。他说,戊戌变法的时候,一个主张变法的侍御,疏论礼部尚书许应骙腹诽新政。严复称之为"浮慕西法之徒",典型地反映了中国士大夫"所持论用心"与"所实见诸施行"之间的矛盾。参见〔法〕孟德斯鸠:《孟德斯鸠法意》,上册,严复译,商务印书馆1981年版,第272页。

〔101〕〔法〕孟德斯鸠:《论法的精神》,上册,张雁深译,商务印书馆1961年版,

第210页。

〔102〕同上书,第208页。

〔103〕〔法〕孟德斯鸠:《论法的精神》,上册,张雁深译,商务印书馆1961年版,第211页。严复在翻译此段的时候,对此提出了质疑。他认为连坐为古代社会通例,并非中国和秘鲁所特有。他对孟德斯鸠的说法感到迷惑,甚至说:"孟氏之言,直百解而无一可通者,吾恨不能起其人于九原而一叩之地也",参见〔法〕孟德斯鸠:《孟德斯鸠法意》,上册,严复译,商务印书馆1981年版,第135页。

〔104〕〔法〕孟德斯鸠:《孟德斯鸠法意》,上册,严复译,商务印书馆1981年版,第132页,第419页。

〔105〕同上书,第363页。

〔106〕〔法〕孟德斯鸠:《论法的精神》,上册,张雁深译,商务印书馆1961年版,第242页。

〔107〕同上书,第246—247页。严复比较了中西奴隶来源上的差异。他说,中国"古之奴婢,皆罪人输作入官,若三古之胥靡,汉律之左校,今之披甲,与西律之苦力是已。而战胜之俘,名为累虏,则秦汉以后之事矣",参见〔法〕孟德斯鸠:《孟德斯鸠法意》,上册,严复译,商务印书馆1981年版,第325页。他还说,中国人的奴隶地位,类似于斯巴达的奴隶,不似雅典的奴隶,因为奴隶不得为自己受到的侮辱和损害提起控诉,参见同上书,第339页。

〔108〕这里,孟德斯鸠与亚里士多德有相似之处,按照亚里士多德的看法,家庭就是支配与被支配的关系,其中包括有父对子的支配、主人对奴隶的支配及丈夫对妻子的支配,参见〔古希腊〕亚里士多德:《政治学》,吴寿彭译,商务印书馆1965年版,第131页。

〔109〕〔法〕孟德斯鸠:《论法的精神》,上册,张雁深译,商务印书馆1961年版,第258页。

〔110〕同上书,第258—259页。

〔111〕同上书,第104页。

〔112〕《波斯人信札》就是以一个有多妻的波斯人的眼光比较专制的波斯与宽厚的西欧。多妻制下幽闭女子之间的争斗,使该作品添有噱头,流传于世。

〔113〕孟德斯鸠对妇女也存在着偏见。对妇女干政,他曾揶揄说,"在波斯,王国由两三个妇人统治着,人们对此牢骚不平"。在法国,一般妇女都在统治,"不但将全部权威一把抓住,而且甚至在她们之间,把权力分得支离破碎",参见〔法〕孟德斯鸠:《波斯人信札》,罗大冈译,人民文学出版社1958年版,第185页。

〔114〕〔法〕孟德斯鸠:《论法的精神》,上册,张雁深译,商务印书馆1961年版,

第 259 页。

〔115〕同上书,第 265 页。

〔116〕同上书,第 266 页。

〔117〕同上书,第 264 页。

〔118〕〔法〕孟德斯鸠:《孟德斯鸠法意》,上册,严复译,商务印书馆 1981 年版,第 247—248 页。

〔119〕〔法〕孟德斯鸠:《论法的精神》,上册,张雁深译,商务印书馆 1961 年版,第 127—129 页。

〔120〕〔美〕汉密尔顿等:《联邦党人文集》,程逢如等译,商务印书馆 1980 年版,第 17 页。

〔121〕〔法〕孟德斯鸠:《孟德斯鸠法意》,上册,严复译,商务印书馆 1981 年版,第 176 页。

〔122〕同上书,第 360—361 页。

〔123〕同上书,第 430 页。

〔124〕同上书,第 365 页。

〔125〕同上书,第 373 页。

〔126〕〔法〕孟德斯鸠:《论法的精神》,上册,张雁深译,商务印书馆 1961 年版,第 235 页。

〔127〕同上书,第 231 页。

〔128〕同上书,第 232 页注释 3。

〔129〕同上书,第 259 页。

〔130〕同上书,第 261 页。

〔131〕同上书,第 283 页。

〔132〕同上书,第 233 页。

〔133〕同上书,第 274—275 页。

〔134〕同上书,第 278—279 页。

〔135〕同上书,第 280 页。

〔136〕同上书,第 282—283 页。

〔137〕〔法〕孟德斯鸠:《孟德斯鸠法意》,上册,严复译,商务印书馆 1981 年版,第 310 页。

〔138〕同上书,第 360 页。

〔139〕同上书,第 368 页。

〔140〕同上书,第 309、311 页。

〔141〕"近代地理决定论思潮盛行于18世纪,由哲学家和历史学家率先提出,被称为社会学中的地理派,或历史的地理史观,法国启蒙思想家孟德斯鸠"就是明证,参见鲁西奇:《人地关系理论与历史地理研究》,载《史学理论研究》2001年第2期。另外参见韩永学、王妍:《论文化地理学研究的主题》,载《哈尔滨学院学报》2002年第3期;张锡勤:《严复历史观散论》,载《求是学刊》2000年第1期;瞿林东:《关于地理条件与中国历史进程的几个问题》,载《史学史研究》1999年第1期。

〔142〕"寒冷地区的人民一般精神充足,富于热忱,欧罗巴各族尤甚",亚细亚人"精神卑弱,热忱不足",希腊各种姓"在地理位置上既处于两大陆之间,其秉性也兼有了两者的品质","倘使各种姓一旦能统一于一个政体之内,他们就能够治理世上所以其他民族了",参见〔古希腊〕亚里士多德:《政治学》,吴寿彭译,商务印书馆1965年版,第360—361页。

〔143〕谷春德主编:《西方法律思想史》,中国人民大学出版社2007年第2版,第145页。

〔144〕"以赛亚·伯林(Lsaiah Berlin)指出,'民族精神'这个词是赫尔德(J. G. von. Herder, 1744—1803)发明的,"后经法学家沙维尼(von Savigny)将'民族的共同精神和天赋'用德语表述为 Volksgeist,即'民族精神'","但我国有学者认为是孟德斯鸠"首先使用了"民族精神"一词,参见王希恩:《关于民族精神的几点分析》,载《民族研究》2003年第4期。

〔145〕参见萨维尼:《论当代立法和法理学的使命》,许章润译,中国法制出版社2001年版。

〔146〕〔法〕孟德斯鸠:《论法的精神》,上册,张雁深译,商务印书馆1961年版,第305页。

〔147〕同上书,第305页。

〔148〕〔法〕孟德斯鸠:《波斯人信札》,罗大冈译,人民文学出版社1958年版,第140页。

〔149〕同上书,第222页。

〔150〕〔法〕孟德斯鸠:《论法的精神》,上册,张雁深译,商务印书馆1961年版,第311页。

〔151〕同上书,第308页。

〔152〕同上书,第312—313页。

〔153〕同上书,第312页。

〔154〕同上书,第310页。

〔155〕同上书,第313页。

〔156〕同上书,第 315 页。

〔157〕同上书,第 316 页。

〔158〕〔法〕孟德斯鸠:《孟德斯鸠法意》,上册,严复译,商务印书馆 1981 年版,第 395 页。

〔159〕同上书,第 403 页。

〔160〕同上书,第 395、406 页。

〔161〕同上书,第 411 页。

〔162〕同上书,第 411 页。

〔163〕同上书,第 417 页。

〔164〕同上书,第 418 页。

〔165〕〔法〕孟德斯鸠:《论法的精神》,下册,张雁深译,商务印书馆 1961 年版,第 139—140 页。

〔166〕〔法〕孟德斯鸠:《论法的精神》,上册,张雁深译,商务印书馆 1961 年版,第 123 页。严复对此作过中西比较,他说,"宗教之于民重矣",中国于三代最为重视,于是有了"盟誓"。自宋、元以降,士大夫精于谈道,盟誓用微。另外,中国之"天谴"表现为亲征,而西方之"神谴"却不存在于形体,而受以灵魂,参见〔法〕孟德斯鸠:《孟德斯鸠法意》,上册,严复译,商务印书馆 1981 年版,第 170 页。

〔167〕〔法〕孟德斯鸠:《论法的精神》,下册,张雁深译,商务印书馆 1961 年版,第 140—143 页。"犹太的宗教,是古老的树干,它产生两股枝柯,荫蔽全世界:我的意思说伊斯兰教与基督教",参见〔法〕孟德斯鸠:《波斯人信札》,罗大冈译,人民文学出版社 1958 年版,第 100—101 页。

〔168〕〔法〕孟德斯鸠:《论法的精神》,下册,张雁深译,商务印书馆 1961 年版,第 154 页,第 157 页。

〔169〕同上书,第 141、147—148 页。

〔170〕同上书,第 148—149 页。

〔171〕〔法〕孟德斯鸠:《论法的精神》,下册,张雁深译,商务印书馆 1961 年版,第 152 页,及注释 1。严复在总结中国政治与宗教的时候曾经总结说:"吾国之民,上者乐天任教,下者诣鬼祷祈,此其性质,实与宗教最合",参见〔法〕孟德斯鸠:《孟德斯鸠法意》,下册,严复译,商务印书馆 1981 年版,第 567 页。"况中国以政制言,则居于君主专制之间,以宗教言,则杂于人鬼神之际","盖中国之是非不可与欧美同日而语,明矣",参见〔法〕孟德斯鸠:《孟德斯鸠法意》,上册,严复译,商务印书馆 1981 年版,第 148 页。督教在中国的传播,严复说,"景教之入中国,殆先与唐,然其始尽微,至于明而后盛,当彼之时,虽士大夫信而奉之,俗不为忤也",参见同上书,第 432 页。

对孟德斯鸠论中国宗教,严复也多有批评。在严复看来,儒家并非孟德斯鸠所想象的那样不相信灵魂,因为孔子就赞扬《易》"精气为物,游魂为变";而基督教也并非都为善良,15—16世纪的欧洲,教会同样在杀人,参见〔法〕孟德斯鸠:《孟德斯鸠法意》,下册,严复译,商务印书馆1981年版,第596页。

〔172〕〔法〕孟德斯鸠:《论法的精神》,下册,张雁深译,商务印书馆1961年版,第165—166页。

〔173〕〔法〕孟德斯鸠:《论法的精神》,上册,张雁深译,商务印书馆1961年版,第314页。

〔174〕〔法〕孟德斯鸠:《论法的精神》,下册,张雁深译,商务印书馆1961年版,第172—173页。对此,严复虽然肯定了孟德斯鸠对基督教在中国传播状况的描述,但是对其原因却有不同的看法。他认为宗教不同于学说,前者被认可在于"信",后者被接受在于"理"。清道光咸丰以降,西方以兵力推行宗教,因此难以推广,参见〔法〕孟德斯鸠:《孟德斯鸠法意》,下册,严复译,商务印书馆1981年版,第622页。中国人入基督教,原因也是多方面的,"国权之微,官吏士绅之蹂躏,小民附之,以求自卫",参见同上书,第608页。

〔175〕〔法〕孟德斯鸠:《论法的精神》,上册,张雁深译,商务印书馆1961年版,第220页。

〔176〕同上书,第219页。

〔177〕同上书,第225页。

〔178〕同上书,第222、224页。

〔179〕〔法〕孟德斯鸠:《孟德斯鸠法意》,上册,严复译,商务印书馆1981年版,第426、428页。

〔180〕〔法〕孟德斯鸠:《论法的精神》,下册,张雁深译,商务印书馆1961年版,第19页。

〔181〕同上书,第24页。

〔182〕同上书,第61、71页。

〔183〕不过,严复也承认中国也有汇票制度。他说,"中国汇法,不知始自何时,而山西人则吾国之犹大也",参见〔法〕孟德斯鸠:《孟德斯鸠法意》,下册,严复译,商务印书馆1981年版,第500页。

〔184〕同上书,第440页。

〔185〕同上书,第474页。

〔186〕同上书,第496页。

〔187〕同上书,第440页。

〔188〕同上书,第 452 页。

〔189〕同上书,第 489 页。

〔190〕同上书,第 494、592—593 页。

〔191〕同上书,第 494 页。

〔192〕〔法〕孟德斯鸠:《波斯人信札》,罗大冈译,人民文学出版社 1958 年版,第 198 页。

〔193〕饮食是重要的原因之一。中国人和日本人吃鱼过日子,鱼的油脂有利于生殖能力,因此日本与中国人口繁多,参见〔法〕孟德斯鸠:《论法的精神》,下册,张雁深译,商务印书馆 1961 年版,第 115 页。孟德斯鸠的解释不甚明了。他说,"中国之所以拥有为数奇多的人民,只是从某一种思想方式得来的"。在中国,儿女把父亲视为神明,父亲在世时供奉,死后祭祀。现世恭顺,来世也不可缺少,因此各人都想增加家口。参见〔法〕孟德斯鸠:《波斯人信札》,罗大冈译,人民文学出版社 1958 年版,第 204 页。严复也分析了中国人口多的特有原因:中国人以人鬼为宗教,以多子多孙为幸福,以无子为天罚。与西方的不同,在于西方人注重子女的教育,而中国人认定"儿孙自有儿孙福",参见〔法〕孟德斯鸠:《孟德斯鸠法意》,下册,严复译,商务印书馆 1981 年版,第 544、551、556 页。

〔194〕〔法〕孟德斯鸠:《论法的精神》,下册,张雁深译,商务印书馆 1961 年版,第 110 页。

〔195〕犹太人、回民、格伯尔人、中国人受宗教的鼓励愿意多生子女,而罗马人信奉基督教后,崇尚"思辨生活",远离家庭,生殖受到抑制,见同上书,第 130 页。

第四章　德国现代化理论中的中国法
——马克斯·韦伯论中国法传统

第四章　德国现代化理论中的中国法

一、引言

本章是关于马克斯·韦伯论传统中国法的述评。韦伯的相关论说或散落或集中收录在《经济与社会》和《宗教社会学论文集》中。本章旨在对材料中的这些论说展开研究，从韦伯对传统中国法的描述和他的论证逻辑中澄清韦伯眼中的传统中国法形象。在韦伯看来，作为西方法律和形式理性的参照，传统中国法是法律史原始阶段的法，传统中国社会的政治结构和社会观念决定了传统中国法停滞在这个阶段。本章第二部分论述受到韦伯法律史观和类型学研究影响的中国法形象的定位；第三部分具体论述韦伯对处于法律史原始阶段的传统中国法律的描述，以及韦伯对传统中国社会无法产生形式理性法律的论证。本章的第四部分评述韦伯在论述中国法律属于实质理性或是实质非理性中存在的矛盾，以及由此引发的中西方学者的回应。作为一种解释性的理解而非陈述史实，韦伯论述传统中国法的理论价值在于，在对历史现象的无穷尽的认识过程中，提供了丰富的研究线索。

二、韦伯的法律史观和类型学研究与中国法形象的定位

1902年撰写的《罗雪尔与克尼斯：历史经济学的逻辑问题》可以看做马克斯·韦伯学术生涯的转折，在这之后，他的研究兴趣从现实的政治经

济问题转向世界史研究,对中国问题的思考正产生于这一时期。[1]丰富的历史、哲学读物,包括康德、黑格尔、梅因、孟德斯鸠等思想家的古典著作对韦伯的法律观和历史观产生了真实的、重要的影响。[2]同这些思想家一样,韦伯认同法律的进化,也进行法律的比较研究。韦伯认同中国社会和法律停滞的观念,他对东方王权和家族的看法,对中国迷信和巫术的看法,对中国语言和文字的区别,同样来自于梅因、黑格尔等。[3]然而,对于每一种认识,韦伯从前人的起点出发却走向更为深刻的层面。他以卓越的技巧把他们的观点结合成为一贯而又统一的理论。这种理论的结构是韦伯的创建。他在其所独创的语境中研究法律史和比较法,从而给予中国社会和法律新鲜的描述和解说。

首先,韦伯认同梅因有关早期的法律形态的论述,并承认法律史存在从原始状态向前发展的线索。有别于梅因的"身份到契约"的观点,韦伯认为,法律的发展经历了从身份契约到目的契约的过程。[4]传统中国法始终处于身份契约的阶段,与其他原始的司法裁判一样,传统中国法没有民法和刑法的划分,没有发展出义务和契约的观念。在解释其中的原因时,梅因强调法典在法律史分期中的重要作用,他认为是法典的产生桎梏了东方法律的发展,并桎梏了东方社会的发展,而西方社会通过法律拟制、衡平和立法推动了法律的变革。韦伯并不认同是法典导致了东方社会的停滞,在研究中国法的过程中,韦伯似乎并不在意法典记述了什么。在他看来,中国法律停滞的原因并不在于法律技术本身,而在于社会其他因素的影响。

在这一点上,韦伯的思路更接近于孟德斯鸠对法律的理解。韦伯同孟德斯鸠一样是从一种社会关系的角度理解法律的意义的。在孟德斯鸠看来,法律同政体,同自然条件,同社会风俗,同宗教信仰,同商业发展等社会因素的关系总和构成了法的精神。在韦伯这里,对法律发展产生直接的重要影响的社会条件可以归为两类:其一是政体结构;其二是社会观念。比如,在韦伯对"为什么中国法没有发展出目的契约"的论证中,我们就可以发现这样的逻辑。[5]韦伯认为,法人概念的创建和政治权力之间存在直接的关系。西方的法律史伴随着王权和地方团体的消长,经历了自发的法律逐渐统合的过程,地方团体的法律地位得到了法律的确认,

第四章 德国现代化理论中的中国法

并与王权形成了法律上的关系。相反,中国的王权和国家权力很早就实现了这个过程。政治的家产制阻碍了自律性的法人。地方团体没有发展出法人的概念,当然也阻碍了其在法律概念上的建构。因此,私人的团体法和财产共同关系法处于原始的状态。[6]

然而,韦伯没有延续孟德斯鸠的方向继续往下。不同于孟德斯鸠从广泛的社会关系中研究法的精神,韦伯在讨论社会诸因素对法律的作用时是存在一个核心的。在韦伯看来,西方法律发展的历史是法律理性的发展历史。他用法律理性去认识各种法律现象:法律的比较研究,法典编纂,自然法的发展,罗马法的继受,等等。[7]无论是类型学还是历史文献,都涵盖在理性的演进之中;无论是社会的发展,宗教的发展,还是法的发展,都趋向一种"理性的命运"[8]。"理性的命运"是我们去理解韦伯对于中国的论述、对于法律的论述以及对于中国法律的论述时需要记住的前提。

韦伯将法律发展的历史看做是法律理性的发展历史,很大程度上受到了黑格尔的影响。在黑格尔的《历史哲学》中,黑格尔用"理性"重新解读历史。黑格尔认为理性是世界的主宰,世界历史是一种合理的过程。[9]一切世界历史民族中的诗歌、造型艺术、科学、哲学,最重要的不同是合理性的不同。[10]在黑格尔看来,合理的过程就是精神发展的过程,就是自由意识发展的过程。这个过程的实现是精神不断超越直接的、简单的、不反省的生存,是主观自由实现的过程,这个过程暗含着始终存在对既存权威和义务反抗的可能。[11]因此,在黑格尔看来,主观自由和客观自由的对峙促使了自由观念的产生和法的发展。

为什么中国法处于原始阶段,为什么中国没有发展出自由的观念?在论证社会观念对中国法律产生的影响过程中,韦伯认为,缺乏一种内在和外在的紧张关系是中国法停滞的原因之一。这个观点事实上正来自黑格尔。在黑格尔看来,中国是仅仅属于空间的国家,是非历史的历史,这是因为客观的存在和主观运动之间缺少一种对峙,即上帝、神圣的东西和个人的、特殊的东西之间的对峙,对峙的缺乏造成了中国持久的稳定。中国只有客观自由,没有主观自由,因为主观的自由受到了道德法则的管束。在国家中,命令和法律被看做是固定的、抽象的,是臣民绝对服从的。

臣民就像孩童一样,一味地服从父母,没有自己的意志或者见识;在家庭中,个人必须敬谨服从,放弃他的反省和独立,否则就是和实际生命相分离。因此,中国没有人格的独立,人格依附于权威。他只能在权威中,而不能在自身觅得尊严。黑格尔说,"一种始古如此的固定的东西代替了一种真正的历史的东西。其中的相斗相杀并没有改变国家本身的变化,只是重复着始古相同的毁灭"。"中国的历史始终处在历史的幼年时期。""中国历史在世界历史之外,只是预期着等待着若干因素的结合然后才能得到活泼的进步。"[12]

然而,与黑格尔对理性、自由抽象的论述所不同,韦伯并没有给这些法律史上重要的概念一个确定的、描述性的定义。理性的含义是在韦伯对各种形态政治、经济、法律、宗教特征的描述和分类中呈现出来的。[13]自柏拉图、亚里士多德以来,法律被看做是理性的凝结,而韦伯对理性的思考更进一步,他是从类型学的意义去认识法律理性的。韦伯并非探讨社会关系如何影响法律的形态,而是研究政体结构和社会观念如何影响了法律理性,使得法律的发展导向理性还是非理性,形式理性还是实质理性,并把不同形态的社会和法律文化归为不同的理性类型。

法律与诉讼的一般发展和与之对应的法律理性发展阶段[14]

"法先知"的卡理斯玛启示	巫术的形式主义,源于启示的非理性的结合形态
法律名家经验性法创造和法发现	神权政治,家产制的实质的目的理性
世俗公权力与神权政治权力下达法指令	专门的法学,逻辑的合理性与体系性
接受法学教育者体系性的法制定,奠基于文献和形式逻辑训练的专门的司法审判。	法的逻辑的纯化与演绎的严格化,诉讼技术越来越合理化

韦伯用类型学研究世界史,为的是认识西方,尤其是近代西方的理性主义具有的特质,并说明起源。韦伯自言,他的首要任务是去研究他的一个总命题是:为什么资本主义只能出现在西方,并试图从西方生活样式的角度发现对经济理性主义的养成产生的那些影响。而有关儒教、印度教、犹太教的研究,是为了与西方的发展加以比较,追索因果关系的两面,并着力分析那些与西方文化发展相对照的成分。[15]

因此,中国法问题在韦伯理论体系的坐标中的定点包括两个方面:一方面,中国法处于法律历史的原始阶段,另一方面,中国法是西方法律和形式理性的参照。当然,韦伯的命题并不是直接针对中国法。他的问题是,传统中国为什么不能产生资本主义？相对于西方生活样式对经济理性的影响,中国存在哪些阻碍资本主义产生的因素？如果从韦伯的经济命题中把他对法律的认识剥离出来,需要研究的问题就是,在韦伯的理论体系中,法律在资本主义这样的社会结构中处于什么样的位置,与资本主义的诸要素具有怎样的关联？与此相对的,是他对传统中国法律认识的逻辑:为什么中国不能产生西方的形式理性的法律制度？存在哪些阻碍因素？

在韦伯对中国法的论述中,历史文献事实上是为韦伯的类型学服务的。通过史实直接描述的中国法是简单的,模糊的,中国法的形象毋宁是通过政治制度和社会观念推导出来的。而韦伯认为,这正是社会学的研究目的。"社会学意图在于对社会行动进行诠释性的理解,并从而对社会行动的过程及结果予以因果性的解释。"[16]解释的方法是通过类型的建构:观念和制度之间的对决关系,在理论思维的抽象中以纯粹的形式呈现(虽然在现实生活中它们从来都是你中有我、我中有你的彼此包容镶嵌的关系)。韦伯认为,观念类型并不是对现实的描述,它的目的是为这种描述提供明确的表达手段。它不是一种前提,而是要指导前提的形成;它不是历史现实,也不是把历史现实结合在一起的系统,而是一个边际概念,据此可以去估量现实,以阐明现实的某些重要本质成分,并且同现实进行比较。[17]因此,韦伯对作为形式理性对照的中国法形象的论述,是一种解释性的理解而非陈述史实。

三、韦伯对传统中国法形象的描述和论证

(一) 传统中国法停滞在法律史的原始阶段

如前所述,中国社会和法律在韦伯眼中是停滞的、原始的形态(因此

不难理解为什么韦伯选取的中国史料,没有历史阶段的划分)。当然韦伯也注意到了法律回应社会的需求和变化,比如,王安石变法,明清税收制度的变革。但是这些变化仍然停留在一个稳固的社会结构之内;这个稳固的结构韦伯称之为中国的传统主义。它包含两种势力:一个是家产制的君主支配,另一个是家族和氏族。这种社会结构决定了法律规范的形式和内容以及司法的性格。[18]

首先是双层的法秩序的存在:官方的法律规范和法律制度;强势的社会团体内部的法秩序,主要包括行会和氏族。[19]在官方的法律规范中,氏族是作为"负担租税与徭役的家族责任团体",或者说"有利于国王行政的赋役制团体"[20]。氏族不仅而且拥有强大的自治权力和裁判权力。城市的居民同时也是氏族的成员。"个人的一切经济生存全靠其为氏族成员的身份,个人的信用通常即为氏族的信用。"[21]甚至地主的权力也受到氏族势力的制约:任何人想变革,想提高传统的赋税,都要与这一团体达成妥协,从而防止了地主对佃农的过度榨取。[22]氏族在其村落设有学校及仓库,维持农地耕作,负责救助,与外界械斗,料理和抚恤。不仅如此,氏族对其成员拥有相当的法权:可以为其成员立法,清理债务,可以干涉继承并对族人的劣性负有裁判责任。[23]相对于氏族的法律地位,行会在法律上并没有明确的地位(作为法人),不能作为法律团体缔结私法或政治的条约,进行诉讼,但它在城市中扮演很重要的角色。它拥有强大的经济实权,拥有控制非团体成员的强制性力量。[24]

官方的法律规范处于原始的状态,一方面是法律的形式。法律虽然具有"相对简明的公文形式",在编排上也具有某些"体系性",但是,这些编排是"机械的",并不是法典编纂。[25]另一方面,在法律规范的内容上,正如梅因的见解,法律愈古老,刑事法愈发达,民事法愈薄弱。韦伯同样认为,传统中国法的原始性表现为刑事法规范多,私法的规定很少,民事权利没有确实的法律保障。首先是民事权利在官方的法律中的缺失。对于个人来说,"根本没有"个人的自由权,私有财产制度只受到"相对的保障"。[26]在司法裁判中,没有民法与刑法的区分,任何诉讼皆为对违法行为的诉讼,也没有发展出契约的法观念。[27]在氏族的法秩序中,虽然强大的氏族对其族人的劣性负有裁判责任,但在原始法社会中,氏族伙伴与行

第四章　德国现代化理论中的中国法

会伙伴彼此之间,是透过主客关系或恭顺关系而结合在一起,根本没有恢复民事权利的诉讼。韦伯指出,由于对不遵从诚实信义者缺乏法律强制,债务无法追诉,失望的债权人唯有巫术程序,或以自杀来威胁,甚至真的自杀。[28]其次,传统主义所决定的法律的性质是寻求实际的公道,"而不是形式的法律"[29]。法律中混合了礼仪的、宗教的、巫术的观念。韦伯举例说,在中国,一个将自己住屋卖掉的人在遭遇穷困时,就会赖在买主家里,如果买主不顾同胞有互助之谊的古俗,他就得担心鬼神作祟,因此贫穷的卖主即可不付房租强行搬入原屋居住。[30]

家产制的君主支配决定了司法的行政性格。[31]这种性格主要表现为,完全依靠公文办案以及政府或高级官员对案件的非法干预。韦伯把第一种司法现象称之为案卷司法;另一种司法现象称之为专制司法。[32]案卷司法表现为,在庭审中,中国没有西方式的律师,没有辩护词,只有参加者的书面呈文和口头交代。[33]专制司法最鲜明的体现是中国皇帝对司法过程的干预。韦伯指出,中国的皇帝通过两种方式干预司法过程。其一是发布带有训诫和命令性的诏令,其二是直接介入具体案件。[34]只有在违反传统规范的情况下,"君主如果太明目张胆地违背法律,特别是违反了被视为神圣的,又为君主自身正当性所赖以为基础的,传统的规范时,就得冒失去王位的危险"[35]。除此之外,皇帝凭借自己的意志理解和权衡案件,完全不受确实的法律约束。

(二)韦伯的论证逻辑:为什么中国法无法发展出形式理性

1. 传统中国政治和社会团体的结构方式无从产生形式理性的法律

(1)君主家产制的国家形式对传统法的影响

在韦伯的理论体系中,中国是君主家产制的典型。[36]这种国家形式决定了传统法难以发展出形式理性。[37]一方面是因为君主家产制的国家政体本身缺乏法律对权限的制约,另一方面,作为君主家产制权力的运行方式,中国的官僚制度,存在的种种非理性因素妨碍了司法裁判的合理性。

第一,君主家产制的机构性格成为法律的形式理性的障碍。

为什么君主家产制的国家政体内缺乏法律对权限的制约?韦伯的解

释追溯到君主家长制产生的历史。君主家产制由家父长制发展而来,即由行政原始担纲者的家内支配,超出原始范围进入某种政治权力。家父长制的支配源自家长对其家共同体的权威——一种严格的、个人化的、自远古以来即被视为当然的恭顺关系;根植于共同生活在一起,一个命运共同体的事实——并非来自抽象的、形式的理性规则;因此家父长的权力不受法律制约。[38]

同样,在君主家产制中,除了受制于传统,支配者的权力同样可以不受形式的理性规则的阻挠。韦伯说,政治权力缺乏法律的限制,法律的制定和发现于是带有行政的性格。当面临法律逻辑的抽象的形式主义与他们欲以法律充实实质主张的需求之间矛盾的时候,君主家产制的支配者不愿意受到任何形式的限制,即使是他们自己制定的规则。[39]

第二,官僚体制中的非理性因素对司法裁判合理性的妨碍。

政治环境对于司法裁判合理性的影响是直接的:"君主制支配者的支配机器越合理,权力运作越通过官吏进行,在其影响下的司法裁判,越具有合理的性格。"[40]然而,中国的官僚制度存在哪些种种非理性因素妨碍了司法裁判的合理性?

首先是封建的要素在官僚体制中的遗迹。虽然中国自秦以来经历了从封建制度向官僚制度的转变——即封臣从古代统治者子孙中挑选出来组成的"家族国家"向根据功绩和皇恩严格晋升的官僚秩序的转变——但在这个过程中,封建的要素并没有完全退出,任人唯亲的现象长期存在。[41]"我们经常发现廷臣与地方官吏行为的不可计算与不确定,支配者与仆人之间经常变幻莫测……一个私人,如果能熟练利用既存的环境与人际关系,很有可能取得一个拥有无穷获利机会的特权地位。"[42]

其次,中央试图建立一套精确、统一的控制地方的官僚网络,比如禁止在家乡州省任职,和三年一调的制度,它同时导致的一个后果是使中央任命的官吏无法在其统辖地区扎根,并且造成官吏对非官方身份的顾问指导的依赖。地方官依靠非官方身份的一大批助手,自掏腰包养活他们,获取庶务和风水的知识。如果遇到无法通晓地方语言的情况,官吏更无法亲自治事,行政和法律工作就掌握在其幕僚手中。[43]

家产制中存在的制度非理性的因素还包括贪污和贿赂。"家产制支

第四章 德国现代化理论中的中国法

配下,只有达官贵人,才有迅速致富的机会。中国官员积累财富的源泉,并非来自交易的营利所得,而是来自对子民租税能力的榨取。为了让支配者及其官吏执行职务,子民必须贿赂,因为支配者与官吏拥有广大的、自由施与恩惠及专断而行的活动空间。官吏的权力,基本上也只受到传统的限制,以此,物质与人的革新,置于支配者及其官吏任凭己意而行的支配下。"[44]如此普遍的、严重的贪污和贿赂的产生需要在下文韦伯对于官僚的俸禄和家产制货币制度的论述中得到解释。

(2) 君主家产制的经济制度对传统法的影响

在韦伯所论述的社会诸因素对法秩序的影响作用中,经济因素仅占间接地位。[45]经济因素对法律的作用力相当的曲折:法律可以保障经济利益和经济秩序(虽然法律强制作用于经济领域效果有限),经济的作用也只在于促进法律的理性化。[46]然而,在理解中国传统法秩序的问题上,韦伯着力论述官僚的俸禄制度和家产制货币制度是必要的。正是由于不够稳定的货币制度,中国长期采用实物地租的方式作为官僚的经常性收入。此种俸禄形式阻碍了理性法秩序的存在。

官僚作为一个持续性的结构,需要经常性的收入作为维持。获得这种经常性收入的前提是政府存在一个稳固的租税制度。只有完全成熟的货币经济才能为租税制度提供一个稳固的基础。[47]然而中国货币经济的发展水平很低,一般等价物不够统一,不够稳定。[48]一方面是技术原因:原始的采矿技术与铸币技术。主要的还是政治因素:采矿和铸币是政府部门的经济特权。政府垄断收买矿物,但将矿物运往北京,成本巨大。矿产地区还常常受到外敌入侵。战争,动乱,或将铸币改造成武器,或导致矿场封闭,或用于寺院庙宇的工艺美术,私人仿造的情况屡禁不绝等状况导致货币质量和储备量的不稳定。铸币价值的大幅度变动影响物价和纳税,因此无法在货币赋税基础上建立统一的预算。通货极不稳定,政府于是一再采用典型的实物地租的措施,即通过租税和徭役满足国家的需要。[49]"贡租以实物形式贮藏于仓库,以提供官吏的俸禄和军队的给养。"[50]

实物租税的形式给中国的官僚制度带来了重要影响。首先是实物租税本身的不确定。韦伯认为,实物计算必得为各个对象找出价值指标,而以此指标担负起现代会计中"决算价格"的功能。实物计算的解决方式通常不依循传统或依凭相当粗略的估算。而这种计算只有在同质性的财货范围内方有可能,否则边际效用的计算便陷入极为复杂的状态。[51]

官员的俸禄由实物改变为货币的方式,也存在很大问题。政府支付的俸禄是官员实际收入的一小部分,甚至是微不足道的一部分,其余的是从实际征收来的租税和捐税中扣除应支付的行政经费,剩下的保留给自己。这种做法是一种心照不宣的官吏的事实权力。官吏不仅需要从收入中支付其管辖区民政和司法事务的开销,还需要支薪给他的幕僚。官吏的每一项公务活动都必须以礼物回报,法定的收费表是不存在的。光就地租一项,专家估计,官方宣称的税收与实际的税收,两者间的比率是1:4。[52]官员不能参与营利,否则被认为是道德上的缺陷。[53]于是,官员越是在实际上依赖官薪,越是迫切利用官职牟利。加之官吏可以任意地免职或专任,地位朝不保夕,敛财是难免的。因此,这种非理性的官僚群的收入方式很难保障一个理性的法秩序。

此外,韦伯还将中国的俸禄与权限的概念联系起来。他认为,与西方国家相比,中国的俸禄具有与采邑不同的法律意义。俸禄是一种服务报酬,基于官职而非在职者。[54]采邑是封臣的个人财产,具有高度的个人性,不能分割。封臣的权利根据契约而来,可重新缔结,可继承,采邑持有者的地位通过一种存在于封主与封臣间双边契约得到保障。[55]而俸禄的占有越是发达,家产制政体越是缺乏权限的概念。[56]

2. 儒教教义及传统观念与传统中国法律思想和制度的塑造

(1)官僚群知识背景塑造了独特的司法和行政方式并阻碍了独立法学的产生

传统中国的统治阶层由读书人构成[57],他们接受的教育具有特殊的"文献性格",目的在于"训练教养"[58],官职与品位通过考察经典知识和由此产生的思考方式决定。人文教育给传统法发展带来两个后果:其一,中国的法官缺乏专业的法律训练背景;其二,儒教的现世主义阻碍了独立的法学的发展。

第一,人文教育导致法官缺乏专业的法律训练背景。

中国的人文教育将书写的性质发展到极端[59],它给受教育者带来的

第四章　德国现代化理论中的中国法

直接后果是:一方面,文字的图像特色使得中国的思维停滞在相当具体直观的状态;另一方面,口头表达没有成为教育训练的内容,口语被认为是庶民的表达方式。[60]因此,演说术在中国无法得以发展,概念、逻辑和推理的思维方式也是中国人所陌生的。[61]口语和文字的教育差异给司法审判带来的影响表现为案卷司法。庭审中没有辩护词,只有参加者的书面呈文和口头交代。[62]

人文教育给法律带来的另一个问题是:"这种纯化的,受经典束缚的沙龙教养,如何能治理广大的疆土?"[63]韦伯分析说,"中国的官职受禄者通过其文书形式之合格与准则的正确性,证明其等级资格,证明其神性;实际上的管辖工作则由下层官僚负责。通常的事件就任其自然,只要事件的发生不涉及国家的财政和权力,只要传统的势力——氏族,村落,行会,其他职业团体——仍作为秩序的正常承担者。老百姓的憎恨和不信任,主要针对与人民实际接触最密切的下层统治者。尽管,民间戏剧中个别官吏的尊严受到人民的嘲笑,但是文献教育的威望深植于民众心中"[64]。传统观念认为,皇帝与官僚德性治天下,而非以才能治天下。只要为政以德,即能各物所安。德性的养成来自于古典人文教育而不是专门知识的训练。韦伯说,人文教养的知识背景决定了应所具有的最重要的本领是"吟诗挥毫,诠释经典文献"[65]。法官的知识背景决定了其作出判决的依据并非专业的法律知识,相当程度上受到了经典文献的影响。因此,中国法官作出判决的依据并不是"形式的律令"、"一视同仁"的法观念,法官根据被审者的实际身份以及实际的情况,或者根据实际结果的公正与适当来判决。[66]

第二,儒教的现世主义阻碍了法学的发展。

现世主义首先表现为顺应现世的态度。韦伯说,经过孔子对古代文献系统的净化工作,礼成为政治准则和社会礼仪的法典,它要求对俗世及其秩序和习俗的适应。[67]儒教徒只想通过自制,机智地掌握此世的种种机遇:如何交友、做人、对待爱和报复,以及学习人与人之间关系冷静的调节。在儒家看来,这个世界是所有可能世界中最好的一个。世人应当顺应道;顺应共同的社会要求;顺从世俗的稳定秩序。[68]顺应的态度同时也意味着关注现实问题的同时缺乏对现实的思辨。受教育者"受到正统解释经典作者的固定规范的约束,是极度封闭墨守经文的教育"[69]。从而导致中国没有产生希腊哲学的思辨和系统,缺乏西方法律学具有的形式理性。

现世主义的第二个表现是儒教对政治权力的服务关系。士人是文化的代表,但他们服务于君侯,并因此获得收益。"中国的哲学始终以全然的问题与家产制官僚体系的等级利益为其思考的取向,它离不开经书,缺乏辩证性。"[70]韦伯指出,这种服务关系使得他们原先精神的自由活动停止了。[71]"相对于中世纪的骑士军事教育和文艺复兴时期的沙龙绅士教育,对早期经由经典、教士、僧侣传授的教育来说,是一种抗衡力量。中国没有相抗衡的教育形式;相对于印度,文献教育以宇宙起源学说和宗教哲学的思辨,中国的知识阶层,从来不是自主的学者阶层,而是一个由官员和候补人组成的阶层。没有理性的科学,理性的技艺训练,理性的神学,法律学,医学,自然科学和技术,没有神圣的权威或者势均力敌的人类的权威,只有一种切合于官僚体系的伦理。"[72]

(2) 中国传统观念对法律思想的影响

第一,中国传统观念中无法产生类似西方的自然法思想。

首先,秩序神的观念导致中国没有先知和预言。

儒教伦理全面地拒绝了任何形而上学的教义、理论的体系化和真理的决疑论,它的追随者是维持现世秩序的官僚,因此,在这种教义影响下很难产生"先知"[73]。预言的启示会导致人内在生活态度和外在世界之间的强烈的紧张关系[74],但在中国这种紧张关系也并不存在。

中国的神被韦伯归为秩序神。在韦伯看来,自秦以后,中国逐渐成为和平化的帝国。在宗教思辨平静发展的时代,受威胁的命数已经不再是整个生存的中心,也不是百姓关心的事,对于百姓来说篡位或者外族入侵,不过是改朝换代,而生活秩序是不变的。[75]中国几千年来牢不可破的国内政治与社会生活秩序,被归于神的保护。"上天是古老秩序的保护者,也是合乎理性规范的统治所保证的安宁的保护者,而不是非理性的命运急转的根源。"[76]因此天是秩序之神。

秩序神拥有非人格的权威[77]:"不向人类讲话,而是通过地上的统治方式,自然与习俗的稳固秩序,所有发生人身上的事故,来启示人类。"[78]

人民的幸福显示上天的满意和秩序的正常运转。君主作为神的最高祭司,通过神性的品质证明他是上天委任的统治者。通过军事上的胜利、好天候、秩序的稳定证明自己。[79]因此中国的神与现实生活是一种和谐、合一的关系。

其次,巫术观念无法产生救赎意识。

实际上,韦伯对于道家和后来发展起来的道教有一定的区分,他认为,老子所追求的是淡淡的神秘,并否定狂喜和纵情。只是后代的巫师,自认为是老子的继承者,将巫术的一些特质与道家学说混合。道教是从士人的遁世学说同古老的入世的巫师职业相结合中产生出来的,配合了长生不老术的需求。道教始终占据了政府权力的一部分,并在民众中存在很大的生命力。[80]然而,相对于西方的异端宗教,中国下层的巫术意识从来没有发展出伟大的救赎预言,也没有发展出规制生活的宗教手段。在韦伯看来,这是因为道教是一种绝对反理性的,非常低下的巫术性生长术、治疗学和消灾术,无法产生救赎的思想。

神秘主义只能追求自我的救赎。奉行道教的主体,在韦伯眼中,是庄子书中提到的隐遁者,是从尘世中抽身,捕捉神秘感觉的人,并持有一种处世的神秘主义的态度。老子的神秘主义,只能追求自己的救赎,只能以身作则,不会诉诸宣传或社会行动。一个人只有将自我绝对虚化,摆脱世俗的利益和热情,完全无所作为,才能及于道。因此,这造成神秘主义者与现世断裂的态度。[81]

神秘主义者对理性知识加以谴责,却崇尚迷信和奇迹。他们认为典籍知识有碍于真正的悟化,臣民太多的知识和国家太多的管理,都是真正危险的罪恶。受到这种教义的影响,各种经验知识与技能都朝着巫术的世界方向流动,比如天文学,变成了占星术。[82]道教根本没有自己的伦理,是魔法而非生活方式决定了人的命运。因此在韦伯看来,道教等同于非理性。

第二,中国的传统思想无法产生个人主义和契约自由的法律观念。[83]

对于儒教徒来说,经济问题,首先是社会伦理问题:物质上的富裕,只是"用以提升道德的极为重要的手段"[84]。韦伯认为,西方个人主义的产生,是从形式法与物质公平之间的紧张对峙中产生出来的,而在中国没有办法产生西方自然个人主义的社会伦理。家产制的经济理想是物质的公平。中国有文化的统治阶层认为,它理所当然地应该是最富有的阶层,不过为了让普天下的民众满意,最终的目标是尽可能普遍分配财富。因此,个人自由的任何领域都没有得到自然法的认可,私有财产制度事实上只有相对的保障。[85]

而在清教伦理的影响下,西方社会冲破了氏族的纽带,建立起信仰的共同体,这一共同体优越于血缘的共同体;西方社会将一切都客观化,转化为理性的企业和纯客观的商务关系,用理性的法律与协约取代传统。[86]中国的传统观念力图将个人一再地从内心上与一个团体(氏族)联系在一起。这种伦理维护了氏族对个体的束缚。政治与经济组织形式的性质,以及所有的共同行为,完全受到血缘关系的包围和制约。在这种思想环境中,没有产生个人主义和契约自由法律观念的可能。

四、作为形式理性的参照,传统中国法应归于何种类型

如前所述,通过韦伯的论述可以清楚呈现的中国法,首先是处于法律历史的原始阶段的法,其次,是无从产生形式理性的法。而韦伯没有清楚论证的是,到底中国法的性质应归于何种类型。

在韦伯看来,西方的形式理性的法律来源于罗马法分析和抽象的性格。[87]法律的形式理性表现为通则化和体系化。通则化是把决定个案的各种典型理由化约成一个或数个原则,即产生法命题;体系化是将所有透过分析而得的法命题加以整合,使之成为逻辑清晰、不会自相矛盾、尤其是原则上没有漏洞的规则体系。[88]韦伯指出,与形式理性相对应的法包括三种形态:他们共同受制于神圣的传统(各自的传统可能是不同的),在碰到传统无法清楚决定的案例时,或诉诸具体的启示,神谕、预言或神

第四章　德国现代化理论中的中国法

判,即"卡里斯玛的判决";或诉诸某种具体伦理的,或者其他实践的价值判断所作的,非形式化的裁判,即"卡地裁判";或形式化的裁决,不过并非给予理性概念下的前提假设,而是援用"类推"以及具体"判例"的解释,即"经验的裁判"。[89]

而法律的实质理性是与形式理性相冲突、相对应的存在。[90]法律的实质理性,在处理法律问题时,依据的并不是经由抽象逻辑概念分析得来的规则和原则,而是包括伦理的、功利的或其他目的取向的规则。实质的合理性是可以付诸实现,并合乎实际社会设计的理论系统,其适用性通过不断回归到具体的问题和现实秩序中实现。[91]在韦伯看来,典型的实质理性的法是家产制的法和宗教法。[92]

与法律的形式理性和实质理性共同相对立的是"法律的非理性"。韦伯论述说,非理性表现为,在处理法律问题时,或使用理智所能控制之外的手段,如诉诸神谕或类似的方式,即所谓形式的非理性;或是全然以个案的具体评价,将伦理、感情、政治等价值判断,作为决定的基准,即所谓实质的非理性。[93]

所以,实质理性和实质非理性之间的界限在于,当遇到传统无法解决的问题时,实质理性诉诸的是功利的及公道的原则,而实质非理性不会诉诸任何规范,它只会进行个案的具体评价。简而言之,两者的区别在于是否在作出判决的资源中存在一个一般规范,如果法官通过功利的或者公道的一般规范进行判决,那么属于实质理性,比如依据圣经。而如果不存在一个一般的规范体系,那么属于实质非理性。

作为形式理性相对立的中国法,属于实质理性还是实质非理性呢?韦伯的相关论说是存在矛盾的。一方面,韦伯认为,中国法官作出判决的依据并不是"形式的律令"、"一视同仁"的法观念,而是"实在的个体化和恣意擅断":一是君主的司法擅断,二是法官家长式的审判。君主握有完全自由的裁量权,或根据个别情况下达命令,或者对其官吏发布包含一般性指令的行政规则,并且这期间并没有任何法律的保障。而法官"根据被审者的实际身份以及实际的情况,或者根据实际结果的公正与适当来判决"。在他们撰写的判决意见中,充满了文学修辞和对美德的阐发,而非严密的法律说理。此种表征类似于"所罗门式的"卡地司法,也类似于英国治安长官处理法律问题的风格。

　　同时,根据传统中国君主家产制的国家形式,和儒教在中国传统思想中的地位,中国司法又被认为具有实质理性的性格。韦伯认为,政体和宗教的类型决定了法律是否具有实质理性的特征。"神权政治或专制主义的司法,都是根据实质的原则。在俗世的支配关系的范畴里,实质层面的理性化首先在家父长制官僚体系中生根,并且在开明专制时期达到高峰。"[94] "宗教法地区具有法律的实质理性化的特征,包括中国、印度、回教的神圣法和中世纪的教会法。"[95] 一方面,家产制君主的法创制通常会相当尊重传统。如果君主太明目张胆地违背法律,特别是违反了被视为神圣的、又为君主自身正当性所赖以为基础的、传统的规范时,就得冒失去王位的危险。另一方面,支配者的司法活动并不是恣意的,而是存在目标的,他们的目标是使法律符合权威实用—功利的伦理目的。[96] 司法机关重视的是探究实质的真相,追求社会秩序的实质的原则,不管内容是政治的、福利功利主义的,还是伦理的。[97]

　　韦伯的确将传统中国司法与卡地司法和英国治安长官的司法风格进行类比,但是通过卡地司法和英国法反推中国法的性质仍然是存在问题的。因为,韦伯对这两种司法性质的论述也是存在矛盾的。有时在韦伯的论述中,卡地司法仿佛是实质理性的类型之一。"诉诸某种具体伦理的,或者其他实践的价值判断所作的,非形式化的裁判,即卡地裁判。"[98] 但根据别处的论述,卡地司法仿佛又具有实质非理性的性格。韦伯说,希腊的法庭,类似卡地司法,"二造用感情、眼泪、谩骂以感动审判官"[99]。韦伯还说,卡地是回教国家的法官,特别负责有关宗教法的裁决,回教长老的权威性解答,随机而定,因人而异,就像神判一样,没有附带任何理性的理由。[100] 卡地裁判完全没有合理的判决理由,既严格束缚于传统,又带有支配者之专断与自由裁量。卡地司法是"完全没有合理的判决理由,随机而定因人而异",还是"诉诸某种伦理的,或其他实践的价值判断"?如果是前者,那么卡地司法属于实质非理性,而不是实质理性。

　　对于英国法,韦伯的矛盾同样存在。在实质理性的资源中,经验的裁判比较符合英国法的情况。法官将法律问题部分从这种未识别的状态汇总抽离出来,这些裁决方能转化成现行法的构成要素。比如,韦伯说,英国现行商法的一大部分即由曼斯菲特爵士加以定式化,并赋予法命题。[101]但是,韦伯同时也在多处指称英国法是非理性的。[102]首先韦伯认为英国法官的思考,至今在极大程度上是一种经验性的技艺,带有真正的卡理斯玛的性格。裁判依个别法官纯个人的权威而定。[103]此外,英国的素人裁判(陪审制)在形式上,"简直就像一种非理性的神谕"[104]。一般认为由宣誓者(陪审团)处理"事实问题",而由法官处理"法律问题",显然是错误的。陪审团毋宁也决定某些具体的法律问题,只不过并不会因此而对未来其他事件的判决形成判例。换言之,陪审团对法律问题的决定是英国法被认为具有非理性性格的缘故。而且在韦伯看来,英国法的性质不能一概而论。凡呈递到中央法庭处理的事件,以严格形式的方式处置;而处理大众日常交易和犯罪的治安长官的裁判,具有非形式的、率直的卡地裁判的特点。[105]

因此,我们无法从韦伯的思想体系中看出中国司法到底是实质理性还是实质非理性的性格。理解韦伯的矛盾除了考虑到韦伯所能利用的史料有限[106],还应看到韦伯对传统中国法的描述是一种解释性的理解而非对史实的论断。因为,从上面的论述,无论是中国法的实质理性还是非理性,韦伯都是从政治结构和社会观念推导得出的,是逻辑和理念的产物,是社会学的研究而非历史学的研究。韦伯指出,在所有事例中,不论是理性的或是非理性的对象,社会学和现实之间都保持着距离。理念型越是尖锐而明确地构建出来,意味着它越是远离真实的世界。但在这层意义下,理念反而愈能善尽其责,达成它在型塑专门概念、进行分类和启发上的功能,从而更有系统地认识周遭的世界,并在此基础上进行因果推论。[107]而且,在现实中,受到各种非理性因素的影响,纯粹的理性行动会出现不同程度的偏离现象。[108]比如,他说,支配结构的基本类型无法简单地编入一个发展序列,而会出现多种多样的结合方式。[109]在法制型支配的例子中,从来就没有纯粹法制的信仰,对法制信仰的建立即成为习惯,意味着,它有一部分是传统的,也可能含有卡理斯玛的成分。[110]正如韦伯在1902年有关社会学方法论的论文中所表明的,社会学的意义在于解释而不是发现规律,观念类型是认识历史的方法,而不是类似自然科学中的公理和定律。因为观念类型的特性是从现实中推导出来的,是逐渐从历史研究中形成的,随着对历史更丰富、更深入的认识,现有的观念类型必然被不断的重新认识和修正。

五、余论:兼评中西方学者对韦伯论传统中国法的倾听和质疑

马克斯·韦伯的汉学研究和分析风格得到了学术界的普遍认同和赞赏[111],当然这其中也伴随着对韦伯论述历史细节或结论的质疑和争论。[112]

对韦伯的质疑主要是从中国法归属于何种理性类型展开的。韦伯的支持者认为,传统中国存在司法任意,缺乏一种确定性,中国法的性质符合韦伯的实质非理性,符合韦伯提出的卡地司法。支持者的理由延续了韦伯有关君主家产制政治结构和社会观念对法律及法学影响的论述。[113]而反对者认为,传统法制对民、刑事件的处理是有一系列规则的。传统法制很少存在司法任意。遇到法有明文规定的事件都依法办理;在没有法或法的规定不很明确的情形,便寻找成案,如有成案,便依照它来处理同类案件。同时,反对者也不同意中国传统社会不存在法学的说法。[114]随着诉讼档案等更为丰富的史料得到法律史学界的重视,另有一些学者运用新的历史事实在韦伯的类型学内部重新认识中国法的性质。比如,黄宗智主张用"实体理性"理解中国传统法律制度[115],徐忠明认为,中国传统司法裁判属于"形式化"与"实质化"的有机结合。[116]对于中国法性质的思考分歧首先来自史料的来源。不过,即使面对相同的史料,不同的研究者也会产生不同的解说。[117]参与争论的学者还对问题本身的意义提出了质疑:中国古人对法律的认识和研究并不局限于法律自身,探讨中国传统法律属于何种理性类型是一种历史的错位。[118]

继而,有关中国法性质的讨论引发了对中国法律史本身研究方法和

第四章 德国现代化理论中的中国法

态度的反思。批评者认为,目前中国的法治和法学过分抬高了西方法律和法学,贬低了中国传统法律和法学,应重新审视中国传统的法律经验和法学智慧。[119]还有学者认为,这些问题,实际上是遵循着黑格尔、马克思、韦伯等西方经典理论中以中国作为他者的陪衬型思路,没有走出费正清在中国近现代史研究中运用的"冲击—回应"模式。在法的普适性概念笼罩下,中国法先验地在许多方面赋予了与西方法一致的特征,如法律与相关规范领域的界限,话语体系,部门法的分类模式,等等。需要反思性地运用现代语言和概念,在中国的语境中尽可能厘清更为真实的中国古代法。[120]

历史档案中有虚构,文学虚构中也有真实。[121]当学者们在历史学的领域研究和思考类型学所映照的是否是中国的事实,他们已经远远走出了韦伯。在历史研究和类型学之间,韦伯始终有一个清晰的界限。韦伯的类型学是为了更好地认识历史现象,当我们对历史现象有了更丰富更深入的认识,还有必要重新去对应作为认识起点的那个类型吗?韦伯类型学不在于提供真理,意义在于去提供更加丰富的研究线索。

D. C. Macrae 认为,韦伯为我们呈现的是一个迷宫:只有他的创建者才清楚地知道他所描述的国家形象,其他人只能通过间接的曲折的方式才能达到迷宫的中心。而其中的一种失望是当到达迷宫中心时,却发现这个问题可能并不是有意义的。许多论述仍然需要再解读。在我们评价韦伯的分析之前,我们必须清楚地知道韦伯试图说些什么。[122]本章的努力即在于此。

注　释

〔1〕参见〔德〕玛丽安妮·韦伯:《马克斯·韦伯传》,阎克文、王利平、姚中秋译,江苏人民出版社2002年版,第350—351页。"在创造力迸发的第一个时期,韦伯的认知与表达欲望是直接正对着现实本身的某些方面,针对着从政治经济学和政治角度来看具有重大意义的法律史与经济史的各种事件。""他关注那个时代的政治和社会问题,并把自己的研究成果归到了一个民族国家的理想名下,他在这些理想的指引下去评价现状,根据这些现状来确定政治目标。"1902年后,"韦伯从大学教师和政治家活跃的生活状态被迫转入了安安静静做学问的生活状态",他开始"专注于学科的逻辑和经验问题"。"他产生了研究世界史的强烈愿望,一种尽可能把握和描述世界

上一切重大事件的冲动。"

〔2〕韦伯说,"读书对一个人的影响是非常真实的"。韦伯的阅读对象包括斯宾诺莎、叔本华、康德、马基雅维利、库尔提乌斯、蒙森、特劳奇克、德国历史小说作家黑林、司各脱、荷马、希罗多德、维吉尔、西塞罗、萨卢斯特,等等。少年的韦伯喜欢荷马,并不喜欢西塞罗,他还崇拜希罗多德和莪相。韦伯在大学时期学习法律,阅读了大量法理学、历史、经济和哲学著作,并迷上了罗马法。他还研读中世纪史教程,兰克的《拉丁与日耳曼人史》、《现代史学家批判》,黑格尔、施特劳斯等人的神学著作。钱宁、康德以及更早的费希特那里所表述的"政治与社会政治制度的目的就是发展出一种独立自主的人格"的观念成为韦伯一生中的根本准则。韦伯的书单中还包括各种各样的著作,如卢梭的《爱弥儿》,伏尔泰、孟德斯鸠、泰纳的全集,以及一些英国作家的作品。参见同上书,第59—80、102—106、290页。

〔3〕参见〔英〕亨利·萨姆奈·梅因:《古代法》,高敏、瞿慧虹译,九州出版社2007年版,第3—15、167—213页;〔德〕黑格尔:《历史哲学》,王造时译,世纪出版集团、上海书店出版社2006年版,第97—128页。

〔4〕韦伯认为,在古代和中古社会中也存在自由协议,不过契约的意涵在其中发生了变化。原始契约在内容上意味着人们在法律整体资格上的转变,即人们的整体地位和社会行动样式的变更。比如,结拜兄弟,意味着,每个参与者都必须让另一个灵魂驻进来,和血濡沫,举杯共饮,借着类似的武术手段举行泛灵论的仪式以创造出新的灵魂,以彼此的整体态度举止来相应于兄弟关系的义理。相对的,目的契约是一种目的仅止于经济或效用的协议,并不关涉当事人的身份。〔德〕韦伯:《韦伯作品集IX·法律社会学》,康乐、简惠美译,广西师范大学出版社2005年版,第39—42页。

〔5〕同上书,第130页。

〔6〕同上书,第134—137页。

〔7〕同上书,第216—316页。

〔8〕同上书,第339页。

〔9〕〔德〕黑格尔:《历史哲学》,王造时译,世纪出版集团、上海书店出版社2006年版,第8页。

〔10〕同上书,第64页。

〔11〕同上书,第70—73页。

〔12〕同上书,第96—128页。

〔13〕比如,韦伯将经济理性描述为:对于当前与未来可以处分的效用,有计划地分配;根据被估算的重要性顺序有计划地分配不同用途;以货币所得的经营管理的形态出现;有计划地筹措制造或运输;有计划地区的效用的处分权。韦伯将宗教理性描

第四章　德国现代化理论中的中国法

述为:摆脱巫术的程度,以及将上帝和世界有系统地统一起来的程度。韦伯认为发现东方理性主义的特殊性,以及理性主义在西方文明中发挥的作用,是自己最重要的发现之一。

〔14〕〔德〕韦伯:《韦伯作品集 IX·法律社会学》,康乐、简惠美译,广西师范大学出版社 2005 年版,第 319 页。

〔15〕〔德〕韦伯:《韦伯作品集 XII·新教伦理与资本主义精神》,康乐、简惠美译,广西师范大学出版社 2007 年版,第 12—16 页。

〔16〕〔德〕韦伯:《韦伯作品集 VII·社会学的基本概念》,顾忠华译,广西师范大学出版社 2005 年版,前言第 3 页。

〔17〕同上书,第 7、26—29 页。

〔18〕〔德〕韦伯:《韦伯作品集 IX·法律社会学》,康乐、简惠美译,广西师范大学出版社 2005 年版,第 134 页。

〔19〕韦伯划分了两种社会秩序的形态,一种是"天然秩序",一种是"制定秩序",天然秩序是人类适应社会生活的行为,是对冲动和本能不断的调试。人类社会的发展并非纯粹的从天然秩序向制定秩序发展演变,韦伯认为,制定秩序不过是"理性化过程和结合体组织化过程里的一个要素",而天然秩序"绝非依存于制定秩序,而且也不会借此秩序而有所改变"。事实上,无论在天然的秩序中,还是在制定的秩序中,只要存在强制手段,法秩序就会存在和运作。实施强制手段的机构可能是国家,也可能是社会团体。某些社会团体的强制手段甚至比国家还要有力。因此,韦伯所描述的传统中国法,不仅包括制定秩序(即官方的)法律规范和法律制度,还包括主要社会团体的法秩序,中国的行会和氏族。〔德〕韦伯:《韦伯作品集 IV·经济行动与社会团体》,康乐、简惠美译,广西师范大学出版社 2004 年版,第 195—205 页。

〔20〕〔德〕韦伯:《韦伯作品集 IX·法律社会学》,康乐、简惠美译,广西师范大学出版社 2005 年版,第 134 页。中国的地方团体在官方法律上只是作为负担租税和徭役的家族责任团体而存在,但并未在官方法律的法概念中表现出来。

〔21〕〔德〕韦伯:《韦伯作品集 V·中国的宗教》,康乐、简惠美译,广西师范大学出版社 2004 年版,第 44—45 页。

〔22〕韦伯指出,中国的税收政策促进了古老农民氏族的团结,包括连带责任,以及将地产占有者依其财产划分为数个课税等级。同上书,第 134—136 页。

〔23〕同上书,第 143—146 页;〔德〕韦伯:《韦伯作品集 II·经济与历史》,康乐等译,广西师范大学出版社 2004 年版,第 59 页。

〔24〕韦伯论述中国行会的权力参见〔德〕韦伯:《韦伯作品集 V·中国的宗教》,康乐、简惠美译,广西师范大学出版社 2004 年版,第 45、48—52 页;〔德〕韦伯:《韦伯

作品集Ⅱ·经济与历史》,康乐等译,广西师范大学出版社2004年版,第107、219页。
〔德〕韦伯:《韦伯作品集Ⅵ·非正当性的支配——城市的类型学》,康乐、简惠美译,广西师范大学出版社2005年版,第24—25、27、35页。

〔25〕〔德〕韦伯:《韦伯作品集Ⅸ·法律社会学》,康乐、简惠美译,广西师范大学出版社2005年版,第279页。

〔26〕〔德〕韦伯:《韦伯作品集Ⅴ·中国的宗教》,康乐、简惠美译,广西师范大学出版社2004年版,第214页。

〔27〕〔德〕韦伯:《韦伯作品集Ⅸ·法律社会学》,康乐、简惠美译,广西师范大学出版社2005年版,第12—14页。

〔28〕同上书,第49页。

〔29〕〔德〕韦伯:《韦伯作品集Ⅴ·中国的宗教》,康乐、简惠美译,广西师范大学出版社2004年版,第158页。

〔30〕〔德〕韦伯:《韦伯作品集Ⅱ·经济与历史》,康乐等译,广西师范大学出版社2004年版,第170页。

〔31〕"中国的司法,以家父长制的权威,解消掉存在于司法与行政之间的区隔。"〔德〕韦伯:《韦伯作品集Ⅸ·法律社会学》,康乐、简惠美译,广西师范大学出版社2005年版,第268—270页。

〔32〕〔德〕韦伯:《韦伯作品集Ⅴ·中国的宗教》,康乐、简惠美译,广西师范大学出版社2004年版,第189页。

〔33〕同上书,第160页。

〔34〕"甚至在最近数十年,皇帝在敕令中都还根据有影响的人士给他的私人信件来干涉司法判决(1894年3月10日《京报》)。""皇帝在敕令中将没完没了的诉讼案件归因于恶劣的气候(久旱不雨)或无效果的祈祷(1899年3月9日的《京报》)。"〔德〕韦伯:《韦伯作品集Ⅴ·中国的宗教》,康乐、简惠美译,广西师范大学出版社2004年版,第158页注释。

〔35〕〔德〕韦伯:《韦伯作品集Ⅸ·法律社会学》,康乐、简惠美译,广西师范大学出版社2005年版,第270页。

〔36〕〔德〕韦伯:《韦伯作品集Ⅲ·支配社会学》,康乐、简惠美译,广西师范大学出版社2004年版,第234页。韦伯根据支配的正当性基础,把社会支配的类型划分为三种形态,参见〔德〕韦伯:《韦伯作品集Ⅱ·支配的类型》,康乐等译,广西师范大学出版社2004年版,第303页。家产制从家父长制演化而来,是传统型支配的典型形态,支配的正当性依据是取信渊源悠久的传统的神圣性,根据传统行使支配者的正当性。同上书,第323页、第324页注释;以及〔德〕韦伯:《韦伯作品集Ⅲ·支配社会

第四章　德国现代化理论中的中国法

学》,康乐、简惠美译,广西师范大学出版社 2004 年版,第 90—93、103 页。家产制支配是家父长制结构的一种特殊的变形,当君主以一种人身的强制,扩展其政治权力于其家产制之外的地域和人民,而其权力的行使仍依循家权力的行使方式时,称之为家产制国家。

〔37〕君主家产制的一般性格:缺乏形式的理性规则;缺乏受过正式专业训练的官僚群;以及显著的制度黑洞,包括官员的专断,贪污贿赂等。〔德〕韦伯:《韦伯作品集 II·支配的类型》,康乐等译,广西师范大学出版社 2004 年版,第 348 页。

〔38〕〔德〕韦伯:《韦伯作品集 IX·法律社会学》,康乐、简惠美译,广西师范大学出版社 2005 年版,第 8—9 页。

〔39〕同上书,第 220 页。

〔40〕同上书,第 217 页。

〔41〕〔德〕韦伯:《韦伯作品集 V·中国的宗教》,康乐、简惠美译,广西师范大学出版社 2004 年版,第 91 页。

〔42〕〔德〕韦伯:《韦伯作品集 III·支配社会学》,康乐、简惠美译,广西师范大学出版社 2004 年版,第 240 页。

〔43〕〔德〕韦伯:《韦伯作品集 V·中国的宗教》,康乐、简惠美译,广西师范大学出版社 2004 年版,第 94—95 页。

〔44〕〔德〕韦伯:《韦伯作品集 III·支配社会学》,康乐、简惠美译,广西师范大学出版社 2004 年版,第 239 页。

〔45〕韦伯认为法律概念的分化在方式上取决于法律的技术和政治团体的结构,而经济的因素仅占间接地位。〔德〕韦伯:《韦伯作品集 IX·法律社会学》,康乐、简惠美译,广西师范大学出版社 2005 年版,第 25—26 页。

〔46〕韦伯指出,一个经济体系,特别是近代形态的经济秩序,如果缺乏具有特殊性质的法秩序,是不可能实现的。其一,法律所保障的,不只是经济的利益,而且涵盖不同的利益:人身安全、名誉、社会优势地位。其二,经济关系有可能激烈变革,但法秩序可能一成不变。法律保障在很大程度上直接为经济利益而服务,但是法秩序背后的强制力量在经济行为的领域上能发挥的效果有限。相对的,"基于市场共同体关系与自由契约的经济理性化,以及借着法创制与法发现来调解的利益冲突的日益复杂化,在强烈地激发法律分门别类地理性化发展,并且促进政治团体往组织化机构的方向发展"。法律与经济之间的一般关系参见〔德〕韦伯:《韦伯作品集 IV·经济行动与社会团体》,康乐、简惠美译,广西师范大学出版社 2004 年版,第 225 页。

〔47〕在韦伯看来,货币是最完美的经济计算。在经济行动的取向中是形式上最为理性的手段。货币计算的形式理性的条件:自律的经济行动间的市场斗争;在斗争

与妥协中产生的货币价格;彻底的市场自由;有效需求实质地规制着营利企业的财货生产。

〔48〕〔德〕韦伯:《韦伯作品集 V·中国的宗教》,康乐、简惠美译,广西师范大学出版社 2004 年版,第 31—37 页。

〔49〕〔德〕韦伯:《韦伯作品集 II·经济与历史》,康乐等译,广西师范大学出版社 2004 年版,第 161 页。

〔50〕〔德〕韦伯:《韦伯作品集 III·支配社会学》,康乐、简惠美译,广西师范大学出版社 2004 年版,第 159 页。

〔51〕〔德〕韦伯:《韦伯作品集 IV·经济行动与社会团体》,康乐、简惠美译,广西师范大学出版社 2004 年版,第 55—59 页。

〔52〕〔德〕韦伯:《韦伯作品集 V·中国的宗教》,康乐、简惠美译,广西师范大学出版社 2004 年版,第 92—93 页。

〔53〕一方面,儒教认为心灵的平静与和谐会被营利的风险动摇。另一方面,经济、医药,都是小技,因为它们会导致专业的专门化。高等人追求全面发展,韦伯解释"君子不器",正表达了这样的观念:君子是目的本身,而不只是作为某一特殊有用目的的手段。

〔54〕〔德〕韦伯:《韦伯作品集 III·支配社会学》,康乐、简惠美译,广西师范大学出版社 2004 年版,第 204 页。

〔55〕采邑以一种独特的方式结合了看来最为矛盾的要素:一方面是严格的个人忠诚义务,另一方面是确定的权利与义务的契约。同上书,第 205 页。

〔56〕同上书,第 150 页。

〔57〕〔德〕韦伯:《韦伯作品集 V·中国的宗教》,康乐、简惠美译,广西师范大学出版社 2004 年版,第 164 页。中国统治阶层的威望来自书写和文献知识,凡不在受过人文教育的官吏管辖之下的领土,都是异端和野蛮。"唯有精通文献和古老传统的人,才被认为有资格在仪式上和政治上,正确指导国内的统辖制度与君侯符合神性的正确生活态度。"参见同上书,第 168 页。

〔58〕这种教育从一个人的儿童时期开始,即教导有关仪礼和自我控制的规则,并伴随终身。君子的理想,就是通过阅读和实践经典,全面地达到自我完善。经由这种教育的外在表现为,"机智的文字游戏,婉转的表达,洗练而纯粹的文字修养"。同上书,第 184、194 页。

〔59〕在了解字义之前的两年,读书人先学写 2000 个字符,然后将精力放在文体、诗义、古典经文的精通上。〔德〕韦伯:《韦伯作品集 V·中国的宗教》,康乐、简惠美译,广西师范大学出版社 2004 年版,第 187 页。

第四章 德国现代化理论中的中国法

〔60〕韦伯认为,中国的语言和文字之间存在很大差异。中国的文字保留着图像的特色,而中国的语言,包括听音和听调,它的严整简洁和句法结构上的严密逻辑,与文字的直观性质形成鲜明的对比。相对于希腊文、拉丁文、法文、德文、俄文,语言结构、语词音节的限制,中国的语言无法为系统性思维服务,也无法促进演说术。口语被认为是庶民的事。相反,希腊文化则认为,所有的感受与直观都是转译为对话这种合适的形式。在中国,文学文化,最精巧的作品,在一定程度上既聋又哑地交织在如丝绸般光滑中。同上书,第185—187页。

〔61〕同上书,第182、186页。韦伯认为,《论语》采用了对话的形式,但是这不是柏拉图式的对话。后者,对话的过程是真理通过推理和逻辑思考得以展开的过程,而《论语》中的对话,仅仅是表达圣人警句的载体。

〔62〕同上书,第160页。

〔63〕同上书,第195页。

〔64〕同上书,第196页。

〔65〕同上书,第166页。

〔66〕同上书,第215页。

〔67〕同上书,第172—175页。

〔68〕同上书,第311页。

〔69〕同上书,第183页。

〔70〕同上书,第189页。

〔71〕韦伯认为,在斗争激烈的战国,还有许多活跃的、相互斗争的知识流派,而帝国的统一得到巩固后,再没有独立的思想家出现过,只有儒教徒、道教徒和佛教徒继续斗争。

〔72〕韦伯对比说,教会法较为理性,与世俗法从开端就采用明确的二元论立场。这是由于教会的古代的数百年间,一直拒绝与国家和法律有任何关系。其较为理性的性格,由于以下因素形成:其一,借助自然法,一种理性的思维图像,调整其与世俗势力的关系。其二,在中世纪,教会尝试创制有系统的法律体系。其三,在中世纪,西方的大学教育,把神学、世俗法教育区分开,阻止了其他地方出现的神权政治的混合形态。其四,古代哲学和古代法学所教导传承下来的严密逻辑与专门法学的方法,即为强烈地影响教会法的政治。不是着眼于解答与判例的收集,而是在于大公会会议决议、教权敕答书、教令收集。其五,教会职员理性的、官僚制的官职性格。〔德〕韦伯:《韦伯作品集 IX·法律社会学》,康乐、简惠美译,广西师范大学出版社2005年版,第251—254页。

〔73〕在韦伯看来,先知是纯粹个人性的卡理斯玛禀赋的拥有者,基于个人所负

使命而宣扬一种宗教教说或神之戒命。孔子不是他所指的先知的概念,而是传道者,睿智的导师,聚集弟子,解答个人疑惑,在公共事务上提供君侯意见,可能还试图说服这些君侯建立一种新的伦理秩序。与先知的区别在于,他们的教诲缺乏先知预言中特有的、生动而又情绪性的布道,先知更为接近群众煽动者或政治家。〔德〕韦伯:《韦伯作品集 VIII·宗教社会学》,康乐、简惠美译,广西师范大学出版社 2005 年版,第 57、66—76 页。

〔74〕相对的,基督徒发展出一个范围广泛,具有约束性,体系合理化的理论性教义,涉及宇宙论的事项,救赎神化以及祭司的权能。〔德〕韦伯:《韦伯作品集 V·宗教与世界》,康乐、简惠美译,广西师范大学出版社 2004 年版,第 415 页。

〔75〕同上书,第 56 页。

〔76〕同上书,第 62 页。

〔77〕"非人格化的神"是相对于"人格化的神"来说的。比如耶和华的形象。他关心的是战争和处在生息关头的各族人民的命运。他首先主要是一位主掌非常事件的神,是超世的命运操纵者。〔德〕韦伯:《韦伯作品集 VIII·宗教社会学》,康乐、简惠美译,广西师范大学出版社 2005 年版,第 45 页。

〔78〕〔德〕韦伯:《韦伯作品集 V·中国的宗教》,康乐、简惠美译,广西师范大学出版社 2004 年版,第 64 页。

〔79〕同上书,第 67—71 页。

〔80〕韦伯把原因归结为儒教自身的一些缺陷。第一,道德高于现世的命运,这样的伦理要求对于广大群众,特别是贫困者来说是一个高的要求。第二,社会生活的仪式化和习俗化,导致人与人之间真实情感关系的冷漠。第三,伦理义务之间可能出现矛盾。特别是伦理与功利的矛盾。对于神灵,儒教徒抱着一种混杂的态度,一方面怀疑它,另一方面又可能被它征服。生活方式受儒家影响的百姓,坚信鬼神灵论。崇拜任何乏味的奇迹。士人的伦理,对于广大民众来说,是有限的。同上书,第 283—292 页。

〔81〕同上书,第 250—258 页。

〔82〕同上书,第 273—277 页。

〔83〕〔德〕韦伯:《韦伯作品集 IX·法律社会学》,康乐、简惠美译,广西师范大学出版社 2005 年版,第 39—42 页。

〔84〕〔德〕韦伯:《韦伯作品集 V·中国的宗教》,康乐、简惠美译,广西师范大学出版社 2004 年版,第 214 页。

〔85〕同上书,第 215 页。

〔86〕同上书,第 214 页。

第四章　德国现代化理论中的中国法

〔87〕韦伯指出,形式法学通过罗马法的采用摧毁了实质的原则。韦伯说,仅在创造出形式的法学思想这一点,接受罗马法才具有决定性的意义。〔德〕韦伯:《韦伯作品集Ⅱ·经济与历史》,康乐等译,广西师范大学出版社 2004 年版,第 170 页。早期罗马法的性格在于它非凡的分析性格。〔德〕韦伯:《韦伯作品集Ⅸ·法律社会学》,康乐、简惠美译,广西师范大学出版社 2005 年版,第 204 页。不管是诉讼上问题的提出,还是法律行为上的形式主义,都被置于逻辑上最为单纯的事实里加以分解。将日常生活具体的事实复合体分解为法律上性质单一明确的要件行为。帝政时期,司法成为专门的行当。法律顾问和真正的法律经营保持距离。从最初强烈的经验性格逐渐发展成技术越来越合理化且具学术精纯性的法律体系。除了分析性格,罗马法还以其抽象性格见长。〔德〕韦伯:《韦伯作品集Ⅴ·中国的宗教》,康乐、简惠美译,广西师范大学出版社 2004 年版,第 211 页。

〔88〕〔德〕韦伯:《韦伯作品集Ⅴ·中国的宗教》,康乐、简惠美译,广西师范大学出版社 2004 年版,第 26—27 页。法律的形式理性又分为两种类型,一种是严格的形式理性:指处理法律问题时的依据是真确无疑的一般性的事实特征并可以通过感官直接感受到。比如签名形式所确定的法律效力。第二种是形式理性,在处理法律问题时也是依据一般的事实特征,不过这事实特征借由逻辑推演而解明含义,以此形成明确的抽象的法律概念和规则,并适用之。它的最后依据是一个形式的(法律的)原则,是在抽象、逻辑的方式下解释意义问题,并以逻辑归纳的方式抽取理论。韦伯所指的形式理性是第二种类型。同上书,第 220—221 页。

〔89〕需要指出的是,韦伯仅仅将卡地司法,经验的裁判看做是形式理性的对立物,但并没有明确它们到底属于何种理性类型。参见〔德〕韦伯:《韦伯作品集Ⅲ·支配社会学》,康乐、简惠美译,广西师范大学出版社 2004 年版,第 47 页。

〔90〕韦伯这样论述形式理性与实质理性的冲突:严格拘泥于形式的证据法,如氏族间固有的赎罪程序,司法集会人团体的审判,发展衍生出现在的这样一种观念:我们现今所谓事实,是可以经由合理的手段,特别是现今最重要的手段,如证人询问,情况证据的提示,来加以确定。基于辩论主义,法官只能静待当事者的申诉。法官追求的不过是相对的事实——透过当事人的诉讼行动所设定的界限里,能够得出的相对事实。从最古老的,明确形式的法发现,这种诉讼程序恪守形式的期待,经由决定性的诉讼手段的非理性的,超自然的性格来获得实质"公道的"判决。当非理性力量的权威和人们对这种力量的期待消失,理性的证明手段与合逻辑的判决基础起而代之。但是存留了诉讼运作的形式,即为确保真实的探究至少具有相对上最高机会而设定出规制的,当事人之间的利益斗争。在这种诉讼方式中,法官无法响应是实质的要求,即要求在各个案例上审判应充分考虑到具体的权益得失与平衡。形式的司法

裁判赋予利害关系者借以维护自身形式上合法利益的最大自由。这种自由一再产生出破坏宗教伦理，甚或政治理智的实质要求的结果。让所有威权势力感到不快，形式主义的司法大大削弱个人对威权的恣意恩宠与势力的仰赖。韦伯指出，在所有这些事情上，形式的裁判，以其不可避免的抽象性格，伤害了实质公道的理想。〔德〕韦伯：《韦伯作品集Ⅸ·法律社会学》，康乐、简惠美译，广西师范大学出版社2005年版，第221—223页。

〔91〕同上书，第222—223页。又可见〔德〕韦伯：《韦伯作品集Ⅱ·支配的类型》，康乐等译，广西师范大学出版社2004年版，第468—469页。

〔92〕参见〔德〕韦伯：《韦伯作品集Ⅸ·法律社会学》，康乐、简惠美译，广西师范大学出版社2005年版，第189—194页，神权政治的法教育。

〔93〕同上书，第28页。

〔94〕同上书，第218页。

〔95〕同上书，第227页。

〔96〕同上书，第319—320页。

〔97〕同上书，第266—268页。

〔98〕〔德〕韦伯：《韦伯作品集Ⅲ·支配社会学》，康乐、简惠美译，广西师范大学出版社2004年版，第47页。

〔99〕〔德〕韦伯：《韦伯作品集Ⅱ·支配的类型》，康乐等译，广西师范大学出版社2004年版，第167页。

〔100〕〔德〕韦伯：《韦伯作品集Ⅸ·法律社会学》，康乐、简惠美译，广西师范大学出版社2005年版，第237页。

〔101〕同上书，第159页。

〔102〕"英国司法裁决手段的原始非理性，也就是现行法本身的非理性，一直维持到现在。"同上书，第332—335页。

〔103〕同上书，第333、167页。

〔104〕同上书，第337、159页。

〔105〕韦伯认为，英国的治安长官，行政极具平民色彩，在审理日常细微事件中仍然保持着概略的、家父长式的、极为非理性的处理方式，至今带有强烈的"卡地"裁判的性格。〔德〕韦伯：《韦伯作品集Ⅲ·支配社会学》，康乐、简惠美译，广西师范大学出版社2004年版，第176—185、48页。

〔106〕在撰写中国问题的论述时，韦伯指出，无论如何只能对自己的著作价值保持着非常谦卑的态度，不可夸大这些文章的意义，汉学家不会在这里发现任何他们不知的新事物。而且，由于文献的限制，特别是关于中国的文献，少之又少，论文具有暂

第四章　德国现代化理论中的中国法

定的性格,注定会被超越。〔德〕韦伯:《韦伯作品集 XII·新教伦理与资本主义精神》,康乐、简惠美译,广西师范大学出版社 2007 年版,前言第 13—14 页。

〔107〕韦伯在理解和解释社会行动中所运用的工具是理念型。"理念型是一种概念工具,它基于特定的观点,由杂多的现实里抽离出某些特征,整理成逻辑一致的'思想秩序',反过来可以作为衡量现实的尺度。"〔德〕韦伯:《韦伯作品集 VII·社会学的基本概念》,顾忠华译,广西师范大学出版社 2005 年版,第 15 页。韦伯说,社会行动理论的最终目标是提供一系列清楚定义的理念型概念,代表着行动者在特定情景中,其行动——关联的种种可能性,社会学者都可以借助这些概念来归纳和分析他的行动,在从结果进行验证。

〔108〕同上书,第 7 页。

〔109〕〔德〕韦伯:《韦伯作品集 II·支配的类型》,康乐等译,广西师范大学出版社 2004 年版,第 305 页。

〔110〕同上书,第 398 页。

〔111〕在柯文的研究中,韦伯、黑格尔等西方学者关于中国社会和法律原始、停滞的论说极大地影响了后来的海外汉学研究,费正清、列文森、墨子刻等学者对中国问题的论述被认为是韦伯观念的延续。比如,列文森的《儒教中国及其近代命运》中认为,西方正是中国变化的促成者:"正是西方冲击造成中国传统社会的崩溃,也是西方入侵动摇并最后摧毁了中国人对中国在思想方面可以独立自主的信心。"西方社会对中国的文化既是溶剂又是楷模。墨子刻接受了韦伯关于道德理想和外在现实缺乏一种紧张关系的假设,但他认为帝制晚期的儒教具有强烈的困境感:"我们说理学家具有困境感,是说出了他们自己不愿说出的有关他们自己的话。"参见〔美〕柯文:《在中国发现历史——中国中心观在美国的兴起》,林同奇译,中华书局 2002 年版,第 54—87 页。

〔112〕西方学者布迪、莫里斯通过对清代法典和案例的研究,认为清朝的刑事审判程序具有制度化、合理化特点,已经形成一些必须遵守的重要原则,忽视这些原则任意断案,是极个别的情况。几乎在每一个案件中,都竭力达到罚当其罪的情况。他们认为法家的理论以一种隐蔽的方式战胜了儒家。法典、案例和对法家的研究是韦伯传统中国法理论所忽略的。参见〔美〕D. 布迪 C. 莫里斯:《中华帝国的法律》,朱勇译,江苏人民出版社 2004 年版,第 343—344 页。

〔113〕比如,高鸿钧教授认为,卡地司法属于实质非理性,即法官根据自己的意见进行裁决,缺乏统一的约束;判决前后不一致,对于同类案件,不同法官往往会作出完全不同的判决。中国传统司法基本上也属于"卡地司法"。他的理由是:皇帝的司法任意,奸佞司法和酷吏司法的现象,以及家产制地方官的司法观念。他怀疑仅仅依

靠官方记录进行论断可能会产生问题,并指出中国的"天理"和西方"自然法"的差别。他同意应怀着参与者的姿态对历史抱以理解和同情,但是一味的同情可能会失去反思和批判的态度。参见高鸿钧:《无话可说与有话可说之间——评张伟仁先生的〈中国传统的司法和法学〉》,载《政法论坛》2006年第5期。

贺卫方教授认为,传统中国司法缺乏确定性,律令与判决是相脱节的。他以宋代判决为基本依据,认为,传统中国的法官并没有严格地依据法律条文办案,原因在于儒家学说占主流的中国传统观念,行政与司法合一的政治体制等,并一贯地认为,"引用条文并不能说明确定性,即便是官员们在司法判决的时候不断地说我们要严格地进行司法判决,也不见得就有确定性"。参见贺卫方:《中国古典司法判决的风格与精神》,载《中国社会科学》1990年第6期;贺卫方:《法学方法的困惑》,载《未名法学》2007年第1期。

日本滋贺秀三等教授认为,传统中国的重罪案件立案判决必须严格依据法律,而州县自理案件完全不受任何法律拘束。因为解决民事纠纷的条文数量极少又缺乏体系性。法官是根据清理寻求妥当的解决途径。在传统中国生活的人,法律是可以理解的,但权利却是陌生的观念。参见〔日〕滋贺秀三:《中国法文化的考察——以诉讼的形态为素材》,以及〔日〕寺田浩明:《日本的清代司法制度研究与对"法"的理解》,均载〔日〕滋贺秀三等:《明清时期的民事审判和民间契约》,王亚新等译,法律出版社1998年版。

〔114〕比如,张伟仁先生通过对清代内阁大库档案的历史研究,否认了将天理人情置于国法之上是否必然会导致裁决者"翻手为云,覆手为雨"的说法。他认为,许多地方档案及地方官的审判记录都可证实,极少见到弃置可以遵循的规则不用而任意翻云覆雨的现象。理由很简单:司法者和任何公职人员一样,乐于使用最方便的程序处理事务。在有法条或成例可循的情形下,故意别寻蹊径为其判决另找依据,不仅自找麻烦,而且可能使自己受到责难甚至参劾,在正常情形下,一般司法者绝不会这么做。同时他认为,某种准则既被认为合乎"天理"、"人情",可见必定是为多数人共同认可的,可以由一般有常识、理智的人加以验证确认的(所以常言道"天理自在人心")。当然它也可能被滥用,但滥用的过程和结果都可以很容易地被一般人看出来,所以其滥用反而比较困难。张伟仁先生也认为政治和学术的关系并不能妨碍学术的发展,反而因为得知其弊,加以深入的批判,对法学作出许多贡献。他列举了西汉董仲舒的《春秋繁露》,唐代长孙无忌等的《唐律疏义》,一直到沈家本对历代法制的考证和评论,等等。并列举历代"公牍"及档案,说明其中记录了许多司法者竭尽心力去探求事实,辨析条例和法理而作成公平判决的实例。张伟仁:《中国传统的司法和法学》,载《现代法学》2006年第5期。

第四章　德国现代化理论中的中国法

〔115〕美国学者黄宗智教授通过研究四川巴县、顺天府宝坻县、台湾淡水分府和新竹县的档案认为,历史记录与韦伯的结论存在很大出入。县官们在处理民事纠纷时事实上是严格按照清律的规定来做的;法律的相对详细,以及社会习惯的牢固和明确,再度限制了县官在断案时随意处理的余地;并且,民事案件是地方法庭审理案件中的一个重要组成部分。他还认为,韦伯对于中国古代法律只重视特殊具体情况,缺乏抽象概念和原则,也是一种误解。清代法律实际包含了相当数量的指导司法判决的法律规则。与西方现代形式主义法律,即以抽象的普遍权利原则作为出发点不同,清代法律的抽象原则是通过例举具体的情况默示出来的。只有与实际的司法实践相结合,抽象原则才可能得到阐明,才具有真正的意义和适用性。"形式主义要求通过法律演绎逻辑,建立脱离具体情况的普适法则,而中国传统法律则要求寓抽象原则于实例。"他认为应当用"实体理性"理解中国法律制度,并对"实体"的含义予以新的解释。第一,"实体"意指统治者的意志受到法律条文的制约。第二,"实体"指法律受到道德原则的指导,即国法应当同天理人情相配合。第三,"实体"指清代司法程序对事实真相的强调。他继而认为,清代法律也是寻求普遍恒常意义的合理化的法律,力图做到不可变更,也力图做到实践和工具理性意义的合理化。参见黄宗智:《清代的法律、社会与文化:民法的表达与实践》,世纪出版集团、上海书店出版社2007年版,以及黄宗智、尤陈俊主编:《从诉讼档案出发:中国的法律、社会与文化》,法律出版社2009年版,第14—16页。

〔116〕徐忠明教授主张的清代中国的司法裁判属于形式化与实质化有机结合的观点。他通过对汪辉祖自传所载案件的详尽分析,发现中国传统司法无纯粹"依法裁判"的取向,也无全然按照"情理裁判"的做法。属于"形式化"与"实质化"的有机结合的类型。他的理由是,皇帝集权统治和官僚体制的照章办事、律的普遍性、特殊性以及道的普遍性特殊性促成了"形式化"的司法裁判——依法裁判。而乡土社会的人情习惯以及权变思想导致了"实质化"的司法裁判——依据情理裁判。律例和情理的多元结构和互补关系使得司法审判有效进行。并认为,中国的刑事案件的裁判比较符合"形式化"的特征,民事案件和笞杖案件接近"实质化"的类型。因此,清代中国的司法裁判属于形式化和实质化的有机结合类型。参见徐忠明:《关于明清时期司法档案中的虚构与真实——以〈天启崇祯年间潘氏不平鸣稿〉为中心的考察》,载《法学家》2005年第5期。

〔117〕比如,同样是对档案等史料的研究,一些学者得出了与黄宗智教授关于传统中国法是否严格遵循制定法和成案不同的结论。比如,李启成教授的研究表明,在传统中国州县司法的实际运作中,起决定作用的是常识而非专业知识。而且常识才是传统地方司法所真正需要的。这种"常识"包括律学常识、官员的伦理常识、地方

性常识,具有浓厚的主观性、地方性和个人化,使得传统地方司法更依赖官员个体。我们几千年来奉行的是没有分权的行政官兼理司法,没有建立在知识分工基础上的专业化司法。传统州县官的常识司法在传统社会虽然有缺点,但这是传统社会的需要。参见李启成:《"常识"与传统中国州县司法——从一个疑难案件(新会田坦案)展开的思考》,载《政法论坛》2007 年第 1 期。又如韩秀桃教授通过对相关文献史料的考察,说明明清时期国家正式的司法制度在州县一级的实际运作,尤其是国家正式的司法制度在处理民间社会民事纠纷时的态度和作用。他的研究表明,"法理"和"私情"之间更多的是相互协作、妥协的关系。参见韩秀桃:《明清徽州的民间纠纷及其解决》,安徽大学出版社 2004 年版,第 301—311 页。

〔118〕比如,马小红教授认为,中国古代法当然不是韦伯所说的具有理性的确定性的法,但也更不是卡迪司法。以确定性评价中国古代法律本身就是一个历史错位。她认为确定性不应当成为评判社会文明和进步的标准。中国古人对法律的认识和研究并不局限于法律自身,而且也并不认为法律就应当是稳定的,可以说稳定性与变通性的结合正是中国古代法律的智慧,中国古代的司法当然也追求公正,追求法律在实施中的确定性,要求断罪引律据法,但是古人并不以确定性评价法律的公正与否。当案件牵涉到政治或时势时,确定性就会打折扣。研究需要弄明白古人在司法上所面临的问题,所采用的解决方式,而不应当简单地用是否确定去描述中国传统法律。马小红:《"确定性"与中国古代法》,载《政法论坛》2009 年第 1 期。

〔119〕张伟仁:《中国传统的司法和法学》,载《现代法学》2006 年第 5 期。

〔120〕如林端教授认为,帝制中国的形象在韦伯那里其实是被等同于西方中古社会的传统法阶段,从而被置于西方发展史的序列中。韦伯犯下了混淆文化内核文化间不同分析视角的方法论错误,以至其分析的结果无可避免地产生了一种"规范性的欧洲中心主义"。参见林端:《韦伯论中国传统法律:韦伯比较社会学的批判》,台湾三民书局 2003 年版。又如,王志强教授的《法律多元视角下的清代国家法》正是对中国法律史研究方法反思和运用有别于西方话语构建中国法律史的尝试。比如,通过《刑案汇览》等史料的研究,他认为传统司法是通过以职业直觉为基础的情感判断与法律检索及论证的互补完成的。清代的刑部官员们千方百计寻找律例条文支撑点的现象,绝不意味着司法官员对制定法存在终极意义上的信仰,即西方现代意义的法治精神。在司法理念上,古代中国的司法官们是以一种完全不同的对制定法的态度运用条文。在疑难案件的解决过程中,他们有效地利用了相关规则、边缘性情节、因果关系和体制所允许的灵活裁量及规则创设,实现了案件与制定法条文之间的有效连接,尽管这些连接在现代式逻辑上有时显得简单生硬。因为中国古代法学缺乏更具抽象性、概括性的理论体系,使中国古代审判官员们的思维路径无法经过理论抽象

的缓冲过渡,而是直接从案件事实越向具体的法律规则,在浩瀚的条文汪洋中去寻找直接对应的解答。司法官员首先需要凭借职业直觉判断作出大致的定罪、量刑的定位,确认"情罪相符"的大致目标。又如,他对清代成案的思考。他认为,清代成案具有明显的法律效力,是一种重要的法律渊源。对成案的运用已经形成了一套富有特色的较为复杂的论证方式,但是,并不同于现代的"区别的技术"。成案是权力分配体制和法律思维方式共同作用的产物。参见王志强:《法律多元视角下的清代国家法》,北京大学出版社 2003 年版,第 91—95、120—123 页。

〔121〕徐忠明教授以明末徽州诉讼案卷《不平鸣稿》为素材,考察和分析明清时期司法档案中的"虚构"成分,"虚构"的深层原因,借以说明司法档案并非一种单纯的记录,而是一种动机复杂而又充满张力的叙述。他提请学者注意,档案固然是第一手材料,值得历史学家给予充分的信赖,但是,对于历史档案中的虚构因素,也要保持应有的敏感和警觉。在特定的时间与空间中,历史固然真实地存在过,然而,历史叙述的结构却是异常复杂的。参见徐忠明:《关于明清时期司法档案中的虚构与真实——以〈天启崇祯年间潘氏不平鸣稿〉为中心的考察》,载《法学家》2005 年第 5 期。

〔122〕Stephen Molloy, Max Weber and the Religions of China: Any Way out of the Maze? *The British Journal of Sociology*, Vol. 31, No. 3, Special Issue. Aspects of Weberian Scholarship (Sep., 1980), pp.377—400.

第五章 美国法律教授的中国之行
——庞德社会法学思想在中国的实践

第五章 美国法律教授的中国之行

一、引言

罗斯科·庞德(Roscoe Pound,1870—1964)是20世纪美国社会法学的代表性人物。与本书所辑的其他人物相比,庞德与中国有着更深更直接的渊源——1946—1948年,庞德受聘担任中华民国国民政府司法行政部和教育部顾问,参与战后的法制重建,成为中国近代史上来华的最后一位外国法律顾问。庞德对于当时中国的司法改革和法律教育提出了一系列建议,践行了其社会学法理学的理念,也在某种程度上推动了中国法律的近代化转型。这些建议在今天依然有反思和借鉴的价值。

二、庞德的社会学法理学思想

庞德成长的时代正是美国从农业社会到工业社会的转型时期——社会利益冲突日益增多和复杂,无论是信奉绝对自由和过错责任原则的普通法,还是主张基于预定的前提进行机械的推理的法律形式主义,都越来越显示出它的局限。庞德的社会学法理学就是适应转型、突破局限的产物。

就思想渊源而言,庞德早年信奉功利主义,但是很快庞德就将实用主义作为自己社会法学理论体系的哲学基础。实用主义是19世纪生发于美国的哲学派别,其流派众多,庞德主要是受到威廉·詹姆斯[1]理论的影响:强调效果和事实,否认原则、概念和原理等具有头等的重要性,认为有用就是真理,即如果一种观念或者行为能够满足某种需要或者带来某种利益,那么它就是有用的,也就达致了实用主义意义上的善。在法学领域,对庞德影响比较大的是霍姆斯[2]、耶林[3]和柯勒[4]。在庞德看来,霍姆斯对于法理学的贡献在于:有意识地思考协调彼此冲突或者相互重叠的利益;关注法律的效用,主张从功能的观点看待法律秩序而不是纠缠于法律定义和性质的争议;放弃法理学是一门自足科学的概念而主张一种法理学方法的统合等。庞德认为霍姆斯是社会学法理学的先驱者,而自己是霍姆斯思想在社会哲理方向的发展。耶林对庞德影响最大的是其目的理论和利益思想——耶林将目的视为全部法律的创造者,认为每条法律规则的产生都源于一种目的,即一种实际的动机——这在庞德看来是实现了法理学的彻底变革。柯勒是19世纪末期德国新黑格尔主义的代表人物,他对庞德的影响主要体现在法律与文明的关系理论:法律与文明相对,文明是一种观念,是最大限度地展现人类力量的社会发展。法律是文明的一种产物,也是维系和增进文明的一种工具。此外,庞德吸收了某些社会学的研究成果,如爱德华·罗斯[5]的社会控制理论——社会控制是维护社会秩序的一种机制,在所有的社会控制机制中,法律居于最高地位——它给庞德的法理学提供了一种社会学的起点。

在《社会法学的范围和目的》[6]中,庞德提出了他所谓的社会学法理学(Sociological Jurisprudence)的纲领,包括:(1)研究法律制度、法律律令和法律准则所具有的实际的社会效果;(2)为准备法律制定工作进行社会学的研究;(3)研究使法律律令具有实效的手段;(4)对法律史进行社会学的研究;(5)承认法律律令个殊化适用的重要性,亦即承认合理和正当解决个别案件的重要性;(6)上述各点都是达致这样一个目的的部分手段,即使得人们在实现法律目的方面的努力更加有效。[7]在晚年的《法理学》[8]中,庞德又增加了两项:(1)对法律方法进行研究,既包括对司法的、行政的、立法的和法学的过程进行心理学研究,也包括对各种理想进行哲学的研究;(2)在普通法国家,强调司法部的作用。[9]

秉承上述纲领,庞德认为19世纪的诸法学流派——历史法学派、分析法学派和哲理法学派——都是从法律自身出发去建构法律科学而忽视了法律的功能和效果。在庞德看来,法理学,从最宽泛的意义上讲,是指法律科学,这里的法律应该包含三种意义:(1)指法律秩序,即通过系统而有序地运用政治组织社会的强力来调整关系和规制行为的政制状况。(2)指作为司法和行政行为基础或指导的权威性材料体系。这个意义上的法律又包含律令、技术和理想要素。(3)指司法和行政过程。上述三种意义上的概念可以统合到社会控制的观念之下。法律和宗教、道德一样,都是社会控制的手段,16世纪之后,法律作为政治组织社会中一种高度专门化的社会控制手段,逐渐占据了主导地位。政治组织社会运用一系列社会控制手段对人际关系进行调整的活动,庞德将其类比为社会工程。而工程的结果或者说社会控制的目的,是为了承认、确定和保障利益,最终是为了维护和促进文明。法律并不创造利益,它只是一种手段,判断法律的良善或者法律秩序的好坏,是看其对于实现目的是否有效,而不是符合某种永恒的理想或者原则。至于哪些利益需要确认和保障,则由法律人根据特定时空下文明的法律先决条件去决定。

三、任职中国的背景与过程

(一)来华的背景

对于庞德来华的背景,我们可以从两个角度来分析:国民政府为什么会请庞德?庞德为什么选择中国?

就第一个角度而言,国民政府的邀请可以被视为是清末以来政府聘请外国专家推动中国法制改革传统的延续。从19世纪60年代的同文馆开始,在中国法制近代化转型的关键时期,都会看到外国专家的身影,如丁韪良[10]、松冈义正[11]、志田钾太郎[12]、小河滋次郎[13]、古德诺[14]、有贺长雄[15]、爱斯嘉拉(Jean Escarra)[16]等。1945年第二次世界大战结束后,国民政府面临战后司法复员和法制重建的任务,这是一项包括修订完善相关立法,重建法院、监所,培训和储备司法人员等的浩大工程,遵照传统,借鉴外国的经验乃至聘请外国专家也就在情理之中。庞德的学养和声望使得他成为国民政府眼中的合适人选。庞德是美国法学界的一代权威,担任哈佛法学院院长长达 20 年;其创立的社会学法理学强调法律的实效,相比较个人利益更强调对社会利益的保障,提倡政治组织社会运用法律等手段对于社会实施全面的控制。这些观点与国民政府以国家为本位、加强政府对于社会的控制有暗合之处。而庞德又是比较早为国人所熟悉的法学家,早在 1924 年庞德的法律思想便已经由吴经熊[17]阐发和介绍。1926 年,庞德的《社会法学的范围与目的》一文由陆鼎揆译作《社会法理学论略》由上海商务印书馆出版。此后庞德的其他作品陆续译出[18],其思想也为国内的许多法学家所阐发。此外,庞德在美国社会乃至世界都具有卓越的声望,能够聘请其担任顾问会给国民政府在外交上加分。

就庞德自身而言,能够接受邀请,也与他当时的境遇有关。首先,时间和精力允许。当 1945 年 10 月庞德接到国民政府的邀请时,他即将从哈佛大学退休,因此有时间去完成这项任务,而得益于家族高寿的遗传,已经 75 岁的庞德自诩精神依然健硕,可以胜任工作[19]。其次,杨兆龙的推动和国民政府的礼遇。杨兆龙 1935 年毕业于哈佛法学院获得 S. J. D 博士学位,他的博士论文就是庞德主持答辩的,庞德曾言"杨兆龙是接受我考试的第一个中国人。东方人的思维方式引起了我很大的兴趣"[20]。庞德担任顾问首先就是由时任国民政府司法行政部刑事司司长的杨兆龙提议。杨兆龙还起草了司法行政部给庞德的邀请函。1946 年 1 月,时任司法行政部参事的倪征燠亲赴哈佛大学法学院邀请庞德出任顾问。而对于聘任庞德一事,蒋介石曾经专门批示,要求第二年必须续约,待遇必须优厚,以显示尊礼贤者。再次,20 世纪 30 年代之后庞德在思想上受到的挑战也是其接受聘任的重要原因。30 年代,大萧条和新政给美国社会带来了巨大的变化。庞德认为新政以国家的力量干预和刺激经济是对个人财产权的威胁,新政干扰了正常的历史进程和社会的有机发展,甚至阻碍了司法的复兴。[21]而新政所带来的行政权力的急剧扩张和行政法的迅速发展更是引起了崇尚普通法司法传统的庞德的忧虑。庞德主张行政应该

受制于司法，但在他看来美国却日益走向行政绝对主义（administrative absolutism）的极端。与此同时，庞德的社会学法理学思想越来越受到以卡尔·卢埃林（Karl N. Llewellyn）、杰罗姆·弗兰克（Jerome Frank）为代表的法律现实主义（legal realism）的挑战，虽然庞德认为法律现实主义的很多观点无法容忍，甚至让人愤怒，但是社会学法理学日益失去了往昔的影响力却是不争的事实。面对这些挑战，庞德不断地著书立说并积极地参与社会活动，希望推动美国社会向着他所理想的方向发展，但是现实却不断地给他打击。此时，国民政府盛情邀请他参与战后的法制重建，在庞德看来无异于给了他实践思想的机遇，因此庞德很快就接受了邀请，并表示对中国"可为相当贡献"。

（二）中国之行

在受聘担任顾问之前，庞德曾经以私人身份两次造访中国。1935年8月，庞德曾访问上海、香港，与中国的法学家交流。1937年2月，庞德再次来到中国，在时任司法行政部部长的王用宾陪同下考察了河北的法庭和监所，并在南京发表了演讲。[22]两次中国之行给庞德留下了深刻的印象，尤其是第二次，因为当时第二次世界大战虽然尚未爆发，但是中国已经卷入了对日本的战争中，这让刚刚卸任哈佛法学院院长的庞德认识到，法理学并不能阻止即将到来的战争，它的力量和他自己的权力一样，都是有限的。[23]

在接受聘任后，庞德和夫人于1946年6月28日自美国飞抵上海，受到了各界的热烈欢迎。因需要处理哈佛法学院的事务，此次庞德只在中国逗留了3个月便于9月18日返回美国，杨兆龙也随后赴美协助庞德履行顾问职责。1947年9月22日，庞德在杨兆龙的陪同下返华直至1948年11月21日，国内局势紧张，庞德被迫离开中国。庞德对于任职中国倾注了很多心血和热情，曾言这是他所做的最大的一份工作（the biggest job）。庞德作为国民政府法律顾问所从事的活动可以概括为如下几个方面：

（1）为国民政府提供有关法律改革的建议或者报告。包括呈交给司法行政部的《改进中国法律的初步意见》（*Draft of a Preliminary Report to the Minister of Justice*，写于 1946 年 7 月 12 日)[24]、《创设中国法学中心刍议》(1946 年 8 月 7 日提交给司法行政部)[25]、《中国法律教育改进方案》(*First Report on Legal Education*，写于 1946 年 8 月 24 日)[26]、《有关于中国宪法的意见书》(1946 年 12 月呈报最高当局)[27]、《关于撰写〈中华法通典〉的计划大纲》(由杨兆龙协助，1946 年 10 月拟定)[28]、《中国制定少年法应请注意之事项》(1948 年 9 月 20 日致谢冠生函)[29]。

(2) 发表演讲和参加会议。1946 年 9 月 4、5、6 日，庞德分别以"法律与法学家——法律与法学家于现代宪政政府中的地位"[30]、"法院组织与法律秩序"[31]、"法学思想与司法行政"[32]为题在南京做了三场演讲。1947 年 11 月 5 日，庞德在南京召开的全国司法行政检讨会议开幕式上做了"近代司法的问题"[33]的演讲，并且和杨兆龙一起联名提出三项司法改革的议案，分别是"请确定简化诉讼程序之基本原则案"、"关于公务员违法侵害人民之自由或权利的惩戒与赔偿应如何实施案"和"关于人民身体自由之保障程序应如何实施案"[34]。1947 年 12 月 15、17 和 19 日，庞德在政治大学分别以"比较法以及历史在中国法制上应有之地位"[35]、"法典解释及适用的统一"和"中国宪法之发展"为题做了三场演讲。1947 年 12 月 27 日，庞德在孝陵卫法官训练班演讲。1948 年 2 月 4 日，庞德在教育部法律教育委员会会议上发表了题为"从欧美法律教育的经验谈到中国法律教育"的致辞。[36]1948 年 9 月 10 日，庞德在司法行政部举行的全国律师公会联合会的招待茶会上发表演讲，从改革诉讼程序、统一法律见解、提高律师资格、监督同业风纪四个方面讲述了美国律师公会对于司法的贡献。

(3) 进行司法调查。1946 年 9 月 3 日，庞德到江西高二分院、九江地方法院以及江西第一监狱等处进行考察。1948 年 5 月庞德担任了司法行政部法制研究委员会下属的司法调查团团长，该团主要负责司法调查，并为此拟定了详细的调查计划。[37]6 月间，庞德带团在南京、上海、杭州、江苏考察法院、监所等司法机关，并撰写了相应的调查报告。

(4) 与国内政要和法律界人士进行交流。在就任顾问期间，庞德经常与谢冠生、杨兆龙等官员就中国司法改革的实际问题进行交流。1946 年 8、9 月间，蒋介石在庐山牯岭会见庞德夫妇。1947 年，宋美龄约请庞德夫妇茶会。此外,庞德还与王宠惠、郑天锡、刘亦铠、朱家骅、陈立夫、燕树棠、杭立武、盛振为、徐柏园、沈家彝等人会面,就相关学术问题和中国司法改革中的实际问题进行交流。[38]

四、对中国法律的评述

在担任顾问期间,庞德通过考察中国法律的规范条文和实际运作,对当时中国法制的现实状况和未来发展进行了探讨,对于法律继受、司法改革、统一法律著述和解释、法律教育、中国宪法等问题则有专论留世。综观庞德对于中国法律的论述,其对当时中国法制状况有如下判断:(1)中国应该坚持其继承已久的现代罗马法体系而不应该改采英美法系的模式;(2)中国的法典制定得很好,现在的任务是使得法典适应于中国的现实生活。在上述判断的基础之上,庞德提出了一系列建议:统一法律解释和著述,统一法律教育。尤其是法律教育,几乎贯穿了庞德关于中国法制改革的所有报告、建议或演讲。庞德不单从宏观上阐明统一法律教育的重要意义,而且针对教育的对象和内容、课程设置、学习年限、教学方法等具体问题都提出了详细的改革方案。

(一)法律模式的选择

这里的法律模式,是指法律变革的目标以及达致这种目标的方法。从晚清修律开始,法律模式的选择就成了中国法律变革无法回避的问题:是面向传统还是移植西方,是学习英美还是取法欧陆,学者们莫衷一是。从历史的角度而言,清末以来,中国主要是学习大陆法系的模式,到了20世纪30、40年代,大规模的法典编纂以及相关法律制度的建设均已基本告竣,形成了以宪法为核心,包括民法、商法、刑法、民事诉讼法、刑事诉讼法的"六法"体系,法律解释、法律适用、司法制度和法律教育等领域的问题随之凸显,在这些领域中,法律模式选择的差异依然主导了学者们对于这些问题的探讨,庞德就是在这样的背景之下展开论述的。

1. 大陆法系 vs. 英美法系

在1946年7月呈交给司法行政部的第一份工作报告中,庞德就旗帜鲜明地提出,中国应该坚持其继承已久的现代罗马法体系而不应该改采英美法系的模式。其理由包括:(1)在新法的创始中,立法是必要的。现代罗马法体系已经达到高度系统完备的程度,其在1900年之后所产生的很多法典堪称楷模,如果某地需要迅速采行成熟的法律制度,以代替习惯的古老制度或旧文化下所制定而不适于今日社会的法律,那么采用罗马法体系是比较容易的,因而中国效仿以罗马法为基础的大陆法系是很明智的。如果要在短时间内模仿英美法来适应中国的环境,再由官方公布出来由法庭适用,是不可能的。(2)英美法缺乏系统,也缺乏原理上的法律书籍,将会使得学生感到学习不易;对于已经受过大陆法系训练,或者在大陆法系的模式下开展审判、执行法律业务的人而言,将更加感觉到学习英美法的艰苦。(3)英美法自身也有一些缺陷。英美法曾经受困于历史上的程序和形式专断主义,如普通法动产与不动产技术上的区别[39],普通法与衡平法的双轨制,由于陪审制审判而形成的证据法以及契约法上的约因等,这些在英美法中的发展已经趋缓,甚至有要废止的趋势,因此不适合将英美法介绍到从未有过程序和形式专断主义的地方去。中国在效仿罗马法时很明智地抛弃了罗马法将民事法和商事法区分的做法,但是若要从整体上采纳英美法系的模式需要克服的可能就不止上述所列的缺陷了。(4)现代罗马法大部分是由行政官(Magistrates)发展和适用的,是行政性的;而英美法则是由法官发展和适用的,是司法性的。因此在现代罗马法统治的国家,行政机构和法院之间相互协调得出确当的裁断,但是在英美,行政机构和法院之间互相猜疑且为不同的目的相互冲突,因此不曾得出这样的裁断。现代社会中,行政日益重要,国家被认为是为服务而建制,但是普通法体制使得行政和法院之间缺少和谐,成为国家服务职能的阻碍。[40]

庞德指出,"我对于具有英国法历史背景的地区采行英美普通法,予以赞扬,不后于任何人。但以之移植于不同历史背景的地区,将是无益的"[41]。如果说一个世纪之前,中国或许会在采纳现代罗马法还是英美法之间面临抉择,但是现在中国这条路已经走得很远,也很好。

2. 西方理念 vs. 中国传统

1948年,庞德发表了题为《以中国法为基础的比较法和历史》[42]的论文,探讨了在解释和适用法典的过程中如何对待借鉴西方与发展本国传统两种观念的冲突问题。

庞德认为在制定和修订中国法律时,有两种不时以极端教条方式主张的观念一直处于冲突之中:一种观念主张模仿西方国家最新的法学观念、理念和制度;另一种观念主张发展和改变中国传统。当法典已经制定出来,在评论、解释和适用法典的过程中,两种观点又一次交锋。

要解决这一冲突,首先需要找到理解两种观念的进路。庞德分析了两种进路:历史法学的进路和分析法学的进路。历史法学认为,法律是被发现而不是创造的,法律是民族精神的体现,是民族自信强化了的习惯,而习惯经由法学家、法院和立法者的发展和塑造成为法律规定。每个民族都必定有它自己的法律,是民族创造了法律而不是法律造就了民族。20世纪,历史法学作为一个学派已经不存在了,但是其理论却融入了当下的社会哲学和社会学中,而且很大程度上还具有合理之处。庞德认为,19世纪历史法学家的理论对于中国宪法发展有相当的影响。尽管中国宪法的大部分内容来自于对现代宪法的比较研究,但是只有部分条款背后的历史是中国历史。同样,中国的法典是经过了对于现代法典的精心比较、研究和斟酌之后制定的,但这样的法典能在多大程度上适应中国人民的现实生活依旧存疑。分析法学认为,法律是被创设的而不是发现的,法律(law)是法则(laws)的集合,法则是政治社会立法机关创制的行为规则;法律的权威来自于主权者和这一社会中人们服从的习惯。立法是一个特定的政治社会对实际的需求进行梳理而进行的创制性活动。理性可以反映功利的要求,但是如果一个没有现代法律制度的国家进行大规模立法,就很难依靠理性一蹴而就地建立现代的法律体系,因而分析法学提出了比较的需要——审视其他国家的法典,比较相关的规则,通过理性根据功利的标准加以选择,被选择的事物通过理性加以发展就可能被包括进一国的法典中以获得国家法律制定机构的印章。当法律被制定出来之后,法官和法学家唯一的任务就是解释和适用法律,而且法院只能适用立法者文本所要求的真正解释。

庞德认为分析和历史的进路都有缺陷:将法律等同于规则,忽略了法律中的原则、概念、标准;两种进路都忽略了法律中的技术要素。上述两种进路的争论在 20 世纪已经没有学者再去推动了。但是在中国,应该将法典视为没有考虑中国背景的立法创制的法典,还是应该将其视为在中国的背景之下来解释和适用的法典以说明历史上中国的制度、传统的道德习惯和原则,似乎成为一个现实的问题。[43]

在庞德看来,法律既是创造的,也是发现的。在法律中,既有创造的因素——迫切地回应当下利益的理性的创造,也有发现的因素——由经验发现、立法机关宣布或留待传统或者理论著作去发现。"传统的道德习惯和法律制度不能仅仅因为它们是传统的,或在西方世界的比较法中找不到对应就为法院或者法学家所忽略或者否弃。但是,同样,传统的道德习惯和制度不应仅仅因为它们是在对中国历史的研究中发现的,就得以保留或者促进,并且作为法典解释和适用的基础。它们不应作为法典的不协调因素引入,从而导致不一致和异常。另一方面,传统习惯和制度的正当用途在于使法典贴近中国人民的生活。"[44]中国拥有关于民族习惯的传统道德哲学体系,它或许可以成为调整关系和规制行为所赖以为凭的普遍接受的理想图景。这样的思想体系将是法律秩序的有力支持。依凭理想要素,中国法典的解释和适用或许可以赋予中国法典真正的中国特征。

在廓清了上述争论之后,庞德提出了一种新的解释和适用法律的方法——社会学的、功能主义的方法。庞德指出,比较法在制定法典的时候能帮助中国在西方世界的两大法系中作出明智的选择。当法典被制定出来之后,比较法应当考察已被制定和体现在中国法典的各个条款和其他法律的条款在过去和现在是如何被解释和适用的,以发展出对已经选择和设定的法律予以解释和适用的技术。同样重要的是研究法典欲予规制的中国的生活条件、中国社会秩序的理想图景以及法律秩序的目的。研究中国法律史的人应该说明历史对于中国法的观念因素的影响,对于法典的解释和适用以及特定条款在司法中的应用的影响。这并非是要将法典化的中国法重构为历史上的法律。比较法将展示每一条款可能的结果,历史的研究将使得比较法的选择更为明智、更适合中国的方式。两者形成的是经得起考验的统一的解释和适用理论。然而,比较法和历史并不能完全担负起以中国法典为基础来发展中国法律的任务,法学理论还必须考虑中国社会的现实问题。通过对民法典第一条[45]的分析,庞德提出了社会学的、功能主义的方法——法律是社会控制的工具,法律的解释和适用应当与它们服务的社会目的有关——作为中国解释和适用法律的新方法。这种方法的运用需要依靠经验丰富、训练有素的法官,这就涉及了庞德对于中国法律教育的看法。

(二) 法律教育

法律教育是庞德论述中国法律的一个核心论题。庞德之所以重视法律教育,是因为法律教育的目的或者产品是塑造专业技能和公共服务精神兼具的法律人,这样的法律人在庞德看来不仅是其社会学法理学的实践者,也是中国建设现代法制的关键。

1. 统一法律教育的必要性

(1) 没有统一的法律教育,就没有现代的立宪政体。立宪政体需要法律,而法律需要系统的法律教育。庞德指出,所谓宪政者,在英美法中是指依照法律上的基本原则而为治理的政治。这里的法律,是一种系统的、专门化的社会控制,亦即系统地使用政治组织的社会力量来调整关系、整饬行为的制度。法律上的基本原则,或为社会相沿成习,一致公认,明示于重要的法律文件中而由法院解释而发扬,如英国;或为成文宪法,经宣示为国内最崇高的法律,而由法院解释之,如美国。因此,没有法律的宪政是无法有效运行的,一部法律史及宪政史,无非是如何限制政治组织社会统治者专断行为的记录。法律要产生上述效力,需要由接受过法律教育的法官、行政官和法律家去适用。法律不同于法则的重要一点是:没有法律教育,法则依然可以存在;但是没有法律教育作为基础的法律,法律则难发挥其作用。古希腊时代,法则繁多,但是没有法律教育去阐释适用法则形成一个系统,因此古希腊虽然有发达的哲学却始终没有孕育出高度的法律文明;相反古罗马从公元前4世纪法律世俗化之后到东罗马帝国查士丁尼时代,法律与法律教育始终平行发展,作为世界半数以上国家法律基础的现代罗马法,则始于 12 世纪大学对罗马法的讲授。普通法从形成伊始就发展出了一套职业性的法律教育体系。"在今天所有法律制度发达的国家,都有其统一的法律教育,再则所有立宪政府发达的国家,都有一进步的法律制度,那是相应成长起来的"。[46]庞德总结说,法律教育是法律的基本问题,而法律是宪政的基本问题,所以创设并维持一个良好而统一的法律训练体系是中国建立永久的立宪政体的关键。

(2) 法律解释和适用的需要。庞德指出,再好的法典也不是不待解释就可自明而直接适用于案件,而且法典无论如何详细琐碎,也不能预见所有可能发生的事件。对于法典的没有规定或者规定不详的地方,必须求助萨维尼所言的"补充的权威材料(subsidia)",如习惯、正义原则和自然法、瑞士民法典所允许的法官造法、中国民法典的习惯和法理等。但补充的权威材料终究次要,阐明法律的责任仍要靠法理和判例来负担,最终依靠法官、律师和法学家来承担。普通法系的法律适用虽然不同于大陆法系,但同样需要对法院判决中的原则进行学理阐发。遇有新的事件需要类推时,两大法系都需要从具有同等权威的出发点进行选择:大陆法系需要在具有同等拘束力的法典条文中选择,普通法系需要从具有同等说服力的判例中进行选择。这种类推的技术需要经过系统训练的法律人才能掌握。有了准确的解释与阐发以及必要时候适当的类推,在司法程序中,法官、律师等便可以顺利地将事实的论点和可得适用的法律置于法庭之前,保证法庭公正而迅捷地裁判,从而保证经济秩序的充分发展。所以,没有法律人(lawyers),也可能有各种法则;但没有法律人,便没有法律。合格法律人的培养,仰赖法律教育。庞德认为当时中国的法律学校及其教授团还没有充分发挥其效用,现有的法律学校还不够训练法官人才,因而加强法律教育实属必要。

(3) 维护国家统一。庞德不仅强调了中国要发展法律教育,更强调了法律教育需要统一。"如果我的了解不错,则今日中国所需要的一个重要考虑便是统一(unification)"[47],庞德此言意在倡导中国法律的统一,在他看来,法律在保持国家政治统一方面的作用仅次于语言。庞德认为,要统一法律就要统一法律教育,使中国的法律训练成为一种统一的制度,去教授一种一致的、普遍接受的技术去发展和适用法律。如此,律师、法官以及法律教授能对中国法律有一个共通的研究。庞德指出,"一个真正的中国法,应于适应整个领域的一般概念与地方环境所需要的地方习惯与地方规范之间,得到一个平衡。他不宜把工商贸易发达的大都市的需要加之于农业区域,也不宜把农业地区的需要加之于大都市。一个广大的领域而有地区间的不同地理经济及社会环境,可以用一种法律来治理,只要那种法律具有适应它自己多种不同环境的可能性"[48],这种可能性的关键就是解释和适用法典的技术。换言之,通过统一的法律教育,使得接受法律训练的人分享一种共同适用于中国的法律解释和适用技术,才能实现法典解释和适用的统一,法律的统一才能不仅仅停留在纸面上,而是真正能够维护中国这样一个大国的国家统一。

(4) 超越职业观点的局限,培养法律人的公共职务精神。庞德重视统一法律教育,尤其强调通才训练的必要性。他认为,中国的律师、法官和法律教授要承担发展中国法律的重任,必须要有高尚的品德、广博的知识和丰富的经验。作为法律专业训练基础的通才训练和通识教育,使得律师能认识到他的职业比单纯赚钱的职业更胜一筹,能使法官对他们所面对案件中包含的关系采取一种高明的观点,并探明其中包含的理想及如何在行为上适用。而且无论律师、法官或法律教授,都应该在立法上发挥更大的作用,建议和起草法案,促进法律完善,通才教育使他们对于问题的看法较广,不致局限于纯粹的职业性的法律外表。单纯的职业教育所造成的职业观点在庞德看来是社会秩序中困难的根源所在:只就自己的观点去看别人,只就自己的问题与理想去衡量别人,不会去欣赏别人的问题与理想,所以在不同的职业和生活方式中间造成嫉妒、误解和猜疑。"对于那些嫉妒、误解及猜疑的大溶剂,便是教育。教育愈广博通达,则这溶剂便愈有效"[49]。庞德理想中的法律人应该从事一种公共职务。所谓公共职务,是一群掌握着高深的技术、发扬公共服务精神的人所从事的普通职业。公共职务基本是一种公共服务,只是碰巧也可以借以谋生,其与商业竞争主要是为谋生,偶尔进行公共服务是不同的。在英美,已经形成了一种组织完备、自制而负责的公共职务的悠久传统,在中国要考虑的,是如何发展并且维持这样的理想,这就有赖于法律教育尤其是通才教育的培养和训练。

（5）促进接受法律教育的人之间的理解与合作。庞德指出，如果法官、律师和行政官员能够同受整个法律秩序下传统讲授的训练，那么这些人之间的理解和合作精神在求学时代即可养成，那么日后司法与行政之间的行为即可协调一致，从而避免出现英美法中司法与行政双方由于历史原因造成的猜忌和误会。不仅如此，统一的法律教育使得接受教育的人认识到：无论律师、法官以及法学教授，都是从事公共服务职业的成员，都应该是掌握一种高深的技术、发扬公共服务精神的人。这样任何一方所做的，必能为他方作适当的衡量：律师将会承担最大的公共服务，促进法院的工作，而且他们如对职务风纪有所欠缺，将受到广泛而严厉的批评；法官将能信赖律师，则法院认为律师是一种严重负担的顾虑便可以消除。

2. 中国法律教育的改进意见

（1）统一法律教育。庞德认为，中国法律教育首先需要解决的问题是统一。庞德曾言，"习于统一法律教育的人，见到中国法官、法律教师及律师等所受训练的分歧，殊觉惊异。有的在美国受的训练，也有在英国、法国、苏格兰、德国受训练的，很多却是从日本间接地由德国传统里孕育出来的。就是在本国学习的，也非由同一的传统去认识法典，而是由说不同法律语文的教师们所传授的，中国实在需要彻底统一的中国法律教育来讲述中国本位的法律"[50]。对于法律教育的统一而言，重要的一点是要放弃探求他国法律理想中的规定以及每一个细节都追求外国最为先进时髦的做法，而是根据理性启发的经验来发展适合中国的法律。

（2）法律教育的对象。庞德认为，法律学院的一般性训练是日后专门训练的基础，应该一律施诸法官、法律教师和从事实务的人。普通文官、行政官员也应该接受法律训练，因为他们必须了解什么是个人的合法权益以及法律保障那些权益的救济办法，才能领会其工作在整个法律系统中所占的地位。而法官、律师和行政官员一同接受法律教育的益处已于上文论述统一法律教育的必要性时指出，不再赘述。而法律教育亦可以同时培养师资，有志于在未来从事法律教育的人须在接受法官、律师训练的基础之上，进一步研究法律哲学、法理学和比较法。而以培养法官、律师为主要任务的法律学院,可以在研究院课程中开设国际公法、国际关系和国际贸易与财政的法律问题等专门化的课程,以培养欲进入外交界的人员。

（3）法律教育的内容。庞德认为,法律教育应该在广而博的法律训练的基础之上根据未来的职业取向施之以专门的训练。根据其执教哈佛的经验,庞德认为在法律学院之中设置研究院的课程,使得本科学生各依所需选择修习将是一个不错的选择。庞德认为有些科目没有引起当时国民政府教育部的重视,因而特别强调:第一,犯罪学、刑事立法与刑事行政。美国的法律教育对于这些科目颇为忽视,庞德认为这是一个缺憾,中国应该谨慎避免。庞德主张这些科目应该列入法律典籍中作为对于律师和法官的一般训练,但是法律教师、行政官员及立法者对于这些科目应做进一步的高深研究。在训练检察官时,这些科目也需要予以充分的讲述。此外,由于刑法的适用较之其他法律更能引起公众的注意,而且需要其在安定社会方面尽可能发挥最大的效力,因此中国的法律教育在讲授刑法时,不论是一般训练或特种事业的专门训练,必须有针对上述特点的适当措施。第二,立法学。应该将立法预备程序的机关、其组织与功用、起草的技术、修正与废止的技术与实效等内容合成一门学科,作为普通课程表中的一门选修课程。第三,国际私法。中国是一个面积广大、政治统一、法律及司法行政统一的国家,对于国际私法的需求并不像欧美那么大,只是民法上对于习惯的适用可能会出现法律冲突的问题,因而只需要将其作为整个中国法系中的一部分,在初步原理课程中做良好的基本讲述即可。另外,可设选修或者研究院课程,供外交人员等有职业需要的人做进一步研修之用。第四,商法。中国虽然采用民商合一的立法例,但是鉴于现代罗马法于商法之上有重要的学理进展,庞德认为不仅应该在初步原理课程中讲述其基本原则,说明其在法律体系中的地位,还应该透彻地讲明民法中的相关商事条文。对于票据和商事组织立法,应该在本科课表中设立专门课程充分讲授。鉴于商法的国际性特征,庞德建议设立比较商法一科作为选修或者研究院的课程。第五,法制史。法制史的大纲及中国法律历史导论,在初步原理课中应该有相当的地位,以表明历史上中国法律的特征及其对于现代法律的影响。现代(指清末至南京民国政府时期)中国法律的历史尚短,不需要详述。罗马法的历史是一门很有用的研究院课程,尤其对于法律教师而言。

3. 十点具体建议[51]

(1)法学院应否独立设置,或使其成为大学的一部分,或者两者并存。庞德主张,应当把法律学院放在大学里,成为大学之一部分,而不设与大学分离的独立法学院,只有这样才能培养真正的法律职业精神。庞德认为,执行法律是一种学识渊博的职业,如果求学时代能在大学中受到多方面学术空气的熏陶,可以避免狭隘和短视。同时,使法律教授成为大学学院中的一员,每天和不同学科或者具有不同学术兴趣的同事们接触,可以增广学识,有利于讲学,也有利于阻却将法律教育视为纯粹职业性的趋势。庞德强调,法学院作为大学的一个学院,应该和文理学院、医学院等并驾齐驱,而不应被视为是文理学院等的附属品。所以,中国即使因为目前的特殊情形,一时或许还需要设置和维持若干独立的法学院,但只可作为权宜的措施,未来条件具备时应该将法学院置于真正的大学中。

(2)学生名额多少的问题。庞德认为中国目前需要大量经过良好训练的法律家充实司法界、学校及行政外交机关。对于想要学习法律的学生,除了应具有良好的预备教育即毕业于一个良好的学校而且成绩优良外,没有加以其他限制的必要。

(3)是否仅需日间法学院,抑或兼办夜间法学院的问题。庞德通过比较日校和夜校学生的学习时间,指出夜间法学院不能给予学生适当的训练,不应该提倡,不过中国的法律教育处于初创时期,夜间法律学校确有用处,但是至多只能视为一种临时措施。

(4)学习法律的年限。综合考虑法学院的入学条件、专科训练课程表的内容和某些专业训练所需要的时间,庞德认为最理想的目标是,一个学生22岁完成大学教育,然后再入法律学院,受3年的专科训练。为培养法律教师和从事某种专业的人员,可以增设研究院,年限可以较短,而且不必在本科毕业后立即继续。许多其他的专业人员,读了一般基本科目之后,继以选修科目即可。

(5)入学条件。庞德认为有两点至关重要:一是学生需要相当的成熟,才能使法律的讲述收到良好的效果;二是法律的学习和研究应建立在良好的通才教育基础之上。庞德认为在中国没有设置法律预科的必要。非要设置预科的话,首先,应该谨慎计划以去除而不是加强纯粹职业性的看法与态度;其次,在任何法律预科学习法律者,对于文字的训练应该特别注意;再次,应了解本民族的文化、性格与理想,这可以通过了解文学来达到。中国有自己的经典,已经构成——如果不是决定的话——中国的文化,中国的通才教育不应该忽视这些经典;最后,学习法律的人要具备逻辑思维的能力,即必须学会思索的连贯与推理、谨慎地分析、清楚地分辨以及健全地演绎。

（6）每一科目所需时间。关于制度原理科目(institutional course),庞德提出每日 1 小时,每周 6 小时,学习 2 个学期才能将整个体系透彻说明,也才能明释原则与适用原则的技术。民法、刑法及民刑诉讼法等,每天 1 小时、每周 6 小时是必需的,要有充分的时间才能对其细加评述,民法的分量较重,只能分成数部法律来讲授。其他科目及选修的科目,有几种可定为每周 3 小时,在 1—2 个学期授完;其他可定为每周 2 小时,在 1 学期内授毕。此外,比较高深的科目采用隔日授课的方法比每天连续授课要好,因为隔日学生在两次讲授之间有温习思索的机会,有助于提出问题并得以解决。

（7）案例方法(case method)。这种教学方式是针对英美法的形式而设立的,在训练英美法所需要的从判决中发现法律的能力方面非常成功。但是这种方法假定没有法典或者法令给予现成的规则,需要用分析的方法从繁复且无系统的案例中去寻找,所以花费的时间比较长,教师很少能在规定的年限将全部法律讲完。所以在已经具备了法典化法律的情况下,案例方法不能用作唯一的甚至主要的教导方法,但是考虑到其世界性（普适性）的一面,可将其用之于如国际公法、国际私法、契约法、公司法等科目的实习。中国目前缺乏案例汇编,这非短时间内可以解决,可以将少数标准美国案例汇编译成中文,以适应中国的需要。

（8）法律研究院。庞德认为,在一个良好的法律学院里,一般的课程和研究部的课程应合成一个整体。天赋独厚的学生,可以准其选修研究科目以适合其特殊需要;教授可以同时在研究部和一般课程讲课,相互为益,促进教学,即使教授只讲授一般课程或者只给研究院上课,同仁之间也可以相互交流，增进学养。如果设置独立的法律研究院，另盖校舍和图书馆，并另聘教授，将发生许多重复，实属得不偿失。

（9）法律教授的地位。在中国现代法律的形成时期，法律教师及法官应占据首要的地位，尤其是法律教师，地位更加崇高，因为他们训诲的是未来的法官、律师和法律教师，而且在采用法典制的国家，学理上的写作及法律教授的著述，对于法律的形成影响极大。法律教授和法官一样，都应该有职位保障，以吸引最优秀的人才。

（10）法律图书馆。庞德认为，法律图书馆是法律教育传统的最大储藏，在中国还没有完善充足的法律文献之前，法律图书馆不仅应包括现有的中国法律书籍，至少还需有优秀的现代罗马法的基本论著和对于中国法典曾有贡献的主要大陆国家的学理著述，这为阐发中国法典所必需，亦为写作充实的中国法律学理论著所必需。

（三）司法改革

就司法改革提出建议，是国民政府聘请庞德担任顾问的初衷之一，而且司法在庞德理论体系中本身就占有非常重要的地位，他曾言法律的生命在于适用和执行，司法是法律能否取得实效、达成社会控制的目的的关键，因此，司法改革成为庞德履职期间关注的重要问题之一。

1. 法律人（lawyers）

对于法律职业阶层，除了强调通过法律教育培养之外，庞德认为在中国进行法律重建的过程中，还需要在律师、法官和法律教授三种法律职业者中间建立并且维持一种平衡。中国已经采取了一种法律教授居于重要地位的法律制度，但是还需要充分重视法律实务家——律师和法官——的作用，以使得每一个职业不因为其他职业的优越地位而被忽视。就律师而言，首先，需要充分重视律师的作用。因为一个好的律师能减轻法院的负担：可以给人以忠告和咨询，防止滥诉；能审慎、确实及明智地起草文件、契约等，避免法律纷争；能为案件做充分的准备，适当地提出请求与抗辩，便利法院的工作。其次，重视律师的地位及其见解，司法才能有必要的制衡。因为没有人能如此合适地去审度法庭所做工作的实质，没有人能有这样好的地位去确知法官在做什么，其所做的工作基础是什么以及裁判可能得到赞扬的标准是什么。再次,受到良好训练的律师能够参与立法和社会公益活动,因而在社会和政治上的作用也非常重要。庞德指出,在中国要消除这样一种看法:诉讼代理人和辩论人是不可信、不诚实的。庞德认为这种看法是一种时代的错觉。法官、法学教授以及执行实务的律师都应该是而且应该被尊重为公共职务的一员,具有一般的高尚理想和无可怀疑的可靠性。就法官而言,庞德强调了要保证法官的独立与尊严,使法官能够依法律与证据而自由裁判,不会受到任何压力以至于背离法律。

2. 司法机关的设置

(1) 法院的组织体系。庞德认为,中国选择法国的司法组织体系为范本而放弃英美复杂的法院组织机构设置是明智的。而且,起草中国法院组织法的人士,能够本着现代统一法院的趋势,不把第一审关于民事、商务及刑事的法院分开,仅规定如地方情形必要,得分设民事庭和刑事庭,这样做也非常明智。中国的司法组织有两个方面可以向英美借鉴:一是法官的独立;二是律师的善为运用。这两点上文已谈,不再赘述。此外庞德还分析了应否以诉讼费用谋利的问题。他认为,国家在司法行政上谋利益,在英语世界中被认为是一种虐政。应该通过善用律师、减少法官、减少法院书记官的工作费用等措施降低诉讼费用,减轻当事人的负担。庞德并不认为政府征收诉讼费用可以减少诉讼:对于不必要的无理请求、虚浮冗长的辩论以及毫无实意的抗辩等固然应该减少到最低限度,但是不应该因此就对真实有据的请求予以打击。打击有理由的当事人就是拒绝给予公平、出卖公平,其结果是不公道的人得到鼓励,而人们的权利无法得到保障。"一个政府如果出卖公平或者拒绝公平,便于它的首要职务之一有所亏欠。"[52]可以通过诚实稳妥的律师向当事人提出合理的建议来减少滥诉,减轻法院的工作负担。

(2) 司法行政部门。在庞德看来,中国设置司法行政部门是贤明之举,因为司法行政部门可以发挥重要的作用,如调查整个司法制度,发现法律上疏漏之处提出改进意见,组织法学著作的编纂,从一般人的利益出发为立法进行准备等。

(3) 检察官。庞德首先廓清了中国对于英美公诉制度的一些误解。

他指出,英国历史上除对政治犯的追诉以外,所有一切刑事追诉均操控于私人,后来英国将对重要刑事案件的追诉改为公诉并且设立了专门的机构。美国没有私诉,各州都设立了地区律师或者公诉律师,对于刑事案件有完全的控制权。庞德认为,他在中国听到的对于检察官的批评,和在美国或者其他国家听到的是一样的,如公诉人易受政治影响,公诉人与法官之间的关系可能影响公正审判等。检察官受到攻击的根源在于,要在公众安全和个人生活之间求得平衡是很困难的,这种困难足以束缚住刑法执行人员的手脚,但是这种批评是民主国家不可避免的流弊,只能由每个国家自己去解决。总之,"有效的刑法是维持大众安全所必需的,要使刑法有效,则必须有一批干练的、受过适当训练的、效能高的公诉人"[53]。

(4) 司法组织与行政的关系问题。庞德赞成中国采取司法独立——司法不受制于行政机关——的制度,但是同时指出,这种制度也有弊端——司法与政府缺乏联系或者联系不连贯。为求与政府的合作和提高工作效率,庞德提出了两种方法:实施调查、组织有关机关和人员的会议。调查的目的在于调查中国司法在组织、设施、适用法律和司法人员训练等方面的情形,发现困难与缺点以及必须解决的问题;举行全国或者地方性的会议,主要是为了交换经验,使调查和法理研究可以注意到司法制度方面的得失,以及如何通过司法行政或者立法加以改进。凭借上述两种方法,就可以解决实际的问题,而不必就假想的情形寻求抽象的解决方案。

3. 司法机关的任务

在庞德看来,中国在战争和敌人长期占领之后,坚决地维护社会秩序所代表的大众安全,是符合社会需要的。中国必先就大众的安全建立一个坚固的基础才谈得上用松弛宽大的方法尽量发展个人生活。庞德也指出,当时中国的司法机关面临一些难题:首先,法院工作的繁忙使得法官们无法作出创造性的工作,因此通过裁判形成法律非常困难;其次,如何报告判例以适应20世纪的需要,这是各国共通的一个问题。

4. 裁判过程中的问题

庞德指出,在司法过程中,中国的法学家需要将中国的良好法典依照中国的需要培养成为一套中国的法律。为了达到这一目标,庞德强调了三点:(1)重视法理学著作。(2)统一法典解释和适用。法典的解释和适用应该依据中国的经验和对于中国问题的认识进行。一方面不应仅凭肤浅的比较法来解释和适用法典,另一方面也不应该用刻板的方法机械运用法典条文。(3)重视国际私法。由于世界经济日趋统一,国际私法在各处都已成为法律的重要部门之一,其不仅对于中国各大商业中心有重要性,并且对于各省的不同习惯及民法典中关于适用习惯的种种规定,亦能显示其重要。要解决适用外国法律办案的困难,不但要有学理著作指示法院适用何种法律,并且还要有完备易用的图书馆,以帮助决定某国的法律究竟如何,中国可以在司法行政部设置一完善的图书馆,并建立一种向司法行政部请求解答外国法问题的制度。

(四)统一法律著述

法律著述(juristic literature),是法学家或者法律教授对于法律进行的学理阐释。在庞德看来,法律著述是法律发展持久的推动力,也是法律教育的产物和基础。中国要统一法律解释和教育,法律著述的统一十分必要。为此庞德提议帮助中国编纂一套规模庞大的中国法通典(The Institutes of Chinese Law),而"中国法学中心"(The Chinese Juristic Center)正是为编纂通典而倡议设立的。

1. 统一法律著述的必要性

庞德认为,学术著作是法律永久发展的一个基础,是法律教授或者法学家推动法律发展的主要手段。法学著作不是法律,没有也不需要立法规定它的权威拘束力,它有的是说服力(persuasive)。法律史上,法学家的注释和学理阐发在罗马法的发展中起了重要作用,柯克[54]、布莱克斯通、肯特[55]和斯托里[56]等的著作也极大地促进了普通法发展。尤其是采用法典制的国家,"法律之发展,乃立法者、推事、法学家或法学著作家大家的工作。在这一方面,立法者一向最为公众所关注。但实际上,立法者对于法律的发展所担任的工作最少。在法典的背后,往往有一套历史悠久的判例、法学学说以及著作作为背景"[57]。

中国的司法行政迫切需要法律解释和适用的统一,没有法律著述是不可能做到这一点的。但是中国的法律还缺乏法理发展的基础,"目前可资应用者仅为有关大陆法典之著作。……我们纵然承认中国法律有以判例发展之必要,但法学学理性著作仍不失为目前所必需的基础"[58]。因此,庞德认为,要培养一套真正的中国法,首先要完成一部大的法学原理的著作,它中国人为中国而写成的,目的是使法官、法学家及法学家们能有一种一致的方法和看法,而不是机械地适用法律条文。这种著作不是法律而是法学学理,仅有指导劝告的作用,而无绝对的权威。著作的内容要将中国法作为整体阐述其要旨,而不是一些不相关的主题的集合:就中国的历史背景为审慎的叙述,尤其是与习惯、范式及普遍接受的观念相关的东西;就一般法作分析的、历史的、哲学的以及社会学的引论,而以适合于中国法的为准;就宪法及立法、行政、司法的组织做简要叙述,行政法应该在适当关联处有一地位;阐明违法行为、刑法原理与民事赔偿以及程序上处罚的关系。有了这样一部权威性的法律典籍,就能够保证法律的统一和中国一般法学文献的创作。

2. 筹建"中国法学中心"

为了编纂统一的中国法律典籍,庞德建议设立类似于美国法学会的机构,并将其命名为"中国法学中心"。庞德曾向谢冠生致函:"如果此项组织得以创设,此项典籍得以完成,我敢说这将是统一中国法的一个重要步骤,而且可能是对于中国司法所能做的最有用的一件事。"[59]

(1) 中国法学中心的性质与结构

庞德建议中国法学中心在性质上是一个私人团体,由政府予以监督和扶助。作为私人团体,中心编述的典籍就无须经过立法的制定或者认可,可以保留学术著作的益处:凭自身的说服力得到法官、法院和法学教授的引证,任何人都可以对其提出修改建议做公开探讨,使得再版或者出版新书时能够作出必要纠正。由政府监督和扶持主要是考虑中心乃初创,由司法行政部扶持可以汇集国内最为卓越的法学家参与。

关于中心的结构,庞德建议由司法行政部部长任主席,并且担任理事会的召集人,下设会员、理事、各委员会、编纂。会员应为法官、法学教授及富有经验和声誉的实务家,由司法行政部部长延聘;会员的人数要足以使中心富有代表性,但也不宜过多,保持较高水准为宜;外交、行政及法律教育等与中心有关的工作部门或者领域,应有知名人士作为代表加入。

会员每年召开两次常务会议,考虑到会员均有各自工作,因而只是希望他们能随时参加会议,就会前印发的各编纂或者各组委员会提交的草案和建议提出意见。理事宜由司法行政部部长在会员中根据经验、学识、判断等选任,以 9 人为度,组成理事会,负责对于不同的见解做最后的决定。编纂也应由部长聘任,其人选应是法学教授中对所属专题有特别的识验,能写出畅达精当文稿,并且有充分的时间按照委员会的意见和协助进行工作的人。同时部长根据编纂的意见聘任各组委员会,每一委员会约有 3—5 人组成,其人选应是对教书及著作有丰富识验,对所研究的专题有专长,并有充分的时间对编纂提出建议及协助的人。

(2)中心的工作

中心首要的迫切工作是:准备一套可称作"中国法通典"的法学典籍。庞德期望计划中的典籍能成为中国法律的总纲,其应具备完整的体系,包括宪法、行政法、国际私法、国际法通行于各国的共通部分、海事法、法院组织法、司法法、民法、刑法、民刑事诉讼法及法典的补充法规,综合成一个系统的汇编。每一部分与其他部分相互关联,成为一个整体。卷首有一总论,用分析、历史、哲学和社会学的方法就中国法做一个科学的引导,随后就法典制定前的中国法律史、法学思想及现代罗马法做专论性的大纲;再后是现行的中国法典。庞德自荐担任法典编纂的总顾问。关于具体的编纂计划,庞德拟就了两种方案:一种四卷本,另一种七卷本,每卷均约 1500 页[60],司法行政部选择了后者。

(五)为《中华民国宪法》草案[61]辩护

1946 年 10 月,身在美国的庞德应国民政府司法行政部邀请[62],就中国宪法的问题撰写了报告,后以"论中国宪法"为题在《中央日报》和《申报》上发表。庞德以中国国情为由论证了即将付诸表决的宪法草案的合理性。其主要论点包括:(1)中国需要一种具有中国性格,合乎中国国情之中国宪法,不必抄袭外国。(2)三权分立并非是民主或者立宪政治之必要条件。今日中国行政迫切需要的是统一性、继续性、稳定性和效能之提高,中国缺乏美国当年采取三权分立的历史和社会背景,因此三权分立不适合当下中国政治上的迫切需要。(3)关于总统制和内阁制的选择问题,庞德指出,民主国家并非必须在二者之内择一,目前中国宪法的规定是酌采各国制度中适合中国国情的部分,值得肯定。(4)中国今日需要有强大的国防,因此应采单一政体;中央和地方的职权分配,应该以均衡为宗旨。因此宪法关于中央和地方实行均权制是适宜的,同时制定宪法的人仅规定一般原则而不规定细节以应对未来的变化,也是善取他人长处的表现。(5)中国宪法关于个人权利之规定,大体妥当,只是对个人是否有权就违宪的法律向法院申请救济没有明确规定。庞德认为,只有在具备了健全的法院以及了解社会情势和法律知识的法官的条件下,才能允许个人拥有违宪救济的请求权。所以中国是否采取这样制度还需要考虑。(6)政府职权之五分是中国宪法最为显著的特点,是适合中国国情的。为了保证立法院致力于立法工作,不能采内阁制使行政院对于国民大会负责。同时为了保证总统的超然地位,行政院也不能对总统负责。(7)国民大会2000人左右的规模不能说是过于庞大。只要能选择适当的人才作为代表,同时明确合理地规定开会程序,国民大会可以成为负责任的民众机关。国民大会的职责是管理国家大事,对于一般政府事务没有必要管理。此外,为了免于少数人成为独裁者,不应该在国民大会内部设立常设机构。

五、评价与反思

1946年7月,当庞德抵华赴任国民政府司法行政部和教育部顾问时,官方舆论给予了庞德无以复加的推崇:"我们有绝对的必要,接受庞德教授的意见,作为我们改造中国的实体法和程序法的指针","如若我们能够接受庞德教授的影响,则我国的法律学与现行法必将开一代新纪元","庞德教授的社会工程学就是指导社会工程师正视社会具体的事实而予以公平的处理的理论。这个理论对于我历史悠久而正在革命与创造的中国法律家与法律学,是绝对的必要。首先的一点,就是他的理论给予我国法律家以革命和创造的信心。法律家有了这一信心,在日常工作上,无时无地不可以发现个人社会与国家的具体利益,而予以衡量,加以处理,达到具体公平的结论","庞德教授留驻中国的时间虽短,但是他在这短时期以内,必将指点中国的法学家与法律学,成为社会工程学与工程师,适应中国社会迫切需要。影响之深长是可以预卜的"[63]。

一个外国法学家,被视为中国法制和法学变革的希望,中国近代史上恐怕只有庞德享受到这样的"殊荣"。作为美国法学界的一代权威,就学养而言,顾问一职,庞德可以说胜任愉快;庞德收了 3.75 万美元的薪酬[64],为中国法制建言不遗余力,也算受人之托忠人之事。因此从专业水准和职业道德而言,庞德应该是无可挑剔的。但社会学法理学真的如社论所言是中国法制变革的指针?庞德给中国的建议真能化腐朽为神奇,推动中国法制完成转型适应现代社会的需要?在距离这段历史半个多世纪的今天,我们或许可以进行一些反思。

(一) 社会学法理学视角下的中国法制

庞德对于中国的建言是其社会学法理学应用于中国现实的结果,但是在社会学法理学的理论和中国的现实之间,庞德更多的是倚重于前者,换言之,庞德的建言更多的是一种理论上的思考与设想。

庞德对于中国法制的判断和建议是其社会学法理学理念的全面体现。如前所言,庞德坚决反对中国放弃其继承已久的大陆法系模式而转采英美法系。因为庞德认为,作为司法和行政行为基础的权威性材料的法律包括律令、技术和理想等要素,所以法律的变革包括法律模式的转换也就不仅仅是更改律令就能完成的。庞德承认,如果可行的话,渐进的转型不失为一种更好的选择,但是革命之后中国出现了建设现代法制的需求,中国已经没有时间在过去的法学、政治和伦理制度基础上来发展自己的法律。[65]采用罗马法是最实际的选择。庞德主张当时的中国应该统一法律解释和适用,尤其应该统一和加强法律教育。因为相比立法,庞德更为关注的是法律制度、律令的社会效果以及促使法律具有实效的手段。任何法典都不能不经解释而应用于现实之中,庞德认为要解释法律,首先要明确理想要素,即社会控制的目标。受柯勒"特定时空文明的法律先决条件"理论的影响,庞德将理想要素限定在特定的时空条件下,因而庞德强调中国的法典是要适用于中国人民的,规范中国人民生活的。要解释法律还需要有技术,庞德因此主张统一和加强中国的法律教育。庞德认为,技术和律令本身一样权威,作为一种知识和教育传统的技术是区分大陆法系和普通法系重要因素。"在任何发达的法律体系中,都存在着发展和适用法律律令的传统技术,经由这种传统的技术,那些律令被维续、被扩展、被限制,并被用来适应司法的各种需求"。[66]技术是由包括律师、法官和法学家在内的法律人所掌握的,它需要长期的教授和训练才能习得。庞德给予法律教育下培养出的人才以很高的期许,认为法律教育不仅要培养法律人具备专业技术,而且要培养法律人成为具有公共服务精神的通才。在庞德看来,法律之所以能够自我维系,并且在16世纪之后超越宗教和道德成为首要的社会控制力量,就是因为法律人能够根据社会普遍接受的理想图景,运用专业知识去满足日益变化的社会需要。但是当时中国法律教育的状况显然还不能令庞德满意:近代法律教育刚刚起步,大陆法系和英美法系的教育模式并存,法律人缺乏统一的专业训练,也缺乏对于法律职业伦理的认知。因此,庞德才会不遗余力地鼓吹法律教育的改革,制定详细周备的改革计划。所谓统一法律典籍,某种程度上也是加强法律教育的一种方式。

相形之下,庞德对于中国现实状况的了解则没有其对于理论的掌握那么周全细密。诚然,作为一个造诣颇高的比较法学家,庞德在可能早就对中国的法律传统乃至民国时期中国的法制状况有所了解,就任顾问之后,也可以更为方便地获取有关中国的法律典籍以及相关文件。但是既受聘为顾问,就成了国民政府的座上宾,所到之处,大都是高车驷马,前呼后拥,即便是进行司法调查,也往往是在高层官员的陪同下参加座谈或者会议,这样能对中国司法的实际运作逻辑乃至中国社会的真实状况有多少了解?1946年7月12日,庞德抵华仅半月有余就写出了《改进中国法律的初步意见》,其中的内容涉及法律模式的选择、统一法律教育和法律著述等,庞德后续的很多演讲报告等都是此间论题和观点的进一步展开。在佩服庞德观察敏锐和敬业勤勉之外,这是否可以从另一个方面验证庞德在华逗留的 17 个月内对于中国的了解没有更为实质的改变。而事实上,1945 年至 1946 年的中国法制最为重要的问题是制宪,是继续坚持国民党的一党专政统治,还是走向中国共产党的新民主主义道路,抑或是走某种中间道路？而恰恰在这一个问题上,庞德的表现彰显了他理论体系的弱点。

(二) 处理宪法问题的实用主义考量

庞德的《论中国宪法》一出,即遭到了舆论批驳。[67]论者们认为庞德有关"内阁制不适合中国国情"、"总统集权的五院制合于国情"、"民主不能移植、宪法不能抄袭"等观点是"外毒",实际上是在为总统独裁张本。但是如果我们从庞德思想的实用主义倾向出发进行考量,或许会发现庞德此论的某种必然性。

如前所述,庞德受美国实用主义代表人物之一威廉·詹姆斯的影响很大。在实用主义的哲学基础上,庞德关注的是法律的实际效果而不是抽象的理论原则,法律被视为一种工具,其目的和任务在于确认、界定和保障利益。为法律所确认、界定和保障的利益并不是固定不变的,需要法律人根据特定时空下的理想图景进行确定。至于哪些实体价值将被选入这幅理想的图景之中,庞德的社会学法理学并不关心。但不关心并不等于问题不存在,更不等于问题得到了解决。法律的实体价值取向,抑或是法律的性质问题,是人类法律史上永远都需要面对和解决的问题之一,这一点因此成为庞德社会学法理学理论的盲点。正如邓正来先生所言,庞德的理论给法理学提供的是一种中性的框架,但是用"有效—真理"的论辩取代法律性质的问题,使得社会学法理学从根本上丧失了一种从法律性质的角度出发对法律功效和法律发展进程进行批评的维度,尤其是对法律人根据其对社会生活的认知而构建起来的特定时空之文明的法律先决条件、有关法律目的的理想图景以及他们据以建构这些东西的意识形态进行批评的维度。[68]

就自身的价值判断而言,相比较个人利益,庞德更强调社会利益。他认为在任何类型的社会中,社会团体的需要——保护社会团体不受威胁它存在的那些行为方式和过程的侵害——都是最高的社会利益,也是被法律所认可的首要利益。19世纪末期之前的法律只是维护了这个利益的一个方面,即社会利益中的和平与秩序,19世纪的思想是从个人主义的角度出发去维护这种和平与秩序。19世纪末期开始,法律的重心逐渐从个人利益转到社会利益,法律进入了所谓的社会化阶段:法律权利被视为是政治社会在某些确定的限度内实施自然权利的手段,个人利益至多只能与社会利益处在同一层次上,而且个人利益是从实施它们的社会利益中获得了它们对于法理学的重要意义。[69]换言之,个人利益不再具有其在17、18世纪以降古典自然法理论中的绝对性,而是被放在更大的背景之下,置于"某些社会利益之下,由此将个人的要求与他人的要求放在同一水平上考虑"[70],在这样的前提下,能够使得整体利益损害最小制度安排将得到采纳。因此,在价值判断上,虽然庞德没有将社会利益绝对地置于个人利益之上,但是社会利益概念的引入以及整体利益损害最小的判准却为某些个人或者利益团体以"社会利益"之名侵害个人自由留下了余地。

就意识形态而言,庞德反对共产主义,支持蒋介石领导的国民政府。"他(指庞德——笔者注)认为蒋介石是一位杰出的领导人——睿智、坚韧、民主。他坚信中国没有腐败和审查制度……1947年的中国之旅之后,他否认内战的威胁,而且直到1948年,他都拒绝承认一个重要的共产主义因素的存在。"[71]庞德回国后曾言,"如果你曾见到由我在那里遇到的高素质的国民党人治下的中国,你会觉得不虚此行","如果我们的政府继续帮助中国共产党,我怀疑美国人即使到了中国也没有多大用处"[72]。庞德"深刻地批评了美国政府的对华政策。他指摘美国帮助了中国共产党,并对国民政府加以无理的压力。他称颂蒋主席的伟大成就,纵然由于侵略与战争而遭遇巨大的困难",在1950年6月写给谢冠生的信中,庞德表示"回国后随时抓住机会为中国政府辩护,今后亦当如此,较为友善的态度已渐见展开"[73]。此外,庞德还积极地为国民政府游说宣传,并且支持当时在美国盛行的红色恐怖(Red Scare)和麦卡锡主义(McCarthyism)。[74]

对于社会利益的强调、对于共产主义的敌视,加之其本身理论框架对于注入其中的实体价值缺乏批判性,庞德为《中华民国宪法》草案辩护也就不足为奇了。这种辩护也在某种程度上成为庞德社会学法理学理论盲点的一个注脚。

就学术而言,不同的倾向与观点只要能言之成理,都无可厚非,但是"文章不与政事同",在实际的政治生活中,以庞德在学术界的权威地位,他这番言论的影响无疑是巨大的,尤其是《论中国宪法》的发表之日(1946年12月13日)正值国民大会就《中华民国宪法》草案的审议结束、即将付诸表决的关键时刻,围绕宪法草案所涉问题的不同观点激战正酣。国民政府让庞德撰写这样一篇文章,又选择这个时候刊发,其用意昭然若揭。不过考虑一下庞德的政治倾向,似乎也难说是庞德因为书生之气被人利用。

六、结语:庞德与当代中国

由于国内战局的紧张,庞德关于中国法制的改革计划和建议没有得到充分的实施,我们也就无从考察这些建言的实际效果了,但是这些论述本身已经成为庞德社会学法理学思想的一种应用。1949年之后的很长一段时间里,庞德被认为是"帝国主义时代资产阶级反动法学权威",其社会学法理学思想也受到了批判,庞德与中国的这段渊源更是长久以来无人提及。1978年之后,庞德又重新被划归到西方权威法学家的行列,其学术著作不断地被译介到国内[75],庞德的思想得到了更为全面深入的阐发,庞德与中国也成为很多学者感兴趣的问题。[76]看法与评价的变化之间,中国法学的进步显而易见。

当代中国依然处在法治与社会的转型时期,如何通过法律教育使得在司法裁判中法律职业的方法能够统一,并培养在本地情况和主流文化价值中适用相异制度和规则的能力,让引自异域或者承自传统的法律真正成为适应中国当下社会需要的法律?又如何能在关注法律效果的同时设计出合理的机制,保证社会学法理学中性的理论框架之中不被注入压制个人自由的内容？这是我们对于一种外来理论的反思,是对1946—1948年庞德参与中国法制历史的总结,更是法治转型时期中国法律人必须要面对和解决的问题。

注　释

〔1〕威廉·詹姆斯(William James,1841—1910),美国哲学家和心理学家,实用主义的倡导者之一。

〔2〕奥利弗·温德尔·霍姆斯(Oliver Wendell Holmes,1841—1935),美国法学家,曾任联邦最高法院大法官。

〔3〕鲁道夫·冯·耶林(Rudolph von Jhering,1818—1892),德国法学家。

〔4〕约瑟夫·柯勒(Josef Kohler,1849—1919),德国法学家。

〔5〕爱德华·罗斯(Edward Ross,1866—1951),美国社会学家、优生学家、早期犯罪学的代表人物之一。

〔6〕Roscoe Pound, The Scope and Purpose of Sociological Jurisprudence. I. Schools of Jurists and Methods of Jurisprudence, *Harvard Law Review*, Vol. 24, No. 8 (Jun., 1911), pp.591—619; The Scope and Purpose of Sociological Jurisprudence [Continued], *Harvard Law Review*, Vol. 25, No. 2 (Dec., 1911), pp. 140—168; The Scope and Purpose of Sociological Jurisprudence III. Sociological Jurisprudence, *Harvard Law Review*, Vol. 25, No. 6 (Apr., 1912), pp. 489—516.

〔7〕Roscoe Pound, The Scope and Purpose of Sociological Jurisprudence III. Sociological Jurisprudence, *Harvard Law Review*, Vol. 25, No. 6 (Apr., 1912), pp. 513—515.

〔8〕Roscoe Pound, *Jurisprudence*, (Volume I-V), St. Paul, Mxzn. West Publishing Co.1959. 汉译本可以参见〔美〕庞德:《法理学》(第一卷),邓正来译,中国政法大学出版社2004年版;《法理学》(第二卷),邓正来译,中国政法大学出版社2007年版;《法理学》(第一卷),余履雪译,法律出版社2007年版;《法理学》(第二卷),封丽霞译,法律出版社2007年版;《法理学》(第三卷),廖德宇、余履雪、赵颖坤、汪全胜译,中国政法大学出版社2007年版;《法理学》(第四卷),王保民、王玉译,法律出版社2007年版。

〔9〕庞德:《法理学》(第一卷),邓正来译,中国政法大学出版社2004版,第357—364页。

〔10〕丁韪良(William Alexander Parsons Martin, 1827—1916),美国人,1867年担任同文馆万国公法和富国策教习,1898年被聘为京师大学堂总教习。

〔11〕松冈义正(1870—1939),日本人,1906年受聘任清政府修订法律馆顾问,起草民律。

〔12〕志田钾太郎(1868—1951),日本商法专家,1908年受聘任清政府修订法律馆顾问,起草商法。

〔13〕小河滋次郎(1861—1925),日本监狱法先驱,1908年受聘任清政府修订法律馆顾问,负责改善狱政。

〔14〕古德诺(F. J. Goodnow,1859—1939),美国行政法学家,1913年受聘担任北洋政府宪法顾问,所著《共和与君主论》成为袁世凯称帝的理论支持。

〔15〕有贺长雄(1860—1921),日本国际法学家,1912年被袁世凯聘为总统府法律顾问。

〔16〕爱斯嘉拉(Jean Escarra),法国人,中国法专家,1921年来华,历任北洋政府和南京国民政府司法部顾问。

〔17〕吴经熊(John C. H. Wu,1899—1986),民国时期著名法学家。吴经熊于1924年在《伊利诺伊法律评论》上发表了《罗斯科·庞德的法律哲学》(The Juristic Philosophy of Roscoe Pound, *Illinois Law Review*, 18(1924), pp. 285—304, 译文参见翟志勇主编:《罗斯科·庞德:法律与社会》,广西师范大学出版社2004年版,第141页),介绍了庞德的社会利益理论。

〔18〕如商务印书馆1928年出版了庞德的《法学肄言》(雷沛鸿译);1931年出版了《法学史》(雷宾南译)。

〔19〕1945年12月1日,庞德在答复时任南京国民政府司法行政部部长谢冠生的信中表示:"承聘为顾问,引为欣幸。年已75岁,自信精力健旺,可为相当贡献。6月中可能前来,9月下旬回国,期望于哈佛再教一年,亦即于1947年6月再来中国,久住无妨。过去两度访华,深感愉快。"

〔20〕杨兆龙:《杨兆龙法学文集》,艾勇明、陆锦碧编,法律出版社2005年版,第3页。

〔21〕David Wigdor, *Roscoe Pound—Philosophy of Law*, Greenwood Press, 1974, pp. 272—274.

〔22〕指1937年2月26日为法官训练做的题为"司法之功能"的演讲和在中央大学做的"法律之理想运动"之演讲。

〔23〕N. E. H. Hull, *Roscoe Pound and Karl Llewellyn—Searching for an American Jurisprudence*, The University of Chicago Press, 1997, pp. 281, 282.

〔24〕参见张文伯:《庞德学述》,中华大典编印会、国风社1967年版,第141—154页;王健编:《西法东渐——外国人与中国法的近代变革》,中国政法大学出版社2001

年版,第 61—73 页。

〔25〕参见同上书,第 155—160 页;同上书,第 499—503 页。

〔26〕参见同上书,第 161—190 页;同上书,第 504—539 页。还可以参考〔美〕庞德:《法律教育第一次报告书》,载杨兆龙:《杨兆龙法学文集》,艾勇明、陆锦碧编,法律出版社 2005 年版,第 510—532 页。

〔27〕节译成《论中国宪法》发表于 1948 年 12 月 13 日的南京《中央日报》(第 3 版)和上海《申报》(第 2、3 版)。

〔28〕参见杨兆龙:《杨兆龙法学文集》,艾勇明、陆锦碧编,法律出版社 2005 年版,第 555—558 页。

〔29〕参见张文伯:《庞德学述》,中华大典编印会、国风社 1967 年版,第 191—192 页;王健编:《西法东渐——外国人与中国法的近代变革》,中国政法大学出版社 2001 年版,第 268—269 页。

〔30〕参见张文伯:《庞德学述》,中华大典编印会、国风社 1967 年版,第 99—114 页;王健编:《西法东渐——外国人与中国法的近代变革》,中国政法大学出版社 2001 年版,第 419—433 页。

〔31〕参见张文伯:《庞德学述》,中华大典编印会、国风社 1967 年版,第 115—125 页;王健编:《西法东渐——外国人与中国法的近代变革》,中国政法大学出版社 2001 年版,第 434—445 页。

〔32〕参见张文伯:《庞德学述》,中华大典编印会、国风社 1967 年版,第 126—140 页;"法律思想与法律秩序",载王健编:《西法东渐——外国人与中国法的近代变革》,中国政法大学出版社 2001 年版,第 446—460 页。

〔33〕参见王健编:《西法东渐——外国人与中国法的近代变革》,中国政法大学出版社 2001 年版,第 461—483 页;杨兆龙:《杨兆龙法学文集》,艾勇明、陆锦碧编,法律出版社 2005 年版,第 479—493 页。

〔34〕杨兆龙:《杨兆龙法学文集》,艾勇明、陆锦碧编,法律出版社 2005 年版,第 559—566 页。

〔35〕同上书,第 549—554 页。

〔36〕同上书,第 533—543 页。

〔37〕调查团分为五组,分别负责治安机关与刑事侦查、刑事追诉和裁判、刑事执行与感化、民法典以及补充法规的适用、民诉以及执行法规的适用的调查,调查人员由外聘专家和司法行政部的机关人员组成,调查时限暂定 1 年,区域分京沪、沪杭和浙赣三个方向,调查后要整理和编制报告等。但是这一司法调查计划后来由于战局的变化未能彻底实施。

〔38〕参见王健:《庞德与中国近代的法律改革》,载《现代法学》第23卷,2003年10月第5期。亦可参考刘正中:《庞德与中国法制——1943年至1948年之中国法制历史》,载《法学》2000年第12期;谢冠生著,王健整理:《关于庞德访华的日记》,载翟志勇主编:《罗斯科·庞德:法律与社会》,广西师范大学出版社2004年版,第342—348页;杨兆龙:《杨兆龙法学文集》,艾永明、陆锦碧编,法律出版社2005年版,第466—569页。

〔39〕普通法上动产和不动产的区别根据的是普通法上的诉讼形式——对物诉讼和对人诉讼——进行的划分,不动产是指土地和根据普通法须与土地一起转让的财产,其他财产属于动产,如租种他人的土地就属于动产。不动产被侵害可以请求恢复占有,但是侵害动产只能请求损害赔偿。大陆法系动产与不动产的划分基本是采用物理标准,即以物是否能够移动并且是否因移动而损坏其价值作为划分标准的——动产是指能够移动而不损害其价值或用途的物,不动产是指不能移动或者若移动则损害其价值或用途的物。

〔40〕〔美〕庞德:《法律与法学家——法律与法学家在现代宪政政府中的地位》,参见张文伯:《庞德学述》,中华大典编印会、国风社1967年版,第99—114页;王健编:《西法东渐——外国人与中国法的近代变革》,中国政法大学出版社2001年版,第419—433页。

〔41〕〔美〕庞德:《改进中国法律的初步意见》,参见张文伯:《庞德学述》,中华大典编印会、国风社1967年版,第141—154页;王健编:《西法东渐——外国人与中国法的近代变革》,中国政法大学出版社2001年版,第61—73页。

〔42〕Roscoe Pound, Comparative Law and History as Bases for Chinese Law, *Harvard Law Review*, Vol. 61, No. 5 (May, 1948), pp.749—762.译文可参见王健编:《西法东渐——外国人与中国法的近代变革》,王笑红译,中国政法大学出版社2001年版,第78—82页。

〔43〕Roscoe Pound: "Comparative Law and History as Bases for Chinese Law," *Harvard Law Review*, Vol. 61, No. 5 (May, 1948), p.757.

〔44〕Ibid.

〔45〕《中华民国民法》第1条规定:民事,法律所未规定者,依习惯;无习惯者,依法理。

〔46〕〔美〕庞德:《中国法律教育改进方案》,载张文伯:《庞德学述》,中华大典编印会、国风社1967年版,第161—190页;又译为《关于中国法律教育问题的初步报告》,载王健编:《西法东渐——外国人与中国法的近代变革》,中国政法大学出版社2001年版,第504—539页。还可以参考〔美〕庞德:《法律教育第一次报告书》,载杨

兆龙:《杨兆龙法学文集》,艾勇明、陆锦碧编,法律出版社2005年版,第510—532页。

〔47〕〔美〕庞德:《改进中国法律的初步意见》,载张文伯:《庞德学述》,中华大典编印会、国风社1967年版,第141—154页;王健编:《西法东渐——外国人与中国法的近代变革》,中国政法大学出版社2001年版,第61—73页。

〔48〕〔美〕庞德:《法律与法学家——法律与法学家在现代宪政政府中的地位》,载张文伯:《庞德学述》,中华大典编印会、国风社1967年版,第99—114页;王健编:《西法东渐——外国人与中国法的近代变革》,中国政法大学出版社2001年版,第419—433页。

〔49〕同上。

〔50〕〔美〕庞德:《中国法律教育改进方案》,载张文伯:《庞德学述》,中华大典编印会、国风社1967年版,第161—190页。

〔51〕同上。

〔52〕〔美〕庞德:《法院组织与法律秩序》,载张文伯:《庞德学述》,中华大典编印会、国风社1967年版,第115—125页;王健编:《西法东渐——外国人与中国法的近代变革》,中国政法大学出版社2001年版,第434—445页。

〔53〕庞德:《近代司法的问题》,载王健编:《西法东渐——外国人与中国法的近代变革》,中国政法大学出版社2001年版,第461—483页;杨兆龙:《杨兆龙法学文集》,艾勇明、陆锦碧编,法律出版社2005年版,第479—493页。

〔54〕爱德华·柯克(Sir Edward Coke,1552—1634),英国法学家,历任副检察长(solicitor general)、高等民事法院大法官(Chief Justice of the Court of Common Pleas)等职。参与起草《权利请愿书》,著有《英格兰法总论》(Institutes of the Laws of England,1628—1644)等。

〔55〕詹姆斯·肯特(James Kent,1763—1867),美国法学家。著有《美国法释义》(Commentaries on American Law,1826—1830)。

〔56〕约瑟夫·斯托里(Joseph Story,1779—1845),美国法学家,曾任联邦最高法院大法官。著有《冲突法评注》(Commentaries on the Conflict of Laws,1834)和《美国宪法评注》(Commentaries on the Constitution of the United States,1833)等。

〔57〕〔美〕庞德:《近代司法的问题》,载王健编:《西法东渐——外国人与中国法的近代变革》,中国政法大学出版社2001年版,第461—483页;杨兆龙:《杨兆龙法学文集》,艾勇明、陆锦碧编,法律出版社2005年版,第479—493页。

〔58〕同上。

〔59〕张文伯:《庞德学述》,中华大典编印会、国风社1967年版,第155页。

〔60〕〔美〕庞德:《关于撰写〈中华法通典〉的计划大纲》,载杨兆龙:《杨兆龙法学

文集》，艾勇明、陆锦碧编，法律出版社2005年版，第555—558页。

〔61〕1946年12月25日由国民大会通过，1947年1月1日公布为《中华民国宪法》。这部宪法确立了"主权在民"、"五权分立"、国会制和内阁制的原则，但却赋予了总统凌驾于国民大会和五院之上的权力。

〔62〕谢冠生的日记中曾记载，1948年9月蒋介石曾指示询问庞德有关中国宪法草案的意见，参见谢冠生著，王健整理：《关于庞德访华的日记》，载翟志勇主编：《罗斯科·庞德：法律与社会》，广西师范大学出版社2004年版，第344页。随后杨兆龙写信向庞德提出了这一要求，参见《庞德与杨兆龙的来往函件》，载杨兆龙：《杨兆龙法学文集》，艾勇明、陆锦碧编，法律出版社2005年版，第469—474页。10月底，庞德将相关报告自美国寄出。

〔63〕社论：《欢迎庞德教授》，载《中央日报》1946年7月3日第2版。

〔64〕以购买力计算，约合今日的100万美元以上了。

〔65〕Roscoe Pound, Comparative Law and History as Bases for Chinese Law, *Harvard Law Review*, Vol. 61, No. 5（May, 1948），p. 750.

〔66〕〔美〕庞德：《法理学》（第二卷），邓正来译，中国政法大学出版社2007年版，第104页。

〔67〕1946年12月23日，上海《大公报》发表社评《辟"不合国情"说》，并且在第3版刊发了戴文葆的《异哉，所为内阁制不合国情！》，反驳庞德的观点。

〔68〕邓正来：《社会学法理学中的"社会"神——庞德法律理论的研究和批判》，载《中外法学》2003年第3期。

〔69〕〔美〕庞德：《法理学》（第一卷），邓正来译，中国政法大学出版社2004年版，第441页。

〔70〕〔美〕庞德：《法理学》（第三卷），廖德宇等译，法律出版社2007年版，第251页。

〔71〕David Wigdor, *Roscoe Pound—Philosophy of Law*, Greenwood Press, 1974, p. 277.

〔72〕转引自N. E. H. Hull, *Roscoe Pound and Karl Llewellyn—Searching for an American Jurisprudence*, The University of Chicago Press, 1997, pp. 281, 313.

〔73〕张文伯：《庞德学述》，中华大典编印会、国风社1967年版，第8—9页。

〔74〕在美国历史上，"Red Scare"指称两段明显而强烈地反对共产主义的时期，第一段是从1917—1920年，第二段是从1947—1957年。其中第二段主要是围绕共产主义分子渗透进联邦政府而展开的。下文的麦卡锡主义则是20世纪50年代初期，美国参议院约瑟·麦卡锡（Joseph Raymond McCarthy）大肆宣染共产党渗入政府和新

闻媒体,从而煽动起的美国全国性的反共运动。

〔75〕自 2001 年以来,国内翻译出版或者再版的庞德作品包括《普通法的精神》、《法律史解释》、《法律与道德》、《庞德法学文述》(2005 年再版)、《通过法律的社会控制》(2008 年再版),《法理学》(第一、二、三、四卷)等。

〔76〕就笔者所见的资料,有刘正中:《庞德与中国之法制——1943 年至 1948 年之中国法制历史》,载《法学》2000 年第 12 期;王健:《庞德与中国近代的法律改革》,载《现代法学》2001 年第 10 期;张文艳、廖文秋:《庞德与中国近代法律教育》,载《黄山学院学报》2002 年 11 月刊;谢冠生著,王健整理:《关于庞德访华的日记》,载翟志勇主编:《罗斯科·庞德:法律与社会——生平、著述及思想》,广西师范大学出版社 2004 年版;周雅菲:《西法何以未能东渐——庞德与中国近代的法律改革浅析》,载《湖南科技大学学报(社会科学版)》2005 年 3 月刊;陶昆:《罗斯科·庞德与南京国民政府的司法改革》,安徽大学 2007 年硕士学位论文;陆燕:《庞德的法学思想在近代中国》,重庆大学 2007 年硕士学位论文等。

第六章 中国法传统的批判与误读

——昂格尔批判法学中的中国法传统

第六章 中国法传统的批判与误读

一、引言:昂格尔的批判法学与中国法

罗伯托·M.昂格尔是当代著名法学家,哈佛大学法学院教授,批判法律研究运动的精神领袖。昂格尔的学说体系以批判自由主义学说为中心。他始终坚持一个观点:不同的社会形态存在不同的社会意识和社会秩序(社会组织)。法律问题的探讨只是其社会理论的一部分,或者说,只是其澄清社会理论问题的一个手段。他比较各个社会的法律,实际上也是比较各个社会的意识、秩序;他批判并且重构自由主义社会的法律,实际上也是批判并重构其社会意识、秩序。在这个意义上,他通过法律观察社会意识、秩序。而当他在观察法律时,他坚持认为是意识和秩序塑造了法律。意识、秩序是他观察法律的手段。

昂格尔提出了一种共同意义方法,他将信念和行为统一起来,行为涉及外在的、可观察的举止,信念则涉及人们对事实和价值的看法,行为和信念的结合就是意义。这个方法就是要研究"镶嵌在信念中的行为,以及把大量的信念和行为的结合物统一进一个其内在同一性既非逻辑又非因果的整体之中"[1]。

他认为,马克思和韦伯的问题是没有将行为和信念结合起来,马克思过于强调物质因素,韦伯则过于强调精神因素。在这种方法指导之下,昂格尔坚持组织与意识的不可分割性,把每一社会看做组织和意识组成的整体,而这个社会中的法律,既是组织社会的方式,又是认识世界的方法。[2]这种共同意义的方法运用在法律研究中,形成了意识—组织进路。

具体而言,昂格尔在分析每一种法律类型的产生时,总是从其产生的社会意识和秩序着手寻找根源。他介绍习惯法、官僚法、法律秩序(法治)三种法律类型,同时也对部落社会、贵族社会、自由主义社会这三种社会的意识和秩序进行介绍,强调不同社会意识、社会秩序塑造不同的法律

类型。昂格尔认为法治这种自由主义社会的法律类型的出现源于两个因素:第一,组织因素,即多元利益集团的出现。他认为,"法律秩序要发展,必须以这样一种环境为前提,即没有一个集团在社会生活中永恒地占据支配地位,也没有一个集团被认为具有一种与生俱来的统治权利"[3]。第二,意识因素,即自然法观念。他认为,"一种法律秩序的历史基础的第二个方面就是,它以一种更高的普遍或神圣的法则为依据,用它来论证或批判国家制定的实在法"[4]。在确定法治出现的两大因素后,昂格尔以此为标准检验各种社会的政治组织和意识,不符合该标准的,便被认为不会出现法治。

我们在探讨昂格尔对中国传统法律的看法时不能忽视昂格尔对社会与法律关系的强调,即不能局限于他对中国传统的具体看法,而是必须与他的社会理论联系起来,这样才能理清为什么他对中国传统法律持这种独特的看法。他将上述意识—组织进路运用在对中国传统法律的论述中,试图通过证明中国传统社会与自由主义社会在社会意识、社会秩序上的不同,达到中国传统社会不存在西方近代法治的结论。因而,昂格尔对中国传统法律的论述,其落脚点就在中国传统社会的意识和秩序。在中国传统社会的意识方面,昂格尔主要探讨中国的内省性宗教观以及儒家、法家,认为在这些宗教观以及学派思想的影响之下,中国最终没有发展出那种孕育了西方近代法治的自然法观念;在组织方面,昂格尔讨论了中国古代士人、商人两个阶层的地位,认为这两个阶层相对于政府的依附地位导致中国不存在多元利益集团,因而阻碍了法治的实现。

二、中国传统社会及其法律

(一) 中国传统社会的社会意识

昂格尔对中国社会意识的论述主要包括宗教观、儒法道对人性及社

第六章　中国法传统的批判与误读

会的观点,其核心思想是认为中国传统社会的社会意识没有发展出类似西方的高级法观念。具体而言,昂格尔认为有三个原因导致中国没有发展出高级法观念:第一,中国宗教的内省性。第二,儒家行为背景的自然主义。第三,法家缺乏对人的尊重。

1. 内省性宗教观

昂格尔认为,中国的宗教观可以分为两个阶段考察。第一阶段,在早期中国,可以区分四种主要的宗教体验:泛神论,它的崇拜与对国家的崇拜紧密相系;功能神论;对某种神秘的或魔幻的自然现象的地方崇拜;祖先崇拜。[5]昂格尔主要论述了其中两种,他称之为一神论及泛神论。第二阶段即改革时期,泛神论即内省性宗教占据主流地位。

一神论是统一功能神论的结果,并且政治上的中央集权以及语言文化上的统一,都促进了这种一神论的发展。形成超验的一神论需要具备两个条件。第一,中央集权政治(即权力的集中化)。如果一个社会的主导是统治者治下的中央集权,该社会的宇宙观只能是这种社会秩序的扩大化。"因此,神也就成了最大的军阀,并渐渐地成为立法者,……这样一来,向超验宗教发展的大门也就打开了。"[6]第二,君主或主权者可以任意地控制或重新规定这种社会秩序,即把神看做最大的国王。昂格尔认为中国的田园经济决定了这个条件的存在。在这种经济状况下,人与决定其生活的最重要的自然因素之间的关系就是一种监督与权力的关系;人好比羊群,而神就是牧羊人。总之,他认为早期中国是存在发展出一种超验一神论的条件的。

泛神论在中国早期就存在,其内省性体现在"上帝"、"天"的称谓中。一方面,将神称为"上帝",强调神的人性或拟人化,使它与世界的关系类似于统治者与其统治下的社会的关系。另一方面,"天"强调神的非人化或自然主义的特点,赞成神存在于宇宙万物之中,否认神与万物的区别。内省性宗教有两个特点:第一,它强调人对其身内身外自然力量的依附,把神与自然等同,认为神仅仅表现而非创造自然。[7]这种宗教观点至关重要,否认神创造自然、社会,将神降为自然的等同物,这就使得社会没有必要模仿神的世界,世俗与神界、现实规则与应在规则之间也就没有一种模仿与被模仿的关系。第二,这种宗教的内省性观点神化了现存的自然和社会秩序。[8]现存秩序已然被神化,自身就是完善的,没有了追求更高、更合理秩序的必要,高级法的观念自然也不会存在。

进入改革时期,内省性排挤了超验性,儒道佛三教都不严格区分上帝和万物,也不认可自然是上帝创造的。昂格尔写道,"谈到最高的神的形象,最重要的倾向就是日益强调'天'的神圣特性而不是'上帝',结果,神的观念渐渐地非人格化、自然化了。早期中国宗教在追求超验性与拥有内省性之间的摇摆以后者的胜利而告结束"[9]。

昂格尔认为,内省性宗教观念最终能排挤掉超验性观念的原因有三个。[10]第一,农业劳作占主要地位,因而导致自然崇拜的动力仍然强大。第二,政府权力集中以及相应的一切贵族或第三等级集团屈从国家利益,使得先知或独立的教士集团很难产生。中国的宗教知识是为政府服务的,大多数的仪式功能由君主履行,或者在祖先崇拜的活动中,由家长主持仪式。神职团体的弱小,也导致不能产生这样的观念,即自然界和社会都是被神的普遍法则所管理。第三,古代中国与其他类型的文明接触甚少,从而使其不能获得能够取代作为自然法基础的超验宗教的多元文化经验。

内省性宗教之所以不能发展出法律秩序,根本的原因在于反对创世说,进而反对上帝与根据其形象制造的独一无二的人的灵魂之间的关系,也使得个人相对于他人、集体、社会的独立性缺乏神学支持。[11]而且,与超验宗教强调个人有能力超越其所生存的社会不同,内省性宗教和儒家一样倾向于个人不能超越生存的背景。

2. 儒家:行为背景的自然主义

昂格尔对儒家的论述包括以下几个方面:

第一,儒家认为人具有一种内在道德感。行为标准可以从这个道德感中产生,或者,道德感本身就是一种心照不宣的行为法典。[12]

第二,习惯法更有利于人的内在道德感的实现,实在法则有可能破坏它,因而儒家认为礼是一种模范的社会关系,社会秩序应该维护礼并且从礼中汲取营养。儒家主张恢复由改革时期的事件所破坏的秩序,因为在那种以习惯法形式存在的秩序之下,道德感才得以充分发展以确保个人之间、社会内部的协调。法律这种强制的实在规则,无视社会和谐的真正基础,只会导致更大的混乱;只有"礼"这种习惯秩序才能诱发潜在的、事先存在的礼仪观念,才能发展人的道德感。[13]

第三,儒家认为存在两种秩序,即感情秩序和社会秩序。昂格尔认为儒家非常重视这两种秩序的关系,"感情秩序、社会安排、教导学说,三者互相依赖。当这两个秩序(即感情秩序和社会秩序或称社会安排)在相同的调节性计划的方向上汇合,它们会缓和自我维护的相反条件之间的对抗,并产生大量快乐的社群。但一旦社会的公共安排或其成员之间的亲密感情与这个理想背离,一个自我寻找的邪恶循环、不信任和冲突可能就会发生"[14]。

第四,儒家提倡的社会关系是一种不平等的社会关系,力量不平等、通过交换达致相互忠诚都是其中的要素。

第五,尽管儒家代表人物大多抨击实在秩序,但他们对自然主义的信仰使得他们相信即使最坏的社会条件也代表着文明生活的真实模型的堕落版本,并且认为社会形式及主观性是不能重新发明的。[15]这就是儒家行为背景的自然主义。这与上面所讲的两个观点是相照应的。一方面,儒家认为"礼"不是人们制定的,而是社会自发形成的秩序,人们虽可以破坏它,但无力创造它。另一方面,人天生就有一种道德感,即"潜在的善"、"潜在的礼仪观念"。

简单地说,"行为背景的自然主义"指的是背景是自然赋予的,而非我们主观创造的。昂格尔认为,与人性有关的两种状况应该引起足够的重视。第一种是我们与我们的行为的生存环境之间的关系。昂格尔称之为"背景问题"。第二种是我们相互之间的关系,这是一个"结合问题"[16]。对"背景问题"的自然主义的回答即我们的心灵活动和社会关系拥有一种自然的或绝对的背景;尽管这种自然的背景可能遭受侵蚀与重生,尽管对于它的认识可能不全面,但它不能在根本上被重新创造。[17]由于接受行为背景的自然主义,儒家认为现实的社会条件不管多坏,都是自然给予的,人们无法用主观重新创造之。

第六,由于与行为背景的自然主义的结合,儒家有关社会、主观性的观点是错误的。[18]首先,为了解决人们之间的冲突,它倡导一种社会分层和等级统治的制度,也就是礼。儒家的初衷是认为等级有别、等级有序就能消除冲突。儒家面对社会上礼崩乐坏的混乱局面，非常向往西周时期尊卑有序、贵贱有序、长幼有亲、男女有别的礼治社会，认为只要各等级遵守各自的礼制，冲突就能避免。[19]其次，它忽视了对生产与交换以及主观性、结合发展出替代模式的限制，这种限制展示了那种被软化的赤裸裸的统治，即通过向他们灌输交换与忠诚的因素进行统治。为了维护礼治这种等级制度、排除其他制度的可能性，儒家通过"仁"来向人们灌输交换与忠诚的观念，如父慈子孝、兄友弟恭、"君使臣以礼，臣事君以忠"、"己所不欲，勿施于人"等观念，使得统治中带有温情脉脉的成分，"仁"之所以能成为礼的内在精神，就因为它能软化礼作为一种等级制度的统治本质。[20]再次，儒家没有认识到可能形成的多方面的生产的、感情的和认知的权力，这种权力的形成在几种情况下可能发生，如现存的特权遭遇全新的挑战，性别、阶级或民族的集体范畴的专制被推翻，等等。最后，作为一种关于自我的观点，儒家的弱点在于其对于主观性、个人遭遇（personal encounter）的幼稚、枯竭的观念，它认为社会角色与习惯的学说和一种感情秩序相符合，而且，集体的以及心理的秩序的结合规定了社会获得连贯和繁荣、个人获得安全和快乐的条件。即，儒家将社会秩序与人与人之间的感情秩序联系起来，社会生活中的生产、交换、结合都被认为与人的情感有关，例如总是把君臣、君民之间的关系与父子的关系联系起来，出现"爱民如子"、"父母官"等概念，儒家把社会各阶层之间的关系比作家庭内部成员的关系，目的是软化等级制度的统治性。

昂格尔认为，儒家的这种行为背景的自然主义与统治近代西方的基督教浪漫主义（Christian-romantic）不尽相同。[21]基督教浪漫主义的行为背景理论由三个共存的观点组成。

第一个是背景原则本身。即信仰我们的心灵和社会由给定的制度性的或虚构的假设所型塑，所有的活动都是处于背景之下的。[22]

第二个是突破背景原则。即人们总能突破所有实践的、观念的活动，在任何时刻，人们思考或联合的方式可能突破他们活动的特定世界的界限；其思考、观察的方式可能和现存的思考背景相冲突，即使并不是有意为之，或者这种突破尚未能证实存在意义、有效性，但是这种突破是真实的。[23]例如，在人类结合中，人们决定彼此之间的关系，即使这些方式与现存条件相抵触,这种抵触、偏移是断续的、部分的,但如果它逐渐被强化、归纳、根本化,现存条件的基础就会被动摇。[24]昂格尔认为,任何时候都不存在一个关于社会生活的目录(catalogue)——这个目录结合了所有人们可能想到的实践的、激情的关系——所以,塑造社会的力量总是超越现存的或历史存在的所有社会,就如同发现世界真理的力量不能被其手段——论述的形式——束缚一样。[25]总之,尽管任何活动都是背景性的,但所有的背景都是可突破的。

这两个原则存在冲突,如果人们可以简单地独立于背景之外突破其身处之背景,则第一个原则就不存在了。昂格尔认为,这种冲突是外观上的,因为突破背景总是例外的、暂时的。[26]这种突破或者失败,或者成为改变世界的大潮流中的一个小事件。

第三个是承认差别原则。即承认活动的背景性(条件性)从未被克服,但有可能松懈,背景对活动施加的限制的严重性有所不同。[27]首先,一个观念的或社会的背景可能相对地保持对责问、修改、抵触的活动的免疫性,但是,在这种免疫性之下总是存在这样一个对比:在背景范围内行动的正常活动与改变背景的异常变化行为。如果忘记这个对比,人们就容易把现存的思考、结合的模式当作一种自然形式。其次,现存的背景并不能被看做自然秩序。人们不会把一个社会的条件性(背景性)当作无条件性、绝对性,从而对现存的社会生活顶礼膜拜。相反,人们不遗余力地革新,使现存社会显得更加矛盾、可修改。[28]再次,革新并不能否认社会、背景是条件性的。但是,要从现存背景中获得更高层次的自由,就要使得这个背景有利于变化的意志、幻想,而非使之成为一个"宇宙静止点"。[29]总之,第三个原则确认了前两个原则的互补性——所有活动都是有背景的,所有背景都是可以突破的。

这种行为背景理论孕育了基督教浪漫主义对历史、社会的反对态度。可以从以下几个主题来理解这种反对态度。

首先,对具体社会秩序的反对态度和爱一起构成了基督教浪漫主义人性观念的伟大的主题。社会反对态度的主题占据了基督教信仰的所有角度,而且在犹太教、伊斯兰教中也能找到反对态度的相同基本观点,但作为一种历史事实,反对态度大多以基督教形式存在。[30]

其次,这种反对态度促进社会秩序的不断修改。"一个社会计划越忌惮修改,它所制定和强加的有关我们基本特征和实践或激情连接的结合的图像就越陷入不可忍受的限制。"[31]

再次,这种反对态度与一种基督教信仰有关,即我们必须回应自己的超自然召唤,让我们的栖居地向爱开放得更多。"在基督教历史中,我们的个性经验的世俗与超自然这两个层次之间类比关系的观点代表了自然原因的观念的结局,该观念即有能力独立达致启示的某些真理,这个结局通过个人知识取代自然原因作为通向更高级洞见的第一步。"[32]

复次,在这个意义上,这两个主题是相通的,对社会秩序的反对态度,目的在于让社会秩序、世界变得更加向爱开放。[33]

最后,基督教的反对态度认为,与社会变化随之而来的替代性线路打破所有混合的社会角色、分工和层级。最好的社会秩序是通过更彻底暴露于真正的挑战当中的方式来使得任何严格的角色、分工和层级的计划不僵化。[34]

一言以蔽之,儒家行为背景的自然主义认为人们无法凭主观重新创造社会背景,背景是自然形成的;基督教浪漫主义的反对态度则把承认行为背景的自然性与可突破性联系起来,认为最好的社会秩序就是允许不断修改、不断突破的社会秩序。

了解这个对比之后,我们才能理解昂格尔所说的,儒家的这种行为背景的自然主义与上述之统治近代西方的基督教浪漫主义不尽相同。正如昂格尔所说的,儒家传统把对人类结合问题的核心强调和行为背景的自然主义方法结合起来,而基督教浪漫主义观点则是把对结合的强调和对社会、历史的反对态度结合起来。也许可以将二者的这两种不同观点与高级法观念的产生联系起来,一个总强调超越、打破现存社会秩序的人性观念的确比不承认主观创造社会秩序的观念更容易催生高级法观念。

3. 法家

昂格尔对法家的人性观点的论述只有寥寥几句。他认为,相对于儒家的人性善,法家提出人性恶的观点,后者认为人由于受感情的支配而永远无法满足自己,只有通过外在的、强制执行的限制才能使人安分守己,法律就是这样产生的。[35]

首先,儒家认为人的行为是可以通过其内在的道德感所产生的自然秩序进行调整的,不需要国家赋予外在的法律。这建立在其人性善的前提下,提倡人性中存在自然的道德感,恢复自然秩序,这种道德感就能得到发展,个人之间、社会内部就会实现一种内在的协调,不需要国家的法律,后者看不到这种内在和谐的存在。

其次,法家认为人的行为必须通过外在的国家法律进行控制。这与其人性恶的前提有关,人性趋利避害、自私自利,应该通过一种外在的机制引导之,这种外在机制就是国家的法律,法律可用奖赏引导人们的趋利心,也可用一种外在的强制打击人性恶。

最后,自由主义法治理论所依赖的人性观、社会观与儒家、法家都不同,它是一种内外结合的观点。儒家提倡内在道德感产生自然秩序,强调人与秩序合一,法治理论认为人并不存在一种内在的善(道德感),不能从中产生秩序,因而需要国家法律;法家认为人性恶并主张法律可以通过赏罚控制人们的行为,这种看法强调了人与国家法律的完全对立,法律由人们以外的君主制定,人们只是被动受其控制,这是一种不尊重人的法律观,人就像动物一样被法律的赏罚所调动,法治理论认为人是值得被尊重并且能达成共识,社会制度可以体现人们的共识,同时,体现人们共识的法律同时又施加于人们身上。[36]

(二)中国传统社会的政治组织

自由主义社会出现法律秩序,在外观上表现为第三阶级的推动,背后却受到一种意识风格的影响,即主观价值原则和个人主义原则,即这种意识风格塑造了法律秩序的核心特点——冲突利益的调和结果。

因此,对中国传统社会的分析也会遵循以上逻辑。首先探讨为什么法律秩序没有产生,接着再介绍第三阶级事实上不存在。许多学者会简单地把这两个问题合起来,即由于第三阶级不存在,所以法律秩序也不存在。但根据昂格尔的逻辑,独立的第三阶级不出现,这是事实上的问题;为什么没有出现,这是另一个问题。我们要在后一个问题上寻找与主观价值、个人主义不同的意识风格。

1. 法律秩序为什么不出现:没有彻底打破共同信念

部落社会存在内部人与外部人的区分,内部人之间存在共同信念;自由主义社会是相对于部落社会的另一极,它完全打破了部落社会建立的内部人的共同信念,人与人之间变成纯粹的利益联盟;贵族社会是共同信念被瓦解的开端,社会分工和等级制的出现使得社会共同体瓦解,官僚法得以代替习惯法,但是在贵族社会,共同信念的瓦解并没有那么彻底。

与此相对应,自由主义趋向于普遍性,它趋向于把人们团结在形式上平等的规则之下,规则普遍地、平等地适用于所有人;部落社会坚持特殊性,个人依附于集团和不同集团间严格的界限,本族人和外族人没有共同人性,内部人之间适用相同的规则,且外部人不可适用;贵族社会则是普遍性和特殊性的特定结合。[37]

首先,贵族社会的特殊性的最明显的形式就是不平等的等级体系。每个人都属于一个等级,等级授予该人相应的权利义务,并且预先决定他对社会、自然界及其本人的看法;属于不同等级的人对于彼此来说都是陌生人。

其次,贵族社会的普遍性体现在不同等级的成员相互之间要受到封建契约规定的支配和依附关系的制约。他们之间的关系既不是自由主义社会中的平等合作者,也不是部落社会里的平等的对手,他们有严格的等级秩序,却又互相承认是同一社会中的互补部分,并且都意识到有必要服从一种普遍的社会秩序。[38]

最后,要弄清楚这种结合,还需参照另外一种结合形式,即基督教在宗教普遍性和特殊性之间采取的中间位置。基督教原则上承认四海之内皆兄弟,但也强调基督教世界与周围异教徒世界的区别;人们有可能相信所有人都是基督教世界的成员,又按照并非一切人都是基督徒的原则行事;否认人的绝对陌生性可以与基督徒远离异教徒的态度相结合。[39]

总结地说,部落社会采取的是要么内部人、要么绝对陌生人的方式,强调特殊性;自由主义社会采取的是绝对陌生人的方式,人之人之间是利益联盟,强调普遍性;贵族社会采取的二者结合的方式,表面上都是内部人,实质上还是区分出陌生人,即实质更偏向特殊性,但没有

第六章 中国法传统的批判与误读

舍弃普遍性。

法律在这三种社会中的特性自然也因此不同。部落社会的法律就是内部人的共同信念,不适用于陌生人,典型的特殊性;自由主义社会的法律则是普遍适用于所有人,典型的普遍性;贵族社会的法律主要体现等级体系,其特性更主要是特殊性,同时也有一定的普遍性。由这里可以解释为什么官僚法明明体现统治阶级的利益,有时却要宣称适用于所有社会成员;也可以解释其偶然的自治性。正如其法律体现的偶尔的普遍性和自治性并非其本质特征,贵族社会的本质也不是普遍性,在普遍性与特殊性的结合中,主要的还是特殊性,还是等级之间的内部人与陌生人区分,这是等级社会所无法避免的。

由于内部人与陌生人的区分仍然存在,内部人的共同信念也就没有完全被打破,同一等级的成员之间还是存在共同信念。但这种共同信念由于要兼顾普遍性,已经不如部落社会那样绝对。

西方最终彻底打破了共同信念,发展出法律秩序;中国最终没有打破,并停留在官僚法。共识没有被打破的原因有两个,即中央集权制和内省性宗教的盛行。习惯法的施行需要所处的社会存在一种关于价值、观念的牢固的共识,在这种共识的协助下,人们不需要实在的规则也能够实现秩序。在中国,这种共识的基础就是等级制度的稳定性以及宗教的内省性,这两个基础是"礼"这个习惯法得以在中国早期出现的原因。[40]换言之,这两个基础不被摧毁,共识就不会被彻底打破。昂格尔认为,这两个基础在中国传统社会一直没有改变,甚至在从早期进入改革时期后还得到了巩固。

首先,等级制度的稳定性在中国一直没有大的变动,中央集权制一直是传统社会的一个特色。昂格尔认为,中国的中央集权制始自公元前12世纪即西周时期,从此,统治者治下的中央集权政治成为社会的主导形象。[41]进入改革时期即公元前6世纪到公元前221年后,中国的基本趋向还是政治上的中央集权制,而且官僚组织和社会规划理论得到更大的发展,得到"士"帮助的君主在与贵族的斗争中取得胜利,中央集权制得到加强,政府权力逐渐集中。[42]自秦统一到清朝,中央集权制在中国始终屹立不倒。

其次,内省性宗教也一直没有变动。在一神论与泛神论的竞争中,内省性宗教最终压制了超验性宗教在中国的发展。

共同信念的存在意味着同一等级的成员具有相同的价值观、利益,意味着群体利益的存在,群体也可以成为利益、价值的来源,这与西方的个人主义、主观价值是恰好相反的。另外,如上所述,共同信念、群体利益的存在意味着客观价值的存在,法律就成了客观价值的表现,而不是利益冲突的结果,而自由主义社会的法律秩序是利益冲突的调和结果。所以,在共同信念没有被打破的情况下,法律只能是这种共同信念、共同利益的体现,不是利益冲突之后妥协的结果。

2. 法律秩序没有出现:没有独立的第三阶级

昂格人主要考察了士和商人在中国传统社会的地位,认为他们都没有发展成为独立的第三阶级。

首先,士依附于君主,独立性不强。在改革时期,存在一个"流动的外交家、学者和诡辩术士组成的集团",他们是君主的谋士;国家权力也开始从封建贵族的手中转到执政的君主以及这些谋士手中,而这些谋士主要来自士这个阶层。[43]

由于士的崛起,贵族上层逐步衰落和瓦解。昂格尔认为,这些士取代贵族掌握权力,类似于罗马共和国末期新人的骑士秩序、欧洲民族国家巩固时期的人道主义的牧师、17世纪法国的穿袍贵族;在后面这些情况下,贵族之下的阶层占据行政岗位,夺取贵族权力,在君主反对封建贵族的斗争中支持君主。[44]但是,他们之间存在一个极为关键的差别。士被吸收到政府中,依据君主的好恶来行使权力,君主与谋士之间的关系是一种非人格化的服务的关系而不是家族关系;士缺乏自己的权力基础,他们的利益和安全取决于他们对君主的忠诚程度。[45]

其次,商人没有足够的自治力量。相对于中世纪欧洲自治的商人集团,中国的商人更依附于统治者。因为中国早期无疑是以农业为主导的,商人的力量始终无法壮大,更缺乏独立的城市中心。[46]商人们既无动因也没有机会维护自己的利益、发展自己的法律。[47]

最后,由于不存在独立的商人、"士",独立的法律职业团体也不可能存在。

总之,昂格尔认为,由于没有什么社会集团、等级或机构设法维护它们对于政府的独立性,中国的封建秩序的瓦解就不能像西方那样产生一个自由主义的国家和一种自由主义的理论。[48]缺乏独立性是一个原因,另一个原因是不存在否定任何一个社会集团的利益、理想高于其他社会集团的利益、理想的客观条件。[49]如上所言,任何一种宗教观点都无法逃离政府的监管,再加上"士"、商人对政府的依附,很明显,这些集团与统治集团之间的利益就不可能是平等的,总是要服从统治集团的利益,于是也没有了制定中立、客观的法律以调和各种平等的、相互冲突的利益的必要,而这种中立的、客观的、调和冲突利益之间的法律,在西方发展成了法律秩序。

(三)小结

如上所言,中国传统社会缺乏高级法观念,也没有能够制约君主权力的独立的第三阶级,其法律发展只能停留在官僚法阶段,没有像西方一样继续向前发展形成法律秩序。这种官僚法与法律秩序的不同点在于并不具备普遍性和自治性。首先,虽然这种官僚法也强调一致适用于所有臣民,但是这种普遍性只是一种权宜之计,用于确保统治者对大众的控制,剥夺政府之外的任何社会团体能够使他们抵制国家政策的种种特权。[50]法律的普遍性和统一性还没有被承认为是实现正义和社会福利的无条件的要求,而这些信念对现代西方政治思想中的社会契约论及功利主义来说却是非常重要的。其次,官僚法缺乏自治性。[51]具体地说,适用法律的机关就是同一批在其管辖权限所及的领土范围维持秩序和执行政府政策的机关。专门的法院尚不存在,行政机关如县衙的一大职能就是司法。这是机构不自治。此外,在制定和适用法的过程中运用的推理方法与政治决定所用的模式并无不同。这是方法不自治。公共管理活动的政策制定者和职业法学家也没能得到区分。

三、关于昂格尔对中国传统社会的看法的评述

国内研究昂格尔思想的文章很多,角度各有不同。[52]研究昂格尔关于中国传统法治的观点,应当注意三个方面。

首先,昂格尔比较准确地阐述了儒家思想与西方近代法治思想的区别,但他对于其他重要的思想如道家、墨家缺乏研究,导致他对中国传统社会下了一个仓促的结论。毫无疑问,儒家的许多思想都是与法治原则相悖的,昂格尔对儒家的论述基本上算是深刻的。[53]但或许是由于对法治的渴望以及对我国传统社会没有发展出法治的失望,我们忽略了昂格尔的批判可能是不准确的。昂格尔从自由主义社会出发审视中国传统社会,把后者当作一个参照物用以衬托自由主义社会,这样做会导致一个后果,即把参照物中可供对照的部分无限放大,对其中不符合对照本体的则忽略,其他重要的思想或许就在这种有意无意中被忽略了。

其次,昂格尔将其意识—组织进路适用于中国,其理论构造是宏观的、大气的,但这也导致了昂格尔在一些资料的细节上并没有做到慎重,其用以支撑理论分析的许多材料是不准确的。如中国古代商人的地位、儒家的法律观、权力制约学说以及一些年代的考察都存在问题。而导致这种误读的是他的先入为主,他带着先入之见去选择符合其理论框架的事实材料,这样难免会在细节上产生错误。

最后,昂格尔的主旨是要借助于与其他文明的对比来澄清西方自由主义社会的特性并进而对之进行批判和建构,其他文明,包括中国文明,都不是其关注的核心,只是一个佐证,其论及中国传统法治的本意并不在论题本身。这决定了昂格尔不会从中国现实出发、从中国实际做法出发,而更多是关注为什么中国和西方不一样。他的目的是比较,中国传统社会只是一个参照物,并不是比较的本体,不可能期待他从参照物的角度考

虑问题,否则就违背他考察本体——自由主义社会——的初衷了。

(一)封建时期与改革时期的划分

昂格尔将早期中国划分为两个阶段:封建时期和改革时期。前者包括西周的大部分及春秋的部分时期,即公元前1122年到公元前464年;后者从春秋中叶经战国直至秦统一,即公元前463年到公元前221年。[54]其区分的标准是社会组织和观念的变化。昂格尔认为的封建时期属于部落社会,存在共同信念,国家与社会仍未分离,法律的形式是礼———一种习惯法,人们尚不知道成文规则或法典为何物,除了习惯法,没有其他形式的法律存在;改革时期由于社会分工和等级制的出现,共同信念瓦解,国家与社会分离,出现了官僚法。

首先,认为公元前463年之前的中国尚未实现国家与社会的分离,这是一个误解。昂格尔所谓的国家与社会分离指的是国家凌驾于其他社会集团之上,有一个具有政府特征的组织。部落社会则是各个社会集团之间都是平等的。按照这个标准,夏朝时中国已经实现国家与社会的分离,夏朝出现国家、政府,正式从之前的原始社会进入奴隶社会。"夏王朝与旧氏族社会有着本质的不同,具备了国家的基本特征。"[55]

其次,认为公元前463年之前的中国不知道成文规则为何物,这是一个误解。我们所熟知的第一次公布成文法即子产铸刑书发生在鲁昭公六年,即公元前536年。[56]第二次公布成文法即赵鞅铸刑鼎发生在鲁昭公二十九年,即公元前513年。[57]成文法典的存在是公布的前提,所以,成文法的存在肯定早于公元前536年。至于昂格尔口中的政府制定的官僚法,则在夏朝国家出现时已经存在,相对于原始社会的习惯法,夏朝开始出现国家立法。有"夏有乱政,而作禹刑"的说法,"禹刑"即夏朝法律的总称。[58]此外还有《甘誓》,是中国历史上记载的最早的一条军法。学者甚至认为,夏之《禹刑》、商之《汤刑》、周之《九刑》已是成文的刑法,是一种不公开的成文刑法。[59]《尚书》、《尔雅·释诂》、《礼记·中庸》中记载的"册"、"典"、"方策"即是商代和西周的成文法典。[60]甚至,西周的悬法象魏之制被认为是最早期的公布成文法方式,远早于刑书、刑鼎。[61]

再次,儒家并不反对成文法典。早期的孔孟推崇礼治,将刑的作用放在次要地位,但并没有完全否认刑的作用。昂格尔也没有注意到荀子主张儒法合流、隆礼重法。《荀子·王制》说,"听政之大分:以善至者,待之以礼,以不善至者,代之以刑"[62],即对怀有善意的人,用礼义对待他;对怀着恶意而来的人,用刑法对待他。《荀子·性恶》记载,"明礼义以化之,起法正以治之,重刑罚以禁之,使天下皆出于治、合于善也"[63],将刑法和礼义并提。《荀子·成相》记载,"治之经,礼与刑"[64],把礼和刑都看做治理国家的纲领。

(二)中国宗教的天人合一

昂格尔认为中国的宗教是一种内省性宗教,区别于西方的超验宗教;认为儒家缺乏一种突破(超越)精神。这种把握是基本准确的,具体而言,中西宗教具有如下差别:

第一,中国宗教是一种多神论,西方宗教是一神论。中国以"天"指代神,而"天"的含义各式各样。一些学者认为可分为主宰之天、义理之天、自然之天,如孔孟、墨子的"天"即主宰之天,朱熹的"天"大体上是义理之天。[65]还有学者认为可分为冥冥之天(孔孟)、意志之天(墨子、董仲舒)、无为之天(老庄)、自然之天(荀子、王充)、道德之天(程朱理学、王守仁)、具体之天(葛洪)。[66]可见,不同学派有不同的"天","天"的内涵各式各样,神的内涵自然也不同。而在基督教,上帝被奉为唯一的真神,是万物的创造者。

第二,中国宗教以人为中心,西方宗教以神为中心。这表现在两方面:一方面,基督教视上帝为世界和人的根本,一切从上帝出发,上帝又是最终的目的;中国宗教关注的是人,其根本目的是人的幸福,不是神的尊严,无论是本土道家的神仙还是外来佛教的佛,都不是万物的创造者,神更多的是人祈求幸福和平安的对象,是人类生活的保佑者,而不是人的生活的中心和根本目的。[67]另一方面,中国宗教肯定人性,如佛教认为人是尚未觉悟的佛,佛是已经觉悟的人,道教认为人可以修道,因为人有道心;基督教则认为人是上帝创造的,与上帝相比,人是有罪的、卑微的。[68]

第三,中国宗教讲求神人和谐,西方宗教主张神人对立。一方面,基督教认为上帝创造人,神评判人们的行为,掌握人的祸福,神具有绝对的支配权，人一无所有，只是神意的服从者，这是一种紧张的对立关系；中国宗教讲求神人和谐，佛、道都是帮助人们度过苦难的。[69]另一方面，基督教认为爱神应该重于爱人，中国宗教则相反，更重视人伦关系。再一方面，佛教、道教都强调人有佛性、道心，通过自我努力修炼就可得救，是一种"自力拯救"宗教；基督教则认为人的得救靠上帝的恩典，如上帝派其子耶稣搭救世人。[70]

第四，中国宗教重现世，是一种入世宗教，西方宗教重来世，是一种出世宗教。基督教认为人有原罪，现实社会是罪恶的深渊，它区分上帝之城和世俗之城，尘世生活是罪恶的，不值得留恋，人所追求的目标就是得到神的宽恕和拯救，消除自己的罪性，死后进入天堂，重新回到上帝的身边，以彼岸的永生为最高追求目标。中国宗教如佛教、道教的神灵的功能主要是满足人的现实的祈求，为人消灾解难，保佑人平安幸福。中国宗教虽然也追求来世的幸福，但是更强调在现世中追求现实需要的满足。儒家更是将中国宗教对现世的重视发展到极致。如孔子为了使自己的政治主张得到认同而带众弟子周游列国，后世儒家更是以人世为主流，希望可以得到现世的幸福和理想的实现，即光宗耀祖、齐家治国平天下。

总结地说，西方宗教重视神、重视来世、神人分离，中国宗教重视人、重视现世、神人和谐。

在以上中西宗教的各个区别中，神人分离和神人和谐的区分最为根本，也可以称之为天人分离与天人合一的区分。

中国传统哲学，从先秦时代至明清时期，大多数哲学家都宣扬一个基本观点，即天人合一。甚至认为百家都侧重天与人的和谐与统一，都强调天人合一，所争的只是应该如何去与天合一。天人合一的基本含义就是指研究天道不能不涉及人道，研究人道不能不涉及天道。[71]在各个学派看来，天人合一的内涵是不同的，即人与天合一的方式有所不同，亦即人与天沟通的渠道是什么。

首先，天与人拥有同一个本原，天道与人道是一致的，天理就存在于人心之中，只要尽心就可以知性，知性就可以知天。这是儒家的天人合一，是中国传统哲学的天人合一观的主要观点。[72]第一，孔子认为，"从心所欲不逾矩"，这达到了完全的内在而超越的境界，即由其"心"之内在性之充分发挥而达到超凡入圣的天人合一的境界。《论语·中庸》记载,"天命之谓性,率性之谓道"。即人性不仅是内在的而且可以通于天之超越之性,天道不仅是超越的而且是通于人之内在之性。[73]第二,孟子说,"尽其心者,知其性也,知其性则知天矣"[74]。"心"是思维的器官,思维是天赋的。"性"的内容即是恻隐之心、羞恶之心、恭敬之心、是非之心,所以尽心就可以知性。把天与人的心性联系起来,以为尽心即能知性,知性就知天了。[75]第三,董仲舒把天的阴阳称作天的哀乐,认为天也有喜怒之气、哀乐之心,即"天人一也",天与人之间是有感应的。[76]第四,朱熹发展了孟子的理论,把天与人的本原诉诸为理。理是天地万物的本原,天与人都是由于察得了理而存在的,理体现于天便形成了天道,体现于人便形成了人性即人人共有的天命之性。[77]第五,张载则认为"诚明"肯定了天道与人性的同一,而这同一体现为"运动变化"。[78]第六,王阳明认为,"自己良知原与圣人一般,若体认得良知明白,即圣人气象不在圣人而在我矣"。"体认得良知"即可超越自我而与圣人同,充分发挥良知、良能即是圣人,即入天地境界,不需要任何外在超越力量。[79]

其次,天是宇宙间的最高主宰,人的一切行动都应上同于天,以天志为判断是非善恶的标准。这是墨家的天人合一。墨子认为世界上万事万物都是天创造的,天可以主宰一切,是宇宙间的最高权威,人必须上同于天,以天为是非标准来判断一切善恶曲直。[80]如何上同于天,墨子认为天有意志和好恶,如"天之意不欲大国之攻小国"。要做到天人合一,就必须要同天、顺天、为天之所欲,即兼爱、非攻、贵义、尚贤、勤勉、平均、祭祀天鬼等。

再次,天和人都是道所生,它们是齐一的,没有本质差别;但天是真善美的,人由于作为太多而变得丑恶,无为可以使人同于天。这是道家的天人合一。如果说先秦儒家(主要指孔子和孟子)是以道德理想的提升而达到超越自我和世俗的限制,以实现其超凡入圣的天人合一的境界,那么先秦道家(主要指老子和庄子)则是以其精神的净化而达到超越自我和世俗的限制,以实现其对自由的精神境界的追求。[81]老子认为,天地万物是根据"道"而存在的,人为天地万物之一,"道"也是人的内在本质,根据"道"的要求来净化自己,就可以达到与"道"同体的超越境界。[82]庄子认为,通过坐忘、心斋,忘物而且忘己,一切都来去自由,人便完全符合了天道。[83]道家要求放弃有为达到天人合一,在荀子看来这是"蔽于天而不知人"[84]。

最后,天与人各有其不同的特点、功能和职责,但人可以认识和利用天的自然规律,实现人与天的交换和融合。这是荀子的天人相分说,一些学者认为这实际上也是天人合一的一种内涵。[85]

总结地说,由于承认天人合一,天道、理等内在于人心,人们由于种种原因未能发觉之,但通过内心自省,提高道德、摒除有为或者遵循天的意志,最终会领悟到这些原本存在于内心的天道、理。这个过程不需要外力的指引,通过内心体认即可达到。这就是中国哲学的内在超越特征,与中国宗教是一种"自救宗教"是分不开的。西方宗教的拯救是通过神来完成的,即人通过内在力量无法达致超越的上帝,其超越必须借助外在力量,这是一种外在超越。

强调通过内心的省悟可以达到超越,但这种超越也只是个人的精神境界的超越,内心自省使得人们具备更高的道德或者做到无为的境界。延伸到社会领域,社会秩序的建立也更多是依赖人具备更高的道德,只要人们通过内心自省达到道德高级境界,不需其他外力,社会就能秩序井然。最典型的例子就是儒家的"道之以政,齐之以刑,民免而无耻;道之以德,齐之以礼,有耻且格"。因此,我国的内在超越的基本哲学立论导向的是人们自省、不重视法律规则,不利于法治的生成。[86]而社会并不能仅靠人的自省就能变得秩序井然,还得有另一套东西来配合,这就是必须建立一套客观的行之有效的公正政治法律制度。以"外在超越"为特征的西方哲学和基督教更有利于建立客观有效的政治法律制度。因为西方哲学要求有一个外在的客观准则,上帝就是这个客观准则,人们模仿上帝建立社会规则。[87]内在超越的中国哲学不承认外在的客观准则,认为人的内心本来就存在着一个天道、理,通过认识到这个天道、理,就能建立社会秩序。这和上述昂格尔对儒家的把握——儒家认为人有内在道德——是一致的。

(三)自然法观念

中国古代有没有自然法?儒家的礼、道家的道是不是自然法?笔者认为,这取决于在什么意义上看待自然法思想。

若从形式上理解自然法思想,即仅把它看成一种赞成在制定法之上存在高级法的思想,则中国古代无疑是有自然法思想的。第一,儒家和自然法一样都强调理想法对人定法的指导,儒家的理想法即"礼"。如荀子主张"非礼无法"[88],即不合乎礼的就不是法。第二,道家也有"道"这种理想法,道是人类社会和自然界永恒不变的法则,和西方的自然法类似。道家强调废除人定法,转而遵守这种"道"。第三,墨家也有自然法,其自然法体现为"天志","天志"是一种普遍的道德原则,它以爱人利人为最高准则,它是人定法的指导和基础,国家主权者只有"以天为法",制定的法律才是真正的法律。[89]

若从实质上理解自然法思想,即它不仅包含一种高级法的观念,还对这种高级法的内容有特殊的要求,则中国古代的高级法在内容上与西方近代自然法是不同的。

首先,儒家不存在自然法思想。西方自然法包含理性精神、宗教神秘主义、权利本位观念,这三点儒家思想都不具备。

第一,自然法是知识理性,儒家则是伦理哲学。古希腊提倡"知识即美德",将希腊文化导向求知、求真的知识论道路,导致了这样一个公式:自然法=理性=知识。自然法被理解成存在于一切普遍知识背后的最初原则,可以通过逻辑学方式认知。而儒家强调"克己复礼",仁和礼是儒家确认的宇宙人生的最高法则,它们不是逻辑认识得来,而是一种内心体认的结果,是人的本性,不需外求。[90]

第二,自然法的发展过程糅合了宗教神秘主义,而儒家则是人性的,非神性的。斯多葛学派糅合毕达哥拉斯的灵魂轮回、泰勒斯的物活论这两个神秘主义,宣称世界轮回,上帝是万物的主宰,永恒不变的自然就是上帝的法律。而儒家的德、仁、礼的出发点和落脚点都在人道,他们不像西方自然法学者那样把自然法视作神的意志,而是将仁、礼法的创造归功于古代圣人,圣人不在天外,不是超验的,圣人就在人间。[91]

第三,西方自然法追求以公民为基本单位的个人权利本位,儒家追求以家庭为基本单位的人伦道德义务本位。希腊人开始运用公民概念,将个人和国家直接联系起来,公民的自由和尊重法律成为公民参与政治的两个基本准则,法律被认为是一切的主宰,但国家的法律又必须合乎理性、服从自然法。承认公民权利的自然法学说逻辑地导向法治。儒家的出发点是家庭,不是公民,家庭是个人与国家之间的联系的中介。家庭是一个血缘共同体,其维系不是靠法律,而是靠人伦情感和道德义务。儒家认为家和国是相通的,维系家庭的血缘心理情感和伦理道德规范也可以扩大适用于治国,于是出现了以孝治天下、为国以礼、为政以德,不推崇法治。[92]

同时,儒家之法与西方自然法学说的思维方式也不同。第一,西方自然法的哲学基础是天人分离的,儒家则是天人合一。儒家强调人对自然的参与,不强调服从或改造,人可以通过悟性把握天道,天道、天理都在人的经验之中,不在人类之外。西方则是天人两极对立。[93]第二,自然法是神性的、先验的,儒家之法是人性的、经验的。儒家以天道、天理为理想法,而这些理想法掌握在古代圣人手中,今世、后世君主的实在法应该符合古代圣人的理想法,而圣人也是人,不是神。这样,人与自然、实在法与理想法通过古代圣人合而为一,实在法的评价标准就在人类社会中。西方自然法则认为实在法的评价标准不在人类社会中,必须到自然法中寻找,到人类社会以外寻找。[94]

其次,道家也不存在自然法思想。一方面,"道"存在于人间。老子说,"故道大,天大,地大,人亦大。域中有四大,而人居其一焉"。即"道"也存在域中、在人间,是与天、地、人并列的"四大"之一,只不过"道"产生万物,即在时间上领先。这与西方自然法学说认为自然法来自神在思维方式上是不同的。[95]另一方面,"法自然"思想不能导向法治。"道法自然"就是指道的本性是自然而然、无为,因此,道家反对礼法刑政等有为。这与西方那种与人定法相对又指导人定法的"权利或正义体系"的自然法观念是不同的。[96]

最后,墨家也不存在自然法思想。墨家提出"法天"、"以天为法",但这个"天"也在人类社会之内。一方面,"天"在"天子"之上,但直接过问政事,"天子"和"天"直接对话。另一方面,"天"具备直接的赏罚功能。这就是以天类人、天即是人了,"天"只是现实社会之法权、刑政的一个直接组成部分,不是自然法。[97]

可以看出，由于宗教、哲学基础的不同，中国的宗教、哲学注重人性、天人合一，基督教则注重神性、天人分离，所以，尽管中西方都追求理想法，但最终西方发展出了人类社会之外的自然法，而中国的理想法则是人类社会之内的。在这个基础上，这两种理想法在内涵上大不相同。

赞同中国有自然法的学者也承认中西"自然法"在内容上有许多不同，但他们更注重的是我国和西方一样也追求理想法，它与西方的自然法的哲学基础不同，前者哲学基础是天人合一、内省性的、世俗的，后者哲学基础是天人分离、超验的、神性的，但不管有什么不同，二者的共性是并不满足于制定法，认为制定法应该有更高的根据。至少在这一点上，昂格尔的理论是不成立的，他认为只有以超验哲学为基础的西方才能产生高于制定法的自然法观念，但中国在内省哲学的基础上同样产生一种评判制定法的理想法（道、礼等等）。他准确判断了中西方的哲学、宗教差别，但他错误地把这种差别当作西方有自然法而中国没有自然法的原因。准确的说法应该是，由于哲学基础不同，中国没有导致法治的那种自然法，但存在一种高于制定法的理想法。中西有无法治不在于有无一种理想法，而是理想法的内涵如何，其内涵由各自的哲学基础决定，即外在超越发展出法治，外在超越孕育下的自然法发展出法治，内在超越孕育下的高级法观念没有发展出法治。

形式上，中西的确都存在理想法；内容上，这两种理想法的差别很大。而正是内容上的差别导致了法治是否存在。在这种意义上，以一种不利于法治发展的理想法去对比西方法治的基础——自然法——即使证明其存在，也只是形式上相似而已，并无太大意义。昂格尔提倡的自然法无疑是指塑造近代西方法治内涵——权力分立、自由学说、有限政府等——的一种理想法，在这个意义上，其认为中国古代不存在自然法，自然是无可厚非的。

（四）士

昂格尔认为，士根据君主的好恶行使权力，没有独立的权力基础。这个说法是片面的，士在精神上并不依附君主，士入仕途的根本原因是其使命感的推动，这种精神自立与使命感使得士拥有独立的判断，并非以君主

第六章　中国法传统的批判与误读

的好恶行使权力。士与君主的关系是相当复杂的,并非所有的士都主张入世为官,还有许多士由于出世而博得万世流芳。即使入世者,也不见得是完全抛弃自我,"根据君主的好恶行使权力",屈从君主往往是现实的无奈而非其本意。另外,士相对于君主的独立地位的丧失并不是古已有之,而是经历一个过程,先秦时期,士的地位仍然很高。

第一,儒家提倡精神上自立,不主张屈从君主。儒家讲求人人皆为道德主体,个人以自我内心的良知作为行为的根据,不屈从外部的习俗、权威、权势。如《论语》中就有"人能弘道,非道弘人"、"为仁由己,而由人乎哉"、"三军可夺帅也,匹夫不可夺志也"等表明道德主体昂然挺立的名言。[98]《孟子》中也有"富贵不能淫,贫贱不能移,威武不能屈,此之谓大丈夫"等强调独立人格的记载。[99] 这些说明儒家虽然入世,但并不主张在精神上屈从君主。

第二,儒家入世是其使命感的体现。这种使命感有许多经典的表述,如《论语》中的"士不可以不弘毅,任重而道远"、"穷则独善其身,达则兼善天下"[100]。这种入世是为了抗争,不是为了服从。杜维明说,儒家是入世的,但又是转世而不为世转的,儒家有现实性,但也有强烈的理想主义,要改变现实,所以士进入政治体系中企图改变游戏规则,这是一种强烈的内部转化的抗议精神。[101]

第三,屈从君主是儒家思想的缺陷与专制权力结合的产物,不是其精神上一贯服从的结果。有学者认为儒家太看重尊卑思想,这种意识无疑是与道德主体、独立人格相矛盾的,在三纲之下,卑者的人格与尊严自然都被否定了;另外,过于注重亲情也必然导致因私损公、以家族利益取代公众利益,损害其使命感。[102] 如《论语》记载,"叶公语孔子曰'吾党有直躬者,其父攘羊而子证之。'孔子曰吾党之直者异于是父为子隐,子为父隐,直在其中矣"[103]。这种相隐思想与其以天下为己任思想不相符。除了儒家思想本身的缺陷,专制权力的加强也是一个重要的原因。[104]

第四,士有入世,也有出世,中国士的精神是既出世又入世,即儒道互补。儒家提倡入世,道家主张出世。如庄子主张不为物累,"一受其成形,不亡以待尽。与物相刃相靡,其行进如驰,而莫之能止,不亦悲乎!终身役役而不见其成功,苶然疲役而不知其所归,可不哀邪!"[105] 要求人们超越这些物累,追求人格独立、精神自由。儒家提倡群体社会,人只是社会秩序体系内的组成部分。道家则更关注人性,《庄子·田子方》中曾有"中国之民,明乎礼义而陋于知人心"的记载,明确批判儒家不关注人性。[106]中国士人往往把"外以儒行修其身,中以释道治其心"作为自己理想的人生模式,既入世又不失去自我。[107]而且,一些拒绝入世的士更能赢得赞誉,例如老庄。不可否认的是,中国古代赞颂那些"先天下之忧而忧,后天下之乐而乐"的士,也更尊重那些不攀附权贵的士,从"割席分坐"等故事即可一探究竟。

第五,在春秋战国诸侯争霸的形势下,君臣关系相对松散,各国君主养士成风,士人来去意志自由,当时君臣以义合,是一种相对平等的横向合作关系。[108]这种关系表现在几个方面。一方面,君臣相敬如宾。《论语》中有"君使臣以礼,臣事君以忠"的记载,强调君臣相敬如宾。[109]另一方面,臣下可以反对君主不正确的言论。《论语》阐述了臣下可以反对君主不正确的言论,"如不善而莫之违也,不几乎一言而丧邦乎?"[110]另外,君臣关系可以用君义臣行表示。《左传·隐公三年》中记载:"君义,臣行,父慈,子孝,兄爱,弟敬,所谓六顺也。"[111]《孟子·离娄下》中记载:"君之视臣如手足,则臣视君如腹心;君之视臣如犬马,则臣视君如国人;君之视臣如土芥,则臣视君如寇雠。"[112]

形成这种关系的根本原因在于当时仍然采取世卿世禄制,君主还没有取得集权地位,需要借助士的力量打击国内封建贵族、抵御外敌。春秋战国时期各国变法改革的内容的核心就在于打击贵族力量、将国家权力集中于君主,用任人唯贤的官僚制度取代任人唯亲的世卿世禄制,魏国的李悝变法、楚国的吴起变法、齐国的邹忌变法、韩国的申不害变法、赵国的公仲连变法、秦国的商鞅变法,无一例外。[113]在君主集权和官僚制推行过程中,士是积极的参与者,追求集权的君主与士在反对氏族贵族垄断权力这一点上相互为用。由于君主地位不高,急需士的帮助,双方之间的关系自然还没有到达后世那种"君要臣死,臣不得不死"的程度。而在士帮助君主取得集权地位后,士也只能完全依附于君主,失去原先的平等合作地位。特别是在秦国统一六国之后,首先出现"皇帝"的称号,君主的地位上升到无以复加的地步,士只能作为其下的官僚听从命令。

第六章 中国法传统的批判与误读

第六，先秦时期，政统和道统分别由君主和士人掌握，道尊于势。[114]学者认为，自周代开始，巩固统治不仅仅靠武力，还靠礼乐，但春秋战国之前，礼乐是官师政教合一的王官之学，个别的士不能据为己有，也不能各就己见对礼乐传统加以发挥，即"战国以前无私人著述"。[115]到了春秋时代，"礼乐崩坏"，上层贵族有的已不甚熟悉甚至破坏礼制，对礼乐有真正认识的只有士人阶层；士人阶层不但娴熟礼乐，而且也掌握了一切有关礼乐的古代典籍，周室东迁，典籍流布四方，这是王官之学散为诸子百家的一大关键，如孔子开始以士的身份整理礼、乐、诗、书等经典并传授。[116]这段历史在诸子百家的著作中也有叙述，如《庄子·天下》中记载："其明而在数度者，旧法传世之史尚多有之。其在诗、书、礼、乐者，邹鲁之士、缙绅先生多能明之。……其数散于天下而设于中国者，百家只学时或称而道之。天下大乱，圣贤不明，道德不一，天下多得一察焉以自好。……后世之学者，不幸不见天地之纯，古人之大体，道术将为天下裂。"[117]意即周代以后，礼乐散入诸子百家，各家只得其中一部分。孔子也说："天下有道，则礼乐征伐自天子出，天下无道，则礼乐征伐自诸侯出。……天下有道，则庶人不议。"[118]意即天下无道，则庶人可议。自此之后，古代礼乐传统辗转流散于士阶层，礼乐不再出自天子、诸侯，而是出自诸子百家。士成为道的承担者，并可以凭道批评政治社会、抗礼王侯。[119]

春秋时期，道与政治权威的关系涉及两个问题。首先，各国君主在礼乐崩坏的局面下需要有一套渊源于礼乐传统的意识形态来加强权力的合法基础。其次，知识分子认为，王官之学散为诸子百家，道统与正统已分，他们才是道的承担者，拥有比君主更高的权威——道的权威。[120]如孟子就说，"古之贤王好善而忘势，古之贤士何独不然？乐其道而忘人之势，故王公不致敬尽礼，则不得见之"[121]，明显把道放在势（政统）之上。各国君主也承认士的道统地位，在争霸形势下，君主争取士以增强自身的政治号召力。魏文侯曾说，"势不若德尊，财不若义高"[122]，最能说明道统地位的是齐国的稷下学，稷下学有两个特点，一是君主待士以师友之礼，二是士的专职就是批评政事。[123]

总的来说，由于道比势尊，所以根据道德标准来批评政治、社会就是士的分内之事。而到了秦汉统一，政治形势大变，四方游走的士显然已经成为一股离心的社会力量,不利于人民对统一的政治权威的精神上的向心力,所以秦国统一天下后下逐客令,以势统一道。[124]李斯请禁私学的奏议中说,"今皇帝并有天下,别黑白而定一尊。私学而相与非法教之制,人闻令下,则各以其学议之,入则心非,出则巷议,……如此弗禁,则主势降乎上,党与成乎下,禁之便"[125]。自此,势统一了道,不管是焚书坑儒、独尊儒术都是如此,都是由势来选择并统一道。

由此,对于士与君主的关系,特别是先秦时期的士与君主的关系,很难用"根据君主的好恶行使权力"来简单描述。

(五)商人

昂格尔认为商人在中国传统社会没有形成一个独立的阶层,原因在于商人力量较小,没有形成西欧一样的城市中心,没有动因也没有力量维护自己的利益。但事实上,在中国古代社会早期,商业也受到国家的重视,一些商人拥有非常强大的经济实力和显赫的政治地位,并对国家的政治生活施加影响。

第一,《左传》中有郑国国君与商人之间的盟誓的记载。《左传·昭公十六年》中借子产之口介绍了郑国的开国君主与商人的一个盟誓:"尔无我叛,我无强贾,毋或匄夺,尔有利市宝贿,我勿与知。"[126]意思即商人不背叛国君,国君也不会强买商品,国君不奢望商人不强夺,也不会干涉他们的买卖和宝物。子产搬出这个盟誓,是为了阻止晋国使者韩起买卖商人的玉环。晋国是大国,郑国是小国,但国家为了与商人的盟誓宁愿冒着亡国的风险,从这里能看出商人与统治阶级的关系非同一般。有学者认为这是一条保护商人私有财产的盟誓,[127]并认为正因为国家对商人的保护,商人也自觉地回报国家。典型的例子是《左传·僖公三十三年》中记载的郑国商人弦高,帮助郑国逃过秦国的一次攻击。[128]

第二,史书中有子贡、范蠡、吕不韦等先秦成功商人的记载,他们已经具备很高的社会地位、政治地位。此外还有子贡、白圭等巨商的记载。有学者认为,司马迁作《史记·货殖列传》,以这些商人冠篇首,并非偶然,而是表明春秋时期随着贸易的发展,商人地位已有显著提高,王公贵臣都愿意从事货殖。[129]范蠡曾是越相,白圭曾是魏相,也说明了商人的社会地位。此外,《史记·货殖列传》中对商人的记载,先秦时期有名姓的六七人,秦汉时期有名姓的二十来人,如卓氏、程郑、孔氏等,"一个新兴的阶级——商人阶级的发展跃然纸上"[130]。先秦时期是起步阶段,秦汉则是形成阶段。对于商人的富裕程度,《管子》中也有记载:"万乘之国,必有万金之贾。千乘之国,必有千金之贾。百乘之国,必有百金之贾。"[131]至于商人对政治的影响,子贡本身是儒商合一,"子贡结驷连骑,束帛之币以聘享诸侯,所至,国君无不分庭与之抗礼"[132]。管仲和鲍叔牙也曾经商,后助齐桓公成就霸业;商人吕不韦官至秦相,甚至组织编写史书《吕氏春秋》,据《史记·吕不韦列传》记载:"吕不韦者,阳翟大贾人也。……太子政立为王,尊吕不韦为相国,号称'仲父'。……吕不韦乃使其客人人著所闻,……号曰《吕氏春秋》。"[133]

第三,先秦各国重视商业。最典型的例子就是郑国开国君主与商人的盟誓,国家保证商人安心经商。《齐语》中提到管仲对士农工商四个阶层的政策,"令夫商,群萃而州处,察其四时,而监其乡之资,以知其市之贾"[134],意即让商人群居,了解四季需要,观察财物之贵贱有无,了解价格行情。《齐语》中也记载,"通齐国之鱼盐于东莱,使关市几而不征,以为诸侯利,诸侯称广焉"[135],意即向东莱开放齐国的鱼盐,命令关市对过往的货物只稽查而不征税,使诸侯得利。这实际是有利于各国通商的措施。

第四,先秦时期商业已经获得极大发展,一个商人阶级正在形成。《史记·货殖列传》中描述了各国资源丰富的景象,又称"故待农而食之,虞而出之,工而成之,商而通之。……《周书》曰:农不出则乏其食,工不出则乏其事,商不出则三宝绝,虞不出则财匮少。……渊深而鱼生之,山深而兽往之,人富而仁义附焉"[136],描述了一幅从周代以来的劝商景象。学者认为,当时各国的手工业已经获得很大发展,如燕国的煮盐业,赵国的冶铁业,齐国的渔盐业与纺织业,等等。[137]手工业的发展以及各国通商政策的便利,使得各国商人贩运活动频繁,如上述郑国商人弦高贩运牛马。《史记·吕不韦列传》记载吕不韦"往来贩贱卖贵,家累千金"[138]。此外,金属货币也开始流通。《史记·越王勾践世家》记载范蠡次子杀人被囚于楚,遣其少子前往楚国贿赂,"乃装黄金千溢,置褐器中,载以一牛车"[139]。

第五，先秦时期已经出现城市中心。春秋时期，不仅各国都城逐渐成为重要的商品中心，而且一些新式商业都会也蜂拥而起，如秦之雍、栎邑，韩之宜阳，周之洛阳，宋之定陶，魏之大梁，赵之中山、邯郸、上党，齐之临淄，楚之郢都，巴蜀之邛都、临邛等均是重要的商都。[140]

第六，商人对经济、政治等各方面的影响都很大。安守廉说："尽管秦帝国以前中国的商人与文艺复兴后的欧洲商人在社会中占据的地位不同，但是大量证据表明，中国的商人关心增进他们自己的特殊阶层的利益，并且具有政治力量这样做。"[141]如上所述，商品经济已经获得发展，巨商不断涌现，他们积极向上层社会靠拢，子贡、吕不韦就是典型的例子。巨商的影响还体现在对司法的干涉上。范蠡曾说，"杀人而死，职也。然吾闻千金之子不死于市"[142]，并公然贿赂楚国高官以救其子。管仲更是推崇商人的地位，他说，"士农工商，四民者，国之石民也，不可使杂处"[143]。秦汉时期开始推行重农抑商政策，其根源未必不在于此。先秦时期商人对社会的影响实在太大，有积极方面，也有消极方面，如造成社会趋利风气，影响司法。《史记·货殖列传》记载："富者得势益彰，……谚曰：'千金之子，不死于市。'此非空言也。故曰：'天下熙熙，皆为利来；天下壤壤，皆为利往。'"[144]"曹邴氏尤甚，以铁冶起，富至百万。……邹、鲁以其故多去文学而趋利者，以曹邴氏也。"[145]有学者甚至总结了商人在几个方面的巨大影响，使得秦汉时期不得不实行"重农抑商"政策。[146]首先，富人因其出身多卑贱，有富无贵，故必竭力因其富厚之资僭越礼制，显示尊贵，使封建等级制度堤防日益溃坏；其次，商人与国家争夺山海陂泽之利，与农业抢夺劳动力，为了防止商人与国家争利，许多行业禁止民营；再次，富商大贾甚至影响朝廷生存，如吴楚七国之乱就有私人工商业势力支持参与。

四、结语

总的来说,昂格尔运用意识—组织进路构建自己的法治理论,认为自然法观念和多元利益集团是促成自由主义社会法治的两大因素,并由此出发分析中国传统社会是否存在法治。具体而言,昂格尔认为在中国传统社会中不存在这两大因素,因此未能实现法治。在这一过程中,昂格尔论及儒家、法家、宗教、商人,对中国古代社会进行划分。本章的写作实际是沿着昂格尔的论述,对其运用的材料及观点进行审查。本章并不关注昂格尔的意识—组织进路本身的科学性,而仅仅对其关于中国传统法律的观点进行验证。首先,昂格尔对我国宗教的内省性以及我国古代不存在自然法思想的看法是准确的。其次,他对士和商人这两个特殊群体缺乏准确的认识,导致其认为中国古代不存在独立的第三阶级。

如上所述,昂格尔在没有详细占有中国古代社会的相关资料的情况下武断作出一些判断,这恐怕是源于其深受西方中心论的影响,中国古代社会只是其论述西方自由主义社会法治的一个参照物。如果他能摆脱西方中心论的影响,对中国古代社会的经验给予充分重视,他也许能更好地构建西方自由主义社会之后的新型社会,为他所批判的法律形式主义寻找一个出路。

在西方,从柏拉图与亚里士多德的哲学王统治、法律统治之间的争论以来,严格的正式法律与有创造力的人,哪个能更有效地实施正义,是一个争论不休的问题,如何在个人行使自由裁量权与机械地适用法律之间维持平衡,这是一个尚未解答的问题。"法治在西方也并未被始终看做解决人类社会问题的良策。"[147]亚里士多德也注意到了正式法律的局限,他认为"人能够思考但无法在立法中包罗万象";现代的西方思想家也在努力寻找一种方式克服法的局限以囊括独特的情况,因而西方的法律理论有时注重确定性和严格的规则,有时注重创造性和灵活性。[148]

总的来说,法治在达致正义上的作用并不能为思想家们所满意,其形式主义的缺陷早已被指出。中国的做法与西方不同,不管其原因是不是正如昂格尔所说的那样——缺乏高级法观念和独立的第三阶级,其最终的结果是没有一套类似西方法律秩序的做法。但这是不是意味着中国的做法没有可取之处,只能充当昂格尔作为论述西方的任意摆布的陪衬物?从昂格尔的做法来看,他的确是这么认为的。在这一点上,他与本书前述的西方思想家不同,后者起码在看到了形式主义的不足之后,还能从完全对立的做法——中国的做法——采纳可取之处,而昂格尔在批判形式主义之余却没有看到中国做法的积极意义,起码在早期没有看到。根据他的分析,中国停滞在官僚法阶段,没有发展出法律秩序。相对于法律秩序,中国的官僚法是"未进步"的,自然地,他把它当作一种陪衬物,而不会认真正视之以从中寻得对纠正自由主义社会的形式主义有益的建议。

儒家的一些论述对维持法律与自由裁量之间的平衡是有益的。如荀子认为如果没有人的指导,制度绝不会运作,因此他倾向于把模范君主和道德上受教化的官吏作为公正政府的关键,但他更强调需要一种法律制度以规范他们的决策。[149] 这种使个人干预与正式法律相结合的难题一直存在,班固在《汉书》中似乎认为正确界定犯罪和刑罚的法律至少和明智君主的偶尔干预一样重要;《淮南子》中也坚持法律和明君必须兼顾的思想。[150] 正因为如此,法律现实主义者弗兰克赞赏中国传统法律,他说:"规则是一种法律机器。但是法律机器不会自动运行。操纵机器的人必须机警敏锐,……在执法中,即便我们想但也无法摆脱情感。我们希望的最佳境况是,审判法官的情感是敏感的,能够很好地权衡利弊,受他自己细致研究的约束。诚实、良好培训的法官,对于他自己的权利的性质、自己的偏见和弱点最具有自知之明,而这是正义的保障,明智的做法是承认'个人因素'和受此因素影响的行为的存在。"[151] 这种反对法律形式主义的口吻和中国传统儒家的"有治人无治法"的观点如出一辙。

中国古代政治理论的一个贡献是对法律惩治功能的深深怀疑,即使是赞成法律的中国哲学家也不会宣称仅仅靠正式法律就能确保秩

第六章 中国法传统的批判与误读

序,他们认为官方的法律制度仅仅是实现稳定的一个机器,社会中的各个集团自然而然会滥用之。[152]这种对法律的怀疑态度是中国传统社会没有发展出法律秩序的一大原因,同时也是其不会陷入法律形式主义的原因。

　　没有人会怀疑这种态度的消极性,但它并非一无是处。西方相信法律的权威,发展出了法治,但同时也陷入法律形式主义。20世纪以来,法律现实主义运动、批判法律研究运动的主题就是反对法律形式主义,在此之前还有霍姆斯、庞德。昂格尔认为中西法律是两个极端,在这个意义上是成立的。亚里士多德的法律至上影响了西方,儒家的"有治人无治法"统治了中国;前者以法律制约个人权力,最终发展出自由主义法律秩序,后者在法律与个人权力之间犹疑不决并最后导致君主权力总是在法律之上,最终没有发展出法治。中国该借鉴西方什么?这已经很明显了。西方该借鉴中国什么?这仍然模糊。从霍姆斯、卡多佐、卢埃林、弗兰克等法律现实主义者为法律形式主义寻找的出路中,我们至少可以看出一点,他们希望人们的眼光暂时离开法律制度,为了达到这个目的,他们不惜鄙薄法律制度。不论是霍姆斯的"法律的生命在于经验而非逻辑"、"法律就是法官的判决",还是卢埃林、弗兰克等人对法律不确定性的论述,都表明他们不再相信从法律制度中作形式的逻辑推理就能令人满意地解决社会生活难题。于是,从卡多佐的"司法过程的性质"对法官创造性的保守承认,到卢埃林、弗兰克的无限重视,法官的作用逐渐被放大。这些新近做法与儒家对执法官吏的道德品行的强调有什么不同?在强调法官的作用后,法律现实主义者们又想办法限制法官的自由裁量,这与儒家要求执法官吏有德性又有什么不同?人有局限,所以会导致权力滥用;法律有局限,所以才产生法律形式主义。最好的做法是综合二者以互补。但在其无法实现的情况下,西方相信权力滥用的后果更加严重,所以选择法律至上;中国则更崇拜明君的作用,所以选择人治。在两种做法走到极致后,中国从西方寻求支持,希望确立法律至上的理念,重视法律制度,以缓和权力滥用;西方则希望在法律至上的基础上,注入人的创造性,使法律制度多一点灵活。法律现实主义的做法是很极端,但对于一向有着法律至上传统的西方,为了让人们意识法律形式主义的弊端,这种做法其实并不过分。昂格尔也是这条道路上的一个探索者,不同于法律现实主义的是,他把法律与其社会理论联系起来,试图从社会意识、组织的变迁的合理性推导出西方超越法律形式主义的合理性,试图从法律与政治的联系证明法律形式主义的虚伪。如果这样,中国是可以为他提供借鉴的。

注　释

〔1〕〔美〕罗伯托·曼戈贝拉·昂格尔:《现代社会中的法律》,吴玉章、周汉华译,译林出版社2001年版,第236页。

〔2〕〔美〕罗伯托·曼戈贝拉·昂格尔:《知识与政治》,支振锋译,中国政法大学出版社2009年版,第244页。

〔3〕〔美〕罗伯托·曼戈贝拉·昂格尔:《现代社会中的法律》,吴玉章、周汉华译,译林出版社2001年版,第63页。

〔4〕同上。

〔5〕同上书,第86页。

〔6〕同上书,第87页。

〔7〕同上书,第88页。

〔8〕同上书,第90页。

〔9〕同上书,第94页。

〔10〕同上。

〔11〕同上书,第95页。

〔12〕同上书,第101页。

〔13〕同上书,第102—103页。

〔14〕同上。

〔15〕同上书,第65页。

〔16〕同上书,第3—4页。

〔17〕同上书,第5—6页。

〔18〕Roberto Mangabeira Unger, *Passion: An Essay on Personality*, The Free Press, p.67.

〔19〕李贵连:《中国法律思想史》,北京大学出版社2003年版,第34页。

〔20〕同上书,第34—35页。

〔21〕高鸿钧教授将之翻译为基督教—罗马传统。参见安守廉:《不可思议的西方？昂格尔运用与误用中国历史的含义》,高鸿钧译,选自高道蕴、高鸿钧、贺卫方编:《美国学者论中国法律传统》(增订版),清华大学出版社2004年版,第42页。

第六章 中国法传统的批判与误读

〔22〕Roberto Mangabeira Unger, *Passion: An Essay on Personality*, The Free Press, p.7.

〔23〕同上书,第8页。

〔24〕同上书,第8—9页。

〔25〕同上书,第9页。

〔26〕同上。

〔27〕同上书,第10页。

〔28〕同上书,第10—11页。

〔29〕同上书,第11页。

〔30〕同上书,第27页。

〔31〕同上书,第25—26页。

〔32〕同上书,第28页。

〔33〕同上书,第26页。

〔34〕同上书,第26—27页。

〔35〕〔美〕罗伯托·曼戈贝拉·昂格尔:《现代社会中的法律》,吴玉章、周汉华译,译林出版社2001年版,第102—103页。

〔36〕同上书,第104页。

〔37〕同上书,第144页。

〔38〕同上。

〔39〕同上书,第145页。

〔40〕同上书,第90页。

〔41〕同上书,第84—87页。

〔42〕同上书,第92—95页。

〔43〕同上书,第92—93页。

〔44〕同上书,第93页。

〔45〕同上。

〔46〕同上书,第86页。

〔47〕同上书,第94页。

〔48〕同上书,第99页。

〔49〕同上。

〔50〕同上书,第98页。

〔51〕同上书,第99页。

〔52〕可以参考以下文献:琚保丰:《对现代自由主义的批判与建构——从昂格尔

的〈现代社会中的法律〉看批判法学》,载《河南广播电视大学学报》2008年第1期;李义天:《"法律秩序"概念的伦理学解读——读〈现代社会中的法律〉》,载《社会科学评论》2006年第1期;杜健荣:《对现代法治的反思——评R. M.昂格尔〈现代社会中的法律〉》,载《河北法学》2007年第10期;田白:《现代社会中的法律》,载《江苏公安专科学校学报》2002年第1期;沈明磊:《试论昂格尔式法律秩序实现的社会基础》,载《学术界》2006年第2期;张翠梅、吕冀平:《批评与重构——昂格尔理论思想评介》,载《世纪桥》2007年第3期;俞静贤:《人为社会与自然秩序——解读〈现代社会中的法律〉》,载《研究生法学》2004年第4期;朱景文:《对西方法律传统的挑战——评美国批判法律研究运动》,广西师范大学出版社2004年版;赵红军:《昂格尔视域中的法治》,载《清华法治论衡》2005年第2期;孙理波:《传统法律在现代社会中的危机——昂格尔的社会批判理论》,载《政法论坛》1997年第1期;张翠梅:《法律如何在"社会情境"下存在——读昂格尔的〈批判法学运动〉》,载《河北法学》2007年第3期;於兴中:《简评〈法律分析应该如何〉》,载《北大法律评论》第一卷第一辑;孙笑侠:《儒家哪些传统是阻碍法治的——读昂格尔的〈A review of passion〉序言》,载法律史学术网 http://flwh.znufe.edu.cn/article_show.asp?id=2478;刘敏:《现代法治形成的条件——昂格尔法治思想探析》,载《社会科学研究》1997年第4期;郭卫军:《现代社会中法律与社会问题意识之辨正——对昂格尔〈现代社会中的法律〉之疏解》,载《研究生法学》2008年第5期;张翠梅:《法律分析应该成为什么样子——读昂格尔的〈法律分析应该成为什么样子〉》,载《法律科学》2007年第4期;孙笑侠、周婧:《一种政治化的法律方法——对昂格尔法律方法论的解读》,载《环球法律评论》2007年第4期;徐爱国:《政体与法治——一个思想史的检讨》,载《法学研究》2006年第2期;温雪萍:《作为制度想象的法律分析——昂格尔法律分析思想研究》,山东大学2007年硕士学位论文。

〔53〕有学者甚至具体列出儒家与法治相悖的原则,认为在中国建立法治近似于一种悖论:具有实质倾向的正义观(作为形式的规则与程序总是敌不过目标与结果的正当性;然而法治恰恰是基于形式正义的),仁政观(法治下的政府权力是受怀疑和受控制的),制度的有效性仰赖于个人道德与权威(法治秩序中的个人道德与个人权威是十分次要的),有仁义伦理而无契约诚信(法治精神其实就是契约精神,法治依赖于诚信,没有诚信就没有法治),集权政治(法治尽可能地避免集权),行政本位与等级观念(权利本位观、平等观是法治的精神要义之一),义利关系伦理观(与市场的有效机制相吻合,法治鼓励利益),个人服从团体的绝对位阶关系(个人与团体的位阶关系在法治秩序中是相对地动态展开的)。参见孙笑侠:《儒家传统哪些是阻碍法治的——读昂格尔的〈A review of passion〉序言》,载法律史学术网 http://flwh.znufe.

edu. cn/article_show. asp？id＝2478,2010 年 5 月 1 日访问。

〔54〕〔美〕罗伯托·曼戈贝拉·昂格尔:《现代社会中的法律》,吴玉章、周汉华译,译林出版社 2001 年版,第 84 页。

〔55〕蒲坚主编:《新编中国法制史教程》,高等教育出版社 2003 年版,第 2 页。

〔56〕《左传·昭公六年》中记载,"三月,郑人铸刑书"。选自张燕瑾主编:《文白对照全译左传》(第二卷),国际文化出版公司 1993 年版,第 283 页。

〔57〕《左传·昭公二十九年》中记载,"冬,晋赵鞅、荀寅帅师城汝滨,遂赋晋国一鼓铁,以铸刑鼎,著范宣子所为邢书焉"。同上书,第 459 页。

〔58〕《左传·昭公六年》中记载,"三月,郑人铸刑书,叔向使诒子产书曰:'……夏有乱政而作禹刑;商有而作汤刑;周有乱政而作九刑。……'"同上书,第 283 页。

〔59〕参见曾宪义主编:《新编中国法制史》(山东人民出版社 1987 年版);张晋藩、张希坡、曾宪义:《中国法制史》(中国人民大学出版社 1981 年版);梁启超:《论中国成文法编制之沿革得失》。转引自俞荣根:《儒家法思想通论》(修订本),广西人民出版社 1998 年版,第 66 页。

〔60〕《尚书》:"惟殷先人有册有典。"《尔雅·释诂》:"典、彝、法、则……常也","常"即常法。《礼记·中庸》:"文武之政,布在方策。"方即木牍,策即竹简之册,方策即"典",即常法。转引自俞荣根:《儒家法思想通论》(修订本),广西人民出版社 1998 年版,第 66—67 页。

〔61〕《周礼·秋官·大司寇》中记载,"正月之吉,始和布刑于邦国都鄙,乃县刑象之法于象魏,使万民观刑象,挟日而敛之"。《天官·大宰》、《地官·大司徒》、《夏官·大司马》中也有悬"治象之法"、"教象之法"、"政象之法"于象魏的记载。象魏即周天子或诸侯宫殿外朝门的门阙,即城楼。悬法象魏即把法律挂在城楼之上,供国人观看。《左传·哀公三年》中也有记载:"夏五月辛卯,司铎火。火俞公宫,桓、僖灾……季桓至,御公立于象魏之外……命藏《象魏》,曰:旧章不可亡也。"这里的象魏指的是法令。象魏本是悬挂法令的地方,久而久之,连法令也称为象魏。转引自俞荣根:《儒家法思想通论》(修订本),广西人民出版社 1998 年版,第 67—70 页。

〔62〕《荀子·王制》,选自荀况著,张觉校注:《荀子校注》,岳麓书社 2006 年版,第 85 页。

〔63〕《荀子·性恶》,选自同上书,第 298 页。

〔64〕同上书,第 318 页。

〔65〕汤一介:《论"天人合一"》,载《中国哲学史》2005 年第 2 期。

〔66〕魏义霞:《天人合一:中国传统哲学的文化底蕴和价值旨趣——对"天人合一"的哲学诠释和深层思考》,载《学术交流》1996 年第 5 期。

〔67〕杨芳、刘昆:《人道与神道——中西哲学宗教观之比较》,载《贵州师范大学学报》(社会科学版)2008年第6期。

〔68〕同上。

〔69〕同上。

〔70〕同上。

〔71〕汤一介:《论"天人合一"》,载《中国哲学史》2005年第2期。

〔72〕魏义霞:《天人合一:中国传统哲学的文化底蕴和价值旨趣——对"天人合一"的哲学诠释和深层思考》,载《学术交流》1996年第5期。

〔73〕转引自汤一介:《内在超越问题》,载http://philosophyol.com/pol/? action-viewnews-itemid-747,2010年10月3日访问。

〔74〕《孟子·尽心上》,选自金良年撰:《孟子译注》,上海古籍出版社2004年版,第271页。

〔75〕张岱年:《中国哲学中"天人合一"思想的剖析》,载《北京大学学报》(哲学社会科学版)1985年第1期。

〔76〕同上。

〔77〕魏义霞:《天人合一:中国传统哲学的文化底蕴和价值旨趣——对"天人合一"的哲学诠释和深层思考》,载《学术交流》1996年第5期。

〔78〕张岱年:《中国哲学中"天人合一"思想的剖析》,载《北京大学学报》(哲学社会科学版)1985年第1期。

〔79〕转引自汤一介:《内在超越问题》,载http://philosophyol.com/pol/? action-viewnews-itemid-747,2010年10月3日访问。

〔80〕魏义霞:《天人合一:中国传统哲学的文化底蕴和价值旨趣——对"天人合一"的哲学诠释和深层思考》,载《学术交流》1996年第5期。

〔81〕汤一介:《内在超越问题》,载http://philosophyol.com/pol/? action-viewnews-itemid-747,2010年10月3日访问。

〔82〕同上。

〔83〕魏义霞:《天人合一:中国传统哲学的文化底蕴和价值旨趣——对"天人合一"的哲学诠释和深层思考》,载《学术交流》1996年第5期。

〔84〕《荀子·解蔽》,选自荀况著,张觉校注:《荀子校注》,岳麓书社2006年版,第266页。

〔85〕魏义霞:《天人合一:中国传统哲学的文化底蕴和价值旨趣——对"天人合一"的哲学诠释和深层思考》,载《学术交流》1996年第5期。

〔86〕汤一介:《论老庄哲学中的内在性和超越性问题》,载《中国哲学史》1992年

第 1 期。

〔87〕同上。

〔88〕《荀子·修身》,选自荀况著,张觉校注:《荀子校注》,岳麓书社 2006 年版,第 16 页。

〔89〕崔永东、龙文茂:《"中国古代无自然法"说评议》,载《比较法研究》1997 年第 4 期。

〔90〕俞荣根:《儒家法思想通论》(修订本),广西人民出版社 1998 年版,第 47—48 页。

〔91〕同上书,第 48—52 页。

〔92〕同上书,第 52—55 页。

〔93〕同上书,第 55—56 页。

〔94〕同上。

〔95〕同上书,第 58—59 页。

〔96〕同上书,第 59 页。

〔97〕俞荣根:《儒家法思想通论》(修订本),广西人民出版社 1998 年版,,第 60—61 页。

〔98〕《论语·子罕》、《论语·颜渊》、《论语·卫灵公》,选自阎韬、马智强注评:《〈论语〉注评》,凤凰出版社 2006 年版,第 99、127、178 页。

〔99〕《孟子·滕文公下》,选自金良年撰:《孟子译注》,上海古籍出版社 2004 年版,第 126 页。

〔100〕《论语·泰伯》,选自阎韬、马智强注评:《〈论语〉注评》,凤凰出版社 2006 年版,第 84 页。

〔101〕杜维明:《"公共知识分子"与儒学的现代性发展》,载《贵州师范大学学报》(社会科学版)2001 年第 1 期。

〔102〕周炽成、潘继恩:《儒家人生理想与中国古代知识分子的人生现实》,载《华南师范大学学报》(社会科学版)1995 年第 3 期。

〔103〕《论语·子路》,选自阎韬、马智强注评:《〈论语〉注评》,凤凰出版社 2006 年版,第 145 页。

〔104〕周炽成、潘继恩:《儒家人生理想与中国古代知识分子的人生现实》,载《华南师范大学学报》(社会科学版)1995 年第 3 期。

〔105〕《庄子·齐物论》,选自庄周著,张京华校注:《庄子注解》,岳麓书社 2008 年版,第 25 页。

〔106〕《庄子·田子方》,选自同上书,第 382 页。

〔107〕转引自张梅:《儒道互补与中国文人的心理结构》,载《东南文化》2004年第4期。

〔108〕王瑞来:《将错就错:宋代士大夫原道试探——以范仲淹君臣关系论为中心的考察》,载《学术月刊》2009年第4期。

〔109〕《论语·八佾》,选自阎韬、马智强注评:《〈论语〉注评》,凤凰出版社2006年版,第28页。

〔110〕《论语·子路》,选自同上书,第144页。

〔111〕《左传·隐公三年》,选自赵生群注:《春秋左传新注》(上册),陕西人民出版社2008年版,第16页。

〔112〕《孟子·离娄下》,选自金良年撰:《孟子译注》,上海古籍出版社2004年版,第170页。

〔113〕张岂之主编:《中国历史》(先秦卷),高等教育出版社2001年版,第168—181页。

〔114〕这方面的著作还可参考:张之锋的《孟子笔下的道统与政统》,周宏韬著的《略论先秦道统与政统》。

〔115〕转引自余英时:《士与中国文化》,上海人民出版社1987年版,第88—89页。

〔116〕同上书,第89—90页。

〔117〕转引自同上书,第90页。

〔118〕同上书,第97—98页。

〔119〕同上书,第97页。

〔120〕同上书,第99页。

〔121〕转引自同上书,第100页。

〔122〕转引自同上书,第103页。

〔123〕同上书,第104页。

〔124〕同上书,第109页。

〔125〕转引自同上书,第90页。

〔126〕《左传·昭公十六年》,选自张燕谨主编:《文白对照全译左传》(第二卷),国际文化出版公司1993年版,第359页。

〔127〕邱捷:《西周末年保护商人私有财产的法律——郑国国君与商人的盟誓》,载法律史学术网 http://flwh.znufe.edu.cn/article_show.asp?id=1442,2010年11月10日访问。

〔128〕《左传·僖公十六年》,选自赵生群注:《春秋左传新注》(上册),陕西人民

出版社 2008 年版,第 266 页。

〔129〕李延:《论中国古代商人阶级的兴起》,选自李延等:《史记·货殖列传研究》,云南大学出版社 2002 年版,第 37 页。

〔130〕同上书,第 38 页。

〔131〕《管子》,梁运华点校,辽宁教育出版社 1997 年版,第 221 页。

〔132〕《史记·货殖列传》,选自司马迁撰,梁绍辉标点:《史记》,甘肃民族出版社 1997 年版,第 956 页。

〔133〕同上书,第 650 页。

〔134〕《国语·齐语》,选自焦杰校点:《国语》,辽宁教育出版社 1997 年版,第 46 页。

〔135〕同上书,第 92—93 页。

〔136〕《史记·货殖列传》,选自司马迁撰,梁绍辉标点:《史记》,甘肃民族出版社 1997 年版,第 954—955 页。

〔137〕王泽民、祁明德:《古代商人阶级的形成及其治生之法》,载《西北民族学院学报》1998 年第 2 期。

〔138〕《史记·吕不韦列传》,选自司马迁撰,梁绍辉标点:《史记》,甘肃民族出版社 1997 年版,第 648 页。

〔139〕同上书,第 356 页。

〔140〕王泽民、祁明德:《古代商人阶级的形成及其治生之法》,载《西北民族学院学报》1998 年第 2 期。

〔141〕安守廉:《不可思议的西方?昂格尔运用与误用中国历史的含义》,高鸿钧译,选自高道蕴、高鸿钧、贺卫方编:《美国学者论中国法律传统》(增订版),清华大学出版社 2004 年版,第 19 页。

〔142〕《史记·越王勾践世家》,选自司马迁撰,梁绍辉标点:《史记》,甘肃民族出版社 1997 年版,第 356 页。

〔143〕《管子》,梁运华点校,辽宁教育出版社 1997 年版,第 71 页。

〔144〕《史记·货殖列传》,选自司马迁撰,梁绍辉标点:《史记》,甘肃民族出版社 1997 年版,第 955 页。

〔145〕同上书,第 961—962 页。

〔146〕赵晓耕、范忠信、秦惠民:《论中国古代法中"重农抑商"传统的成因》,载《中国人民大学学报》1996 年第 5 期。

〔147〕高道蕴:《中国早期的法治思想》,高鸿钧译,选自高道蕴、高鸿钧、贺卫方编:《美国学者论中国法律传统》(增订版),清华大学出版社 2004 年版,第 275 页。

〔148〕同上书,第 276 页。
〔149〕同上书,第 259 页。
〔150〕转引自同上书,第 260 页。
〔151〕同上书,第 276—277 页。
〔152〕同上书,第 261 页。

第七章 比较法律史及其方法论

第七章 比较法律史及其方法论

一、问题的提出

历史对法学家的重要性,类似于地壳对于地理学家的重要性;法律的学习实际上是一种历史的学习;法学家的任务就是要找到现行法的历史根据。诸如此类的话,充斥着19世纪后半期欧美法学家的著作。[1]在法学家眼中,法律的历史实际上就是法律不可分割的一部分,甚至是法律根基的部分。[2]

一个民族要保持本民族的"纯粹"性,这几乎是不可能的,因为历史改变着民族性。与此相关联,一个国家的法律不可能永远保持自身的传统。美国法的历史并非英国法的简单延续[3],德国法传统与其说是日耳曼法的,还不如说是古罗马法的。

历史的转折有时候表现为性质上的断裂,有时候则表现为程度上的而非性质上的变革。[4]中国法律史也没有超越这种规律,从秦律开始一直到清末的法律传统,我们称之为中华法系,法律一直在变,但是没有性质上的变化。鸦片战争之后,由于西方列强的侵略,我们的整个社会结构、经济结构和政治结构发生了变化,法律制度也发生了变化,这种变化则是性质上的变化。中华法系的传统转化成为源于西方法律遗产的现代法律。

在现代的中国法律中,传统的中华精神还在不在?或者在多大程度上存在?这是法律史学家们喜欢探讨的问题。一项具体的法律制度,历史的渊源在哪里?从中国的历史去寻找,还是从外国法制史中去寻找?法律中人一直也很有兴趣。哪些法律制度是中国传统中特有的现象,哪些法律制度是人类古代社会中共有的现象?这就需要去比较,是比较中外法律史的共同之处,还是差异之处?历史制约着当下的法律,还是当下法律发展的一个正当性工具?历史是今天的一种包袱,还是法律未来的一种预告？历史是一种事实，还是一种价值判断？这些都是一个法律史学者不可回避的问题。

二、规范比较与结构比较

法律比较既有简单意义上的规范比较，也就是法律表面层次上的异同比较，也有复杂意义上的结构比较，也就是深层意义上的文化比较。从规范比较意义上看，任何一项现代法律制度，我们都可以从我们的祖先那里找到相同或相似的表达，从结构比较意义上看，相同的法律规范也许是基于人类共同本性的中西相通、古今相通，也许同一字面的规范表达具有完全不同的实质含义。

1. 规范比较与文化比较

研究中国法制史的学者喜欢拿中国封建辉煌时期的法典与同时代的西方法典做比较，这是同一历史时期的不同法律规范之间的比较。比如说在中国《唐律疏议》的时代，中国与西方法律哪个更发达？比较的结果是，中国的法律文明比西方法律文明要高出很多。《唐律疏议》所处的时代是公元618—886年，《唐律疏议》颁行于651年，正好是西方所谓日耳曼蛮族法典时期，典型的蛮族法典是5—9世纪日耳曼人的《萨利克法典》。那个时候，西方的法律是野蛮的和简单的。[5]不管是在法典的内容上、形式上还是法律技巧上，中国的《唐律疏议》肯定超过同时期日耳曼人的法律制度。那么能不能得出结论说中国的文明就比西方的文明要发达？仅仅靠断代的共时的规范比较，结论肯定是中国的文明超过了西方的文明。但是，这种规范的比较有它自身的缺陷，因为与唐代同时的那个西方，并不是西方文明的发展正常状态，而是古希腊和古罗马文明的一种倒退，拿西方通常术语来说，那是一个"黑暗时代"。

就法律规范比较的局限而言，我们要么缺少充分的可供比较的材料，要么资料太多,相互冲突,莫衷一是。就古代社会而言,历史遗留下来的原始材料不足以进行"科学"的比较。春秋战国之前的法律,我们只有考古的残片;古希腊的法律,只存有残片,有时我们还要参照柏拉图的《法律篇》和亚里士多德的《雅典政制》与《政治学》;罗马共和国之前的法律,我们还要参照西塞罗的著作。就近代社会而言,布莱克斯通之前的英国法资料浩如烟海,清代的文献多得让学者终其一生也无法穷尽。更重要的是,就法律规范本身而言,不结合该规范产生和适用的语境,规范其实没有揭示任何实质性的内容。

反之,只有我们超越规范而进行文化层面的结构比较,中西法律传统的比较才有最低限度的可比性。以古代社会比较而言,中国春秋战国时期的法律与西方古希腊的法律是可以拿来比较的。古希腊罗马时期的柏拉图、亚里士多德及西塞罗时代的法律,与中国先秦的孔子时代的法律是可以进行比较的。

古希腊罗马的商品经济非常繁荣,由此而生的商业制度、经济制度和法律制度都比较发达,而这是东方社会所缺少的。但是,如果我们比较封建制度、官僚制度或者专制制度,那么西方社会肯定不如东方社会。[6]不同的经济背景和行为方式,导致了东西方法律文化的差异。东方古代社会的专制主义和官僚体制比较早熟和异常发达,而西方社会商品经济下的自由平等法律制度比较发达。这一点也从我们能够发现的历史材料得到验证,秦简和汉简所反映的秦汉法律带有更多的农业文明色彩,而古罗马帝国查士丁尼法典更多地带有商品经济的印记。就婚姻家庭制度而言,西方古罗马共和国之前,或者,在基督教被认可为罗马正教之前,东西方都存在家父权和一夫多妻制。只是到了罗马城市民法向万民法过渡的时期,西方法律才削弱了家长权,确认了一夫一妻制。[7]当然,我们很难说哪个文明高,哪个文明低。[8]其实,文明或者文化比较,我们很难分出强弱,我们只有描述,而无价值上的判断。只能够说它的传统是什么,它的传统会导致什么样的结果,等等。西方的文明导致了法治的社会,那东方的这种文明最后导致的是一种非法治社会,一种专制的社会。

就思维方式而言,我们通常说,西方有科学的精神,但是东方社会科学的精神不足,人文的精神有余。这种特点导致了西方文明与东方文明不同。西方的思想比较有体系,比较讲求概念的明确,有严密的推理,有独特的理论结构,但是中国的哲学更多的是一些伦理学的行为规范[9],学术没有跟生活相分离,而学术的研究没有独立性。

规范的分析没有给我们直觉的认识,结构的分析可以给我们深度的思考。比如说,《韩非子·内储说上》言,"殷之法,刑弃灰于街者"。根据这一条,我们能够得出什么样的结论呢?沈家本的解释不同于孔子的解释,孔子的解释,后人也争论不已。[10]此法条的现代疑问是:我们是否能够说中国古代就有环境法呢?从规范字面分析,答案是"是",从结构上分析,答案是"否",因为所谓环境法,即使在西方而言,也是工业革命之后的产物。

这里我们可以设计出这样一种情形。A夜晚跑到B家里盗窃,B大声呼救,B的邻居C在家不出手相救,地方长官D也没有及时出现。按照秦律,C和D都是要承担责任的。[11]而按照美国工业革命之前的法律,D是要承担责任的,C是不承担责任的,因为治安法官有保障社区的平安的职责,C对B没有注意的义务。[12]这两个案件都涉及了邻里之间的法律关系,相类似的事实为什么有不同的法律结果?我们只能够从东西方社会结构差异中寻找答案,因为古代中国乡村社会需要一种连带的责任,而西方陌生人社会需要分别的个人责任。

2. 以"封建"法比较为例

以两种意义上的"封建"法律为例,有文字记载的中国法律史,主体部分是"封建"法律史,以唯物史观考察,中西法律比较之相应的西方参照物是欧洲西罗马灭亡到各国资产阶级革命期间的法律制度。其实,这里面还是存在诸多学术疑问的。其一,如此理解的"封建",中国古代与欧洲各国的社会结构上存在着重大的差异性;其二,西方各国法律现代化的道路也各不相同。英国依靠强有力的王权走向了法律的现代化,法国是通过极端民主暴力建立了法治,德国则是强大的诸侯国主自我约束走向了法治国,而美国压根就没有封建性的法律。中国法律现代化会依靠什么呢?皇帝的专制权力?贵族们的自我约束?农民起义的暴力?殖民主义的外力?

中国的封建社会,通常的看法是源于春秋战国之交。当土地制度发生了变化，土地可以按照物主意愿买卖的时候，中国就进入了封建社会。从秦代大一统的封建专制制度建立始，一直到清朝末，我们都称之为封建的社会。[13]这种说法基本上还是基于历史唯物主义对中国古代社会的划分，也就是以生产关系和生产方式对于社会形态的影响。中国社会由原来的奴隶制经济，逐渐变成封建制经济，社会的主要矛盾是农民跟地主之间的矛盾。这个矛盾冲突延续了将近几千年的历史，所以称之为封建社会。

但是，如果要进行历史的文化比较，这种看法过于简略和粗糙。从比较法律史的角度考察，中国秦代以后的封建制度和西方的所谓封建制度是不一样的。中国秦汉到大清末年的那种封建制度，实际上是封建专制制度，只是诸多封建制度中的一种。而西方的国家建立起专制主义制度，实际上发生在16—17世纪。那段历史在西方所存在的时间并不是很长，而中国封建专制的社会，从秦代一直到大清，经过了几千年的历史。[14]

这里存在着逻辑上的矛盾，因为流行的看法混淆了两种意义的"封建社会"。唯物史观的封建社会是以生产关系和阶级斗争为分类标准，而文化意义上的封建社会则以社会结构为分类的标准。以西方人的社会观看待中国的封建社会，类似于西方封建社会的时期应该在西周井田和分封时代，秦汉以后中国的封建时代则类似于西方16世纪以后的西方专制时代。这就可以解释，西方学者在比较中西法律文化的时候，总是把注意力放在秦帝国建立之前。[15]

从严格比较的意义上说，与西方类似的封建制度，只体现在西周的井田制与分封制上，那才是典型意义上的封建制度。什么叫封建？封建就是有分封臣、有建藩的制度。上一级的贵族，比如说国王，把土地分给自己的亲属、自己的亲信和前朝的贵族，分给建立功勋的一部分贵族，贵族变成大土地所有者，然后贵族要把这部分土地细分下去，分给小贵族，依此类推，最小的贵族已经有了土地和土地上的农民，这才是分封制。而所谓"建"就是指建藩的制度，把土地围起来，这个领域是我的，任何人不可以侵入，我在我的区域内是最高的权威，类似于近代以后的主权制度，这就是封建的庄园。这样的分封制和建藩制，才是严格意义上的封建制度[16]，而这种制度应该说在中国秦代以后不存在，因为秦代以后封建的贵族并没有太大的政治上的权力，因为主要的政治权力都集中到中央了。[17]因为结构上的差异，中西法律比较之间，中国封建法律与西方封建法律的比较、中国专制法律与西方专制法律的比较都是可行的，而封建法律与专制法律的比较是不可行的，因为两者不在同一平台之上。[18]

三、中西法律之间道德与宗教的比较因子

中国传统法律与西方现代法律进行比较，并不具有可比性，因为两者法律所依赖的社会结构不同。如果我们把中国传统法律与西方古代法律进行比较，则是可行的，因为前现代社会的法律，东西方之间的差异并不明显。

在孟德斯鸠那里，法律的精神包含了与法律有关的一切因素。古代法律的形态和运作，起决定性的因素既可以是政治的和经济的，也可以是宗教的和道德的。比较而言，政治和经济是法律发生作用的外在强制，而宗教和道德则是法律发生作用的内在动力。[19]从这个意义上讲，西方社会在16世纪以前，宗教和道德是社会控制的主要工具。[20]宗教和道德对人类行为内在动力的支持，诚如先哲所言，立法者的道德驯育着人们，"人们可以利用这种道德把人塑造为创造性的和深沉的意志所喜爱的东西。前提是，这种最高等的艺术家意志掌握了暴力，并且能够在一段长时间里以立法、宗教和习俗的形式贯彻其创造意志"，"道德，经过长期经验和考察的道德，被证明是有效的生活方式，最后作为规律进入了意识，成了主导"。[21]

法律制度与宗教制度和道德习惯的分离是现代法律的特征，在此之前，法律与宗教和道德是难以区分的。就古代社会法律的初始和自恰的特质而言，宗教和道德品质决定了古代法律的性质，可以说，前现代社会东西方法律的差异性在于各自法律体现了不同的道德观和宗教观。前现

代东西方社会的宗教和道德的差异性预告着东西方法律的不同传统,而当西方社会步入现代社会之后,东西方法律的差异性由隐性走向了显性。

1. 前现代社会法律中的道德与宗教因素

就中国传统而言,法律跟道德有时候很难区分,西周以降的"亲亲尊尊"理念构成了中国法律传统的实质内核。"德为阳,刑为阴","出礼而入刑","礼不下庶人,刑不上大夫","礼德为政教之本,刑罚为政教之用"等实际上都是儒家的名言,都是讲法律和道德的关系。中国社会道德与法律的一致性,使得中国的法律带有明显的泛道德色彩。这种道德观的内容则是贯穿中国历史的皇权至上、等级有序和宗族礼制。孟德斯鸠说,中国的立法者们主要的目标,是要使他们的人民能够平静地过生活。他们要人人互相尊重,要每个人时时刻刻都感到对他人负有许多义务;要每个公民在某个方面都依赖其他公民。因此,他们制定了最广泛的"礼"的规则。[22]中国人把宗教、法律、风俗、礼仪都混在一起,所有这些东西都是道德,所有这些东西都是品德。这四者的箴规,就是所谓礼教。

西方社会也是有道德观的,因为古代社会道德赖以生存的父权制家庭制度和等级制度在古代西方同样存在。亚里士多德说,人天然是一种社会的动物,他必定要与他的同类一起共同生活。最基本的社会组织是家庭,家庭的扩大即为村落,村落的扩大即为城邦。[23]善德与正义有二,一为分配正义,二为矫正正义。分配正义是基于不平等的正义,地位不同,所得的政治权利和财富数额也不同。这实际上是一种等级制,体现了贵族制的精神。矫正正义是基于平等的正义,杀人者与被杀者之间、打人者与被打者之间存在着不均等,前者有所得,后者有所失。均衡打破了,就需要矫正,矫正的结果是使双方重新回到平等的状态。这实际上是共和制,体现了民主制的精神。[24]不过,古希腊城邦政制是多元的,多元的政治制度产生了多元的道德观念。西方后来盛行的个人主义的道德观在古希腊并不是普遍的现象,那里有的是共和、民主和平等,从这个意义上讲,亚里士多德的道德观与中国古代的道德观一样,也是利他主义的,而非利己主义的。不同的只是在于,这种利他主义是基于个人利益的冲突而达成的妥协,换言之,个人权利中心下的利他主义。

以此反观中国古代的法律,大一统社会昌盛的标志,乃是上下等级有序,上对下有着生杀大权,法律权利和义务发生了分离。有平等,但也只是出现在社会的动荡时候,比如,每一次的农民起义都无不以平等诉求作为暴力的正当理由。我们可以说,中国古代以等级制为常态,而以平等为变态。等级制维系了社会中不同需求的人们,每个人因其不同的等级地位享有不同的法律权利,但是无从产生平等和共和,更没有个人和自由的影子。老吾老以及人之老,幼吾幼以及人之幼,克己复人以为仁,己所不欲勿施于人,都明白无误地显示了古代中国的利他主义道德观。然而,君为臣纲、父为子纲、夫为妻纲,则意味着权力下的支配与被支配的关系,贯穿其中的乃是一种专制和不对等。"国是家的放大,家是国的细胞",儒家的伦理最后归结为集权之下的利他主义。

就宗教而言,先哲的界定是,它源于"一种特定的生活模式及道德习俗,并使之成为准则,消除人的厌世情绪","成为人们为之奋斗、有时甚至献出生命的至善之物"。[25]宗教为人们"提供了足够的促动和诱惑,因而踏上了精神性的高级之路,去检验伟大的自我克制感,沉默与孤独感",宗教"宜智安神,灵巧雅致,似乎利用痛苦,最后,干脆奉为神圣并为之维护辩解"。[26]

人类在无法预料和控制自身的时候,必定会乞求神秘的主宰,古代的宗教因此而产生。雅典有宙斯,斯巴达有阿波罗,以色列有耶和华,基督徒有天主和耶稣,印度人有梵天,同样,殷商和西周有天,春秋时代有儒道和阴阳,东汉之后有佛。宗教既是一种信仰,同时是一种行为的准则。从宗教的严格形式要件构成上讲,人格神的基督教与非人格神的儒道不在同一层面上,但从宗教社会学意义上,东西方信仰下的行为则在同一层面上。这也许是韦伯和昂格尔把基督教与儒道放在一起比较的原因所在。[27]

古希腊罗马的自然宗教和宗教改革新教伦理出现之前西方的天主教,与东方利他主义的宗教情绪无异,同样带有浓厚的利他主义色彩。基督徒诸如"爱你的邻居","不要采完葡萄园里的果子"和"善待寄居者和外国人"等箴言,都反映了古代社会为他人和为社会整体而牺牲自己的内心确信。不同的只是,西方是超自然的,中国是社会的;西方是神性的,中国是世俗的;西方的权威是上帝,中国的权威则是自己祖先。

2. 中西法律传统的分野

中西法律传统的真正分野,不在于中国古代社会的超稳定性,而在于西方社会的变异。可以说,当西方社会12—13世纪进入社会急剧变革的时候,西方社会发生了性质上的变革,走向了现代社会,而中国现代化却一直没有发生。比较而言,在道德与宗教领域,西方社会的变异起源于资本主义下个人主义的道德观和新教伦理下的个人行为,中国宋明以后也有资本主义的萌芽,却一直没有出现西方走向法治的个人主义、自由主义和新教伦理。

利己主义和功利主义仰仗于资本主义下的自由竞争和个人主义。11、12世纪以后西欧各国手工业和商业普遍恢复和发展,城市开始兴起。城市的形成意味着社会本位从人身依附关系走向个人的自由、自治和独立。人与人之间的关系不再是联合朋友对抗共同的敌人,而是每个人之间既可以是朋友也可以是敌人,人与人之间的交往不再以血缘亲疏远近而是以互惠为准则谋取自己最大的利益。到14世纪的时候,西方有了"目的总是证明手段正确"和"为了达到目的可以不择手段"的口号;到19世纪的时候,西方有了"最大限度的最大利益"和"趋乐避苦是人类本性"的伦理原则。比较而言,中国宋代以后也有规模不小的城市,也出现了资本主义的萌芽,但中国那个时代的城市没有西方城市那样的自治性,没有自己的武装,没有行业协会和纪律。西方城市里的人,与基于血缘关系的农村切断了关系,变成一个可以出卖自己劳动力的一个个体;而在中国那个时代的城市,城市里面的人与乡村的家族制永远保持一种千丝万缕的联系,城市没有跨越集镇的社会组织模式。[28]在这样的城市里,个人主义和功利主义无从产生。

就宗教行为而言,马克斯·韦伯说,只有新教伦理才能产生资本主义。东方社会没有进入资本主义,就是因为东方人缺少这种资本主义的精神。资本主义的精神源于新教伦理中的"节俭、勤奋、克制、自律、积极参与社会生活"的品质[29],表现为要改变社会的那样一种理想主义和个人英雄主义。中国的情况则相反,中国固有儒家与道家精神,产生不了资本主义。道家是远离社会生活之外的,它追求的是深山老林,是成道成仙和长生不老,对社会生活采取一种排斥的态度,因此它不可能来改变这种世俗的社会。儒家的东西又是过于跟世俗亲近的,它没有跟世俗的东西保持一定的距离,所谓"学而优则仕",书读好了就去做官,做官的目的名义上是要改造一个旧世界创造一个新世界,但是做了官之后,实际上就是同流合污,然后并不是用自己的理想来改造这个世界,使这个世界能够有序地向前发展,而是使自己变得更加世俗了。这就跟西方的那个新教伦理形成比较大的反差,韦伯的分析是,新教的精神是积极地改造这个社会,但是东方的儒教的传统是消极地适应这个社会,最后的结果是西方有所谓自然法的观点,而中国社会没有这种自然法的观点。这也导致了为什么西方社会产生了法治主义的精神,而东方社会产生不了法治的精神。[30]

这也许印证了梅因那个著名的基本判断:人类法律的发展,在古代,东方与西方并没有显著的差别。在古代法向现代法律发展的过程当中,东西方的法律发展出现了分野。东方的法律仍然停留在原始法律状态,而西方法律则步入了现代。[31]

四、比较法律史方法论的四对范畴

完全没有历史感的法学家是不存在的,任何法律都有其历史的渊源,这也意味着,法律的历史是法学家们不得不面对的课题。只是不同的学者对历史有着不同的看法,这就涉及了不同法学家的不同历史方法论。法律史的发展有自己的内在逻辑性,还是凭借外在的压力?历史是一种不可侵犯且制约我们今天生活的神圣之物呢,还是以实用主义的方式把过去当作是为今天所用的工具?法律的历史具有客观性,还是带有法律史学家的个人偏见?法律的历史具有内在的必然性,还是历史事件前后相继的偶然呈现?

1. 法律内在发展历史与法律的移植

萨维尼研究历史,研究罗马法,他认为法国虽然制定了民法典,但是并不值得德国人去学习,因为一个国家搬用另外一个国家的法律,往往是不会成功的。一个法律要具有生命力,必须要与这个民族的特性相一致。法律并不是自然法学者比如霍布斯和卢梭所讲的主权者的意志,法律就如同一个国家的语言一样,是这个民族的民族精神的一部分,一个民族的法律融合在它的民族性格之中。因此,参照一个外国的法律为本国制定法律,立法肯定不会成功。法律只能从自己的民族特点和民族个性当中,慢慢去发展演化,而不是贸然地制定一个法律来破坏原有的民族精神。这就是历史法学所谓的法律民族精神说。萨维尼并不否认德国法继受罗马法的历史事实。但是,在他看来,这种继受并不是外在的强加,而是内在的吸收。在这个内在吸收的过程中,法官和法学家起到了关键性的作用。他说,历史发展到某个时期,法学家和法官就代表了这个民族的精神。通过法官和法学家这些社会精英卓有成效的工作,罗马法精神渗透到了德国人的民族精神之中。[32]

真正从历史内在发展中延续法律传统或者说法治传统,典型的国家应该是英国。19世纪的戴雪认为英国法律的特质在于习惯,20世纪的哈耶克则认为唯有英格兰才是法治国家。哈耶克曾经把法律的发展区分为自发秩序的内在规则和创制秩序的外在规则,只有内部规则才可以维护个人自由。"早在人类想到自己能够制定和改变法律之前,法律已然存在很长时间了","自生自发的社会秩序为我们提供的东西,要比政府组织所能够提供的大多数特定服务更为重要"。[33]法国和德国的现代法是对罗马法的继受,最多带有日耳曼习惯法的色彩。大陆法系的确立,并不是日耳曼民族精神的自发之物,而是政治上的权力推行了18世纪的理性主义理想,萨维尼理想状态的"历史指导下的德国普通法"在他发表《论立法与法学的当代使命》的时候并没有成熟,所以他其实是反对德国制定民法典的。当1900年《德国民法典》通过并颁行的时候,占主流的指导思想与其说是萨维尼的历史法学,还不如说是康德和黑格尔的理性主义哲学。[34]

当然也有另外一种声音,与法律内在发展观对立的看法是:"法律为本民族历史自发而生"是一种罕见的例外；而一个民族移植另外一个民族的法律，则是人类法律发展的一般现象。美国建国的时候，采用法国法还是英国法，建国者们是存在着争议的；日本明治维新的时候，采取法国法还是德国法，官方也存在着分歧；中国在清末的时候，同样面临着这个问题。最后，中国引进了西方的法律，中华法系的传统发生了中断。罗马法在欧洲的传播，使其成为西方法律的正宗来源；拿破仑的侵略以及法国和德国的殖民活动，导致了大陆法系的形成；美国独立后采用了英国的法律，并随着英国和美国的殖民活动，导致了英美法系的形成。

就中国近现代社会而言，一百年过去了，我们移植哪个国家的法律制度，仍然是法律学者们和官员们喜欢探讨的话题。在借鉴何种法律制度上，法律学人的工作重点还是在立法的层面上。如果我们的要求是不苛求完善统一、系统和不相互矛盾的法律体系，其实立法是一件最简单的工作，那就是把我们喜欢的法律条文拿过来编订在一起就大功告成了。从这个意义上讲，我们学习日本法也好，学习德国法也好，学习美国法也好，没有什么实质性的差异，做得像个法典的样子就可以了。

中国当代研究外国法制史的学者，对于日本的法律应该说还是比较重视的，一个方面是由于清末时期，有大量的留学生从日本回来，带来了一些日本的文化。清末修律的时候受到日本人的影响比较大，所以中国人对日本的法律比较了解，也比较容易借鉴。日本的法律发展史，有着比较清晰的脉络。我们看到日本在保持东方法律传统的同时，接受世界上先进的法律制度，其中既包括德国的法律制度，也包括美国的法律制度。而研究部门法的人，特别是民法和刑法的学者们，宁愿把自己的法律渊源追溯到德国，而不愿意追溯到日本。对于《德国民法典》，目前中国民法界的评价很高。相当一部分或者说一大部分中国民法学者，都认为中国的民法应该学习德国法。但作为法史学者，我个人觉得，中国法跟德国法差异太大了，这个差异包含了时间、空间、民族习惯和思维模式等各个方面。中国人喜欢的是德国法外在的"美感"，而并没有考虑到中国法继受德国法的可能性。清末的时候，帮助中国人立法的基本上都是日本人，少见德国人。明明是日本法的一个翻版，我们却偏喜欢把日本人划掉，换上德国法。中国所学习的"德国法"，不是直接学的德国法，而是间接地学习德国法,所以说中国民法学界欣赏德国法,在我看来是个很奇怪的事。

年轻的一代学者看到的又是另外一幅景象,他们为英美普通法所折服,为英国的法治精神和美国突飞猛进的发展所折服。不过中国想要形成中国式的英国"普通法",几乎是不可能的。而如果把法律仅仅当作一个工具,用来促进经济的繁荣,美国法是一个很好的捷径。不过,随之而来的问题又来了:中国固有传统与美国土著印第安传统也许是可比较的,但现代中国法律传统与来自欧洲移民的美国传统却是不可兼容的,中国法之移植美国法同样存在着异体质的排斥性。

2. 历史的包袱和历史的工具

历史事件是真实的,还原历史则是不现实的。真实的历史是若干事件的前后相继,而对历史的总结和归纳乃至描述,则因学者个人的智识各不相同。自尼采以来,对历史的态度有着截然对立的两种看法。第一,里程碑式的历史。历史的研究目的是还原历史,历史的表达是编年史。历史制约着今天的生活,历史神圣而不容丝毫的改变,"让死者埋葬生者"。在法律史上,布莱克斯通对安格鲁—萨克森时代的习惯法复活,萨维尼对罗马法的崇拜,都是这样的历史研究。第二,修辞术的历史。历史与现实只有某种相似性,历史不具有规范性,它只是有用数据的一个潜在来源。选择性地挑选和忘却历史,才能够更好地面对未来。在极端的情况下,可以歪曲历史来服务于人生。历史可以是一种虚构,也可以是一种重建,不管是哪种情形,历史都可以给人以力量,可以把我们从往昔的死亡中解放出来。霍姆斯对普通法的解读,德沃金对法律原则的阐释,都带有这样历史主义的印记。[35]对于前者,历史成了发展的包袱,对于后者,历史成了发展的工具。

萨维尼把历史尊称为可敬佩的老师,并致力于罗马法史的研究,试图找到法律内在的逻辑,从而达到纯粹的法律形式理性。他是一个法律的复古主义者,罗马法至尊的地位,导致了他否认他所在的德国的那个时代的要求,他反对立法,反对法典编纂。到1848年的时候,他不得不退出德国政治与法律的舞台。[36]霍姆斯在其《普通法》的开头就说,"在解释一个概念或者阐述一条规则时,如果需要求诸历史,我就将涉及历史,但我对历史的寻求也仅限于此"。法律人要避免两种错误,一是"凡事都历来如此"的想当然,二是过多地求助于历史,因为"我们讨论的出发点是发育充分成熟的人类"。[37]而当德沃金设计他完美的"法律帝国"的时候,他说,一个优秀的法官类似于一个善于创作系列小说的写手:从识别出来的先例中,找到处理手边案件的法律原则和规则,这样既保障了法律的延续性,又给法官的司法创造提供了足够的空间。[38]

中国法律史对于中国当下的法律家而言,有两个情形是值得注意的。第一,从法律效力、主权和法律渊源角度看,唐代以降的中国古代法律,清末新政与修律,中华民国后的法律和1949年以后的法律,在法律范式上存在着性质的差异性。从现行法律的渊源上看,我们在处理法律疑难问题的时候,历史渊源只能够追溯到1949年以后,最多追溯到根据地时期的法律。在这一点上,中国的法律类似于大陆法系下的法律:法律因政治而生,一代主权有一代的法律,政治家通过政治的活动,把政治的利益转化为法律。历史可以是立法者和法官考量的因素,但不会成为法律人的一种包袱。第二,从法律传统上考察,法律的意识形态并不以政权的更迭发生断裂。历史制约着当代的立法者和法官,更折磨着当代的法学家。在这里,中国的法律类似于普通法法系下的令状制度:我们埋葬了历史,历史却在坟墓里制约着我们。历史铭刻在我们的心里,它可以是我们当下法律活动的包袱,也可以是法律活动的工具。

具体地看,历史的困惑在立法活动中的表现,莫过于清末修律时期法理派与礼教派的争论。沈家本和伍廷芳希望在中国建立资产阶级的法律、和西方的法律精神相一致的法律,张之洞和劳乃宣却要保持国粹。那场争论以双方的妥协告一段落,以清帝国的灭亡而告终。此后,立法层面的争论终止了,但是司法层面的冲突依然存在[39],法律意识形态争论则一直延续到现在,我们究竟是学习西方的制度,还是建立我们自己民族的东西呢?具体法律方面,究竟按照西方思路,按照西方的法律制度来进行判案,还是要保持中国的民族性?从清末移植西方现代法律到现在,一百多年过去了,我们的法律体系是西方的,而我们的法律理念基本上还是传统的。制度与民族精神的断裂导致了中国法律之路的扭曲和变形。从中国内在传统中衍生出现代法律制度是不可能的,而内在地消化西方法律制度和理念,迄今尚未出现骄人的成就。我们有悠久的法律传统,但现代法律历史又相对短暂,因此,我们必须面对这样的历史哲学的难题作出抉择:或者尊重历史、让历史束缚当代的中国法律,或者弱化历史、把历史与当下的相似性当作法律发展的动力。

3. 历史的真实性与历史的主观性

传统上讲,历史在"记录"过去的重大遗迹,把它们转化为"文献",在今天,历史将文献转变成重大的遗迹。[40]传统的历史学家治史的最高境界是"客观、中立和连贯一致",但这永远是历史学家的一厢情愿。曾经发生的事件可能是客观的,但是留给后人的历史文献则带有记录人的主观偏好,这样,历史究竟是真实的,还是主观的,就成为历史学家永恒的争论话题。

《法经》被认为是中国历史上第一部成文法典,它由"盗贼囚捕杂具"六篇构成,中国法制史的教材都在这样表述,但它的来源是历史文献的片言支语,我们并没有原始的材料,或者可以足以让人信服的原始的或辅助的证据材料。根据不可完全信服但也无法推翻的历史文献,我们把这些文献当作了历史,于是《法经》就成为中国封建成文法的第一典。[41]这属于无历史原典所带来的历史真实性难题。

美国20世纪50年代黑人运动兴起的时候,黑人针对"种族隔离"不平等提起了宪法诉讼。法官并没有可以遵循的先例,只好追溯历史。但历史的答案并不利于黑人,因为美国在通过关于"法律平等"的第14条宪法修正案的时候,许多州政府同时批准了专门而独立的白人公立小学。这就意味着,从立法者本意上进行历史的考察,隔离并不违反平等。[42]这样的历史在黑人历史学家们看来,是一种歪曲的历史,因为那段历史是由白人写的。按照那样的历史,美国法律史就是白人对黑人的压迫史。[43]这属于被漠视或者被篡改了的历史。

4. 历史的必然性与偶然性

我们这一代人,从中学开始学习政治课程的那一天起,我们的历史观就是:人类的历史是进化的,法律的发展是有规律性的,一个事件的发生必定包括了前因和后果的必然性。因此,历史意味着必然性。但如果从学术研究的层面考察,从思想史的角度来看,我们"确认如此"的历史观也是要进行仔细推敲的。思想家们对历史必然和历史偶然的争论,从来都没有停止过。

认为历史发展有规律可循,历史遵循因果关系,先有 18 世纪的休谟,后有 19 世纪的穆勒。休谟把自然科学的因果律应用到了社会科学,前因与后果的因果关系要求:其一,事件或对象存在"恒常结合"或"常规顺序";其二,前因与后果存在着"必然性和力量"。休谟所认识的因果关系,强调原因是结果的充分必要条件。当 19 世纪人文社会科学兴起之后,休谟的历史观并不能够解释人类的历史,也不能够解释法律的现象。比如,氧气是燃烧的原因,假定被告随意乱丢烟头导致了原告财产被烧毁的结果,那么任何一个法官都不会认为原告损害结果的原因是空气中氧气的存在。于是,穆勒扩展了休谟的理论,他认为在法律历史学家那里,自然科学的因果律是不够的,一个历史事件的发生往往由多种复合原因或者条件所成就。一个原因或者条件只是结果的一个充分条件。"对原因所作的哲学讨论并没有到穆勒结束,不过他确实是法学家在阐明因果关系概念时永远要提到的为数不多的几个哲学家之一。"[44]

但是从尼采之后,"因果律"和"必然性"理论遭到毁灭性的打击,历史并非连续性的,历史并非整体性的,历史并非预告着未来。在尼采看来,"因果关系,这一规律乃是一种根深蒂固的信仰习惯,它被笃信到如此程度,以致不信奉它就有灭种之灾","某些现象的不变先后次序并不证明'规律',而是证明两种或多种力之间的权力比例"。他对传统的历史观的评论是,"文化的全部历史就是放弃对偶然、不确、突然的恐惧心理。什么叫文化,就是学习算术,学习因果思维,学习掌握特权,学习信仰必然性"。他批评道,"现象既不是原因造成的结果,也不是产生结果的原因","要解释因果性,这乃是幻想","科学架空了物的内容的因果关系概念,只保留了物的比喻公式"。[45]在尼采看来,传统的历史观中的因果律只是人们心理的一种推断,"每件事都有一系列原因呈现于我们面前,于是我们就推断,这个先发生,那个接踵而至,然而却无所领悟",因果只是事件的前后相继,尼采把它看做一个运动,这个运动并无规律可寻,结果的发生其实是各种"力"按照其力量比例导致的结果,最后归结为"权力意志"。他说,"视因果为连续,而不要依照我们本性把它们视为随意肢解的片段;视发生之事为一种流。倘若一种智力能做到这点,它便会将因果概念抛却,将一切条件否定"[46]。为此,尼采反对必然性,反对因果力,同时也反对人类的进化,"人类没有进步,它甚至从来没有存在过","没有任何秩序、逻辑、联系和约束力"。[47]按照这个思路,尼采的历史与谱系理论,在福柯那里变成了"知识考古学"。在美国法律史学家那里,原旨主义的传统历史被虐称为"法律办公室的历史",自由主义者的历史转变成了有创造力的"律师的历史"。[48]

五、简短的结语

中国法律史源远流长,中国人有浓重的历史感。一百年前,西方法律冲撞了中国的法律历史传统,有历史感的法律学家从那天起就一直处于焦虑状态。因为历史永远是最简便易行的法律合理性工具,因此我们永远要寻找当下法律制度的历史根据。当下法律的历史是中国的传统,还是西方的传统,还是混杂的东西方传统?要回答这样的问题,就必须回到历史,必须进行法律的比较。这就是比较法律史应该存在和发生作用的根源。

比较法律史基本的比较是区分规范的比较和文化的比较,真正有效的比较应该是法律文化的比较,或者说社会结构层面上的比较。任何一个规范都有其历史的和社会的语境,把一个规范纳入特定的历史语境中,才能够得到它真实的意义。同一结构的法律现象有比较的现实性,不同结构的比较缺少可比较的平台。

古代社会中西方法律的比较是有可比性的,因为古代社会不像现代社会那样社会分层与分化剧烈。道德与宗教是古代人生活的内在动力,由此也体现在法律制度的层面上。东西方古代社会都有自己的道德观和宗教行为观,但其中蕴涵的差异性导致了后来的分化。当西方社会步入了现代社会的时候,东西方的法律传统开始出现了分野。

不同的法律史方法论导向不同的法律历史理论。比较法律方法论可以分成但不限于四类基本的范畴,它们是内在与外在,还原与创造,客观与主观,必然和偶然。每一种方法论导致一种法律历史学,四组八项方法论的混合会导向复杂多元的法律历史学。一个成熟的法律历史学,应该是开放的、多元的、可以争论的和丰富多彩的法律历史学。

注　释

〔1〕这些命题分别来自:英国梅因的《古代法》:"如果我们能通过任何方法,断定法律概念的早期形式,这将对于我们有无限的价值。这些基本观念对于法学家,真像原始地壳对于地质学家一样的可贵。这些观念中,可能含有法律在后来表现其自己的一切形式。"参见〔英〕梅因:《古代法》,沈景一译,商务印书馆1959年版,第2页。美国霍姆斯的《普通法》:"要理解法律是什么,我们必须了解它以前是什么,以及它未来会成为什么样子。"参见〔美〕霍姆斯:《普通法》,冉昊等译,中国政法大学出版社2006年版,第1页。霍姆斯的《法律的道路》:"在很大的程度上,对于法律的理性研究仍然是对历史的研究。历史必定成为此项研究的一个组成部分,因为没有历史,我们将无法了解那些规则的准确范围,而了解那些规则的范围正是我们的职责所在。"参见〔美〕霍姆斯:《法律生命在于经验——霍姆斯法学文集》,明辉译,清华大学出版社2007年版,第221页。德国萨维尼的《论立法与法学的当代使命》:"历史,即便是一个民族的幼年,都永远是一位值得敬重的导师,而类如我们这样的时代,她还负有另一项更为神圣的职责。只有通过历史,才能与民族的初始状态保持生动的联系,而丧失了这一联系,也就丧失了每一民族的精神生活中最为宝贵的东西。"参见〔德〕萨维尼:《论立法与法学的当代使命》,许章润译,中国法制出版社2001年版,第86—87页。梅因、霍姆斯和萨维尼都是19世纪下半叶或者20世纪早期的著名法律史学家。至于"为什么19世纪顺理成章地就是历史学世纪",福柯的解释是,对比18世纪西欧的思想运动而言,19世纪的欧洲"创造力减退、自身事业失落、不得不以往昔和其他地方发生的事情为依据,所有这一切使19世纪陷入一种自卑粗俗的好奇"。参见〔法〕福柯:《尼采、谱系学、历史》,王简译,载杜小真编选《福柯集》,上海远东出版社2003年版,第161页。

〔2〕在这一点上,英美法的历史感超过大陆法系。大陆法系国家可以通过政治的立法来改变法律,而英美法系国家则更依赖于法官的司法活动。立法可以改变历史的走向,而司法则不能够。法官对成文法的参照,遵循先例的原则,都是司法活动

中的历史活动。在这个意义上,德沃金将"法律因袭主义"当作英美法的主导理论之一。参见〔美〕德沃金:《法律帝国》,李常青译,中国大百科出版社 1996 年版,第 4 章。

〔3〕当然,我们还可以继续追问:这个英国是哪个意义上的英格兰?是英格兰原有的土著?还是罗马占领时期的英格兰?还是盎格鲁—萨克森下的英格兰?还是诺曼人下的英格兰?〔美〕莫里斯:《法律发达史》,王学文译,中国政法大学出版社 2003 年版,第 201—204 页。

〔4〕法律的进化永远都在发生,有进化就有改变。当法律发展出现了断裂的时候,历史学家们称为"法律的革命"。参见〔美〕伯尔曼:《法律与革命》,贺卫方等译,中国大百科出版社 1993 年版,第 1 卷"西方法律传统的形成";〔美〕伯尔曼:《法律与革命》,袁瑜琤等译,法律出版社 2008 年版,第 2 卷"新教改革对西方法律传统的影响"。

〔5〕其中的典型是《撒利克法典》,这个法典总共 408 条,其中 113 条是对人的犯罪,150 条关于抢劫的规定。参见〔美〕莫里斯:《法律发达史》,王学文译,中国政法大学出版社 2003 年版,第 171 页。中文版则只载有 62 条,计 42 页,参见《世界著名法典汉译丛书》编委会编:《撒利克法典》,法律出版社 2000 年版。

〔6〕波斯战争之后,雅典活跃在希腊东部的主要商业基地"雅典居民认为除了外贸之类的职业外几乎所有的职业都是卑下的。雅典在商业上的优越地位得以确立后,外贸交易大幅度增加,富有的市民也纷纷加入了这一行列"。〔美〕赞恩:《法律简史》,孙运申译,中国友谊出版公司 2005 年版,第 71—72 页。英国国王亨利二世于 12 世纪创立英格兰法的时候,官僚制度才开始出现。依此官僚制度,保证了国王巡视全国各地的时候,中央政府仍然可以继续运作。这被认为是亨利二世的法律发明,连同他的巡回法官制度、陪审团制度等载入英国法律史。参见〔美〕伯尔曼:《法律与革命》,贺卫方等译,中国大百科出版社 1993 年版,第 537 页。

〔7〕〔意〕彭梵得:《罗马法教科书》,黄风译,中国政法大学出版社 2005 年版,第 96—97 页。

〔8〕亚里士多德说:"有些社会自然地宜于专制式的统治,另一些宜于君王为治,又另一些则宜于城邦团体的宪政的统治,这些,对于每一类的社会,各从其宜,也各合乎正义。"参见〔古希腊〕亚里士多德:《政治学》,吴寿彭译,商务印书馆 1965 年版,第 171—172 页。政体无所谓好坏。一个政体如果合乎一个民族的环境和状况,它就是一个好的政体。这个观点一直为西方后继的社会学和政治学所延续,成为法律社会学的一个基本命题。

〔9〕孟德斯鸠说,中国统治者就是因为严格遵守这种礼教而获得了成功。中国

人把整个青年时代用在学习这种礼教上,并把整个一生用在实践这种礼教上。中国人一生的极大部分时间,都把精神完全贯注在这些礼教上了,礼教里面没有什么精神性的东西,而只是一些通常实行的规则而已,所以比智力上的东西容易理解,容易打动人心。〔法〕孟德斯鸠:《论法的精神》(上册),张雁深译,商务印书馆1961年版,第313页。中国社会"法令众多,但都以简明与实事求是的形式而著名","以伦理为取向的家产制所寻求的总是实质公道,而不是形式法律"。中国不存在独立的司法阶层,不能够发展也没有想到去发展出一套系统、实质和彻底的理性法律,也不存在可以一体遵循的先例。没有哲学,没有神学和逻辑,也就没有法学的逻辑,体系化的思维无法展开,中国古代的司法思维仅仅停留在纯粹的经验层次上。〔德〕韦伯:《中国的宗教——儒教与道教》,简惠美译,载《韦伯作品集》第Ⅴ卷,广西师范大学出版社2004年版,第217—218页。

〔10〕蒲坚主编:《中国法制通史》第1卷,"夏商周",载张晋藩总主编:《中国法律通史》,法律出版社1999年,第136—137页。

〔11〕《法律答问》:"有贼杀伤人□术,借旁人不援,百步中比野,当赀二甲。""贼入甲室,贼伤甲,甲号寇,其四邻、典、老皆不出不存,不闻号寇,问当论不当?审不存,不当论;典、老虽不存,当论。"另参见《唐律·捕亡律》,"诸邻里被强盗及杀人,告而不救助者,杖一百;闻而不救助者,减一等。"

〔12〕现代侵权法的形成以"过失"的形成为标志,C不承担责任是因为B的损害C没有过失,D承担责任是因为他因职位而有职责。参见〔美〕霍维茨:《美国法的变迁:1780—1860》,谢鸿飞译,中国政法大学出版社2004年版,第129页。

〔13〕任何一本中国法制史的教材都明确地如此划分中国法律史,每个没有深究该问题的中国法律学者都潜意识地如此理解中国法律史。这也许是中国法律史学者无法创立新的法律史研究范式的原因之一。

〔14〕在这里,我对中国法律发展模式的认识,多少有点宏大叙事的缺陷。肯定地说,中国法律史每个时期都有发展上的断裂,如"子产铸刑书"与"邓析的竹简","墨劓腓宫大辟"到"笞杖徒流死"的转化,"盗贼囚捕杂具"到"律令格式"的定型,"以刑去刑"到"德主刑辅"的法律指导思想,唐重伦理到明重皇权的变化等等。在本章中,为了进行中西法律史的比较,不得已采取最宏观意义上的法律结构比较,也就是所谓法律传统的比较。这样的比较会裁减或者忽略次层面的法律发展断裂和模式的转化。方法论上精辟分析,可见福柯的著作。他区分了"全面的历史"与"总体的历史","连续的历史"与"非连续性的历史","历史的传统和印记"与"历史的分割和界限",前三种为现代化的历史学,后三种为后现代的历史学。参见〔法〕福柯:《知识考古学》,谢强等译,生活·读书·知新三联书店1998年版,第1—19页。也许,我们

第七章 比较法律史及其方法论

比较法律史现状,远非结构主义与后结构主义时代所面临的历史学难题。

〔15〕典型的学者如罗伯托·昂格尔,参见〔美〕昂格尔:《现代社会中的法律》,吴玉章、周汉华译,译林出版社 2001 年版。虽然他在写作这本书的时候很年轻,其著作带有年轻人一样的冲动和主观臆断,但是他对历史的直觉判断,却为我们比较中西法律制度的时候提供了简易明了的模式,当然,这与他继承韦伯社会学传统有关。

〔16〕欧洲的封建法律的基本特点是:"第一,国家陷入一种邑主之间的私人战争状态,没有公认的法官或是裁决者;第二,每个封邑主被赋予设立法庭的权力,对其自由或不自由的佃户之间的冲突进行裁决。"〔美〕赞恩:《法律简史》,孙运申译,中国友谊出版公司 2005 年版,第 130 页。

〔17〕欧洲中世纪惯用的说法是:"我封臣的封臣不是我的封臣",于是在领主与封臣之间形成了一种互惠的"契约关系"而非专制强权关系。参见〔美〕伯尔曼:《法律与革命》,贺卫方等译,中国大百科出版社 1993 年版,第 371—375 页。在这一点上,西方封建领主与封臣的关系与中国封建下皇帝与贵族的关系存在巨大的差异。

〔18〕这里可以参见孟德斯鸠对社会类型的分类,他区分了共和(包括民主政治和贵族政治)、君主和专制社会,每种社会中的法律并不相同。参见〔法〕孟德斯鸠:《论法的精神》(上册)张雁深译,商务印书馆 1961 年版,第 7—18 页。也可以追溯到亚里士多德,他区分了共和/民主、贵族/寡头、君主/僭主,不同类型的政治结构有着不同的法律制度和理念。参见〔古希腊〕亚里士多德:《政治学》,吴寿彭译,商务印书馆 1965 年版,第 133 页以下。

〔19〕法律与宗教和道德的关系贯穿了人类法律史,而且,东方与西方的宗教与道德观差异非常显著。法律的政治和经济因素虽然也贯穿于人类法律史,但是由此发生的东西方差异并不显著。人类不同阶级和阶层的政治和经济的利益冲突导致法律的妥协,不同时代并非不同;现代经济学对古代法律的分析,也并没有给我们提供全新的思路。参见〔美〕波斯纳:《正义的经济学》,苏力译,中国政法大学出版社 2002 年版。

〔20〕拿庞德的话来说,在人类的早期,道德、宗教和法律很难区分开来,只是"从 16 世纪以来,法律已成为社会控制的首要工具"。参见〔美〕庞德:《通过法律的社会控制、法律的任务》,沈宗灵译,商务印书馆 1984 年版,第 33 页。

〔21〕〔德〕尼采:《权力意志:重估一切价值的尝试》,张念东等译,中央编译出版社 2005 年版,第 43、289 页。

〔22〕〔法〕孟德斯鸠:《论法的精神》(上册),张雁深译,商务印书馆 1961 年版,第 312 页。中国的部分学者,包括 20 世纪 20—30 年代的学者喜欢将中国古代的法律做广义上的理解,于是把"礼"也当作"法",陈顾远甚至把"礼"当作中国古代的

"宪法"。参见陈顾远:《中国文化与中国法系——陈顾远法律史论集》,中国政法大学出版社2006年版。把法与道德综合起来考察法文化,是中国文人习惯性的思考模式,也正是在这一点上,中西学者发生了分歧。中西法律传统的差异性比较方法,典型的是西方近代之后的分析法学,而不是自然法学。在这一点上,我们可以说中国缺少分析法学的传统。

〔23〕〔古希腊〕亚里士多德:《政治学》,吴寿彭译,商务印书馆1965年版,第5—7页。

〔24〕同上书,第148—150页;〔古希腊〕亚里士多德:《马可尼克伦理学》,苗力田译,载苗力田主编:《亚里士多德全集》第8卷,中国人民大学出版社1994年版,第97—103页。

〔25〕〔德〕尼采:《快乐的知识》,黄明嘉译,中央编译出版社2005年版,第198页。

〔26〕〔德〕尼采:《超善恶:未来哲学序曲》,张念东等译,中央编译出版社2005年版,第61—62页。

〔27〕参见〔德〕韦伯:《中国的宗教——儒教与道教》,简惠美译,载《韦伯作品集》第Ⅴ卷,广西师范大学出版社2004年版;〔美〕昂格尔:《现代社会中的法律》,吴玉章、周汉华译,译林出版社2001年版。

〔28〕"和西方根本不同的是,中国城市以及所有的东方城市形态,都不具有城市的政治特性","中国的城市之不可能走向西方的格局,是因为氏族的纽带未曾断绝"。参见〔德〕韦伯:《韦伯作品集Ⅴ·中国的宗教》,康乐、简惠美译,广西师范大学出版社2004年版,第44页。

〔29〕参见〔德〕韦伯:《新教伦理与资本主义精神》,彭强等译,陕西师范大学出版社2000年版。

〔30〕"与佛教形成强烈对比的是,儒教完全是世俗的俗人道德伦理。并且,儒教是要去适应这个世界及其秩序与习俗。"道教"是绝对非理性",后世的道教"已变成低下的巫术长生法、治疾术与解厄术","中国的宗教意识都没有为个人以宗教为引导的生活,创造出像清教徒的生活方法论所呈现的那样足够强烈的动机"。〔德〕韦伯:《中国的宗教——儒教与道教》,简惠美译,载《韦伯作品集》第Ⅴ卷,广西师范大学出版社2004年版,第220、272、284页。

〔31〕人类社会的早期法律都经过了个别判决、习惯惯例和法典三个阶段,此后东方法律的发展停滞了,而少数几个西方国家的法律继续向前发展,依次经过了拟制、衡平和立法。参见〔英〕梅因:《古代法》,沈景一译,商务印书馆1959年版,第15页。

第七章　比较法律史及其方法论

〔32〕"对于法律来说,一如语言,并无绝然断裂的时刻","循随同一内在必然性规律","法律是社会存在整体中的一部分"。参见〔德〕萨维尼:《论立法与理学的当代使命》,许章润译,中国法制出版社2001年版,第10页。

〔33〕〔英〕哈耶克:《法律、立法与自由》第1卷,邓正来译,中国大百科全书出版社2000年版,第115、209页。

〔34〕在霍姆斯看来,萨维尼占有理论的"渊源应当是哲学,特别是康德和黑格尔的哲学","源自德国的道德哲学"。参见〔美〕波斯纳:《法理学前沿》,武欣等译,中国政法大学出版社2003年版,第212—213页。

〔35〕按照波斯纳的理解,尼采对历史哲学的分类有三种,一是里程碑式的历史,二是今不如昔的批判性历史,三是赞美现在的天才历史。前一种是被动的编年史观,可称为纪念型历史主义,后两种类似于实用主义的历史观,可称为贬低型历史主义。三种历史观在法律活动中都有表现形式。参见〔美〕波斯纳:《法律理论的前沿》,武欣等译,中国政法大学出版社2003年版,第二编"历史学"。而根据福柯对尼采历史学的总结,则认为历史有这样三种使用方法:第一,反讽和滑稽化的使用,这可以称为"里程碑式的历史";第二,同一性的系统分解使用,称为"古玩商式的历史";第三,认知主体否定性使用,称为"批判往昔的历史"。参见〔法〕福柯:《尼采、谱系学、历史》,王简译,载杜小真选:《福柯集》,上海远东出版社2003年版,第162—164页。

〔36〕李红海:《萨维尼——历史法学的大师》,载徐爱国主编:《世界著名十大法学家评传》,人民法院出版社2004年版,第185页。

〔37〕〔美〕霍姆斯:《普通法》,冉昊、姚中秋译,中国政法大学出版社2006年版,第2页。

〔38〕"一批小说家连接写一部小说;在这系列中,每位小说家都对他所写的章节进行阐释,以便写出新的一章,这一章又给后面的小说家多加了一些材料,以此类推。每位小说家都有写出他那一章的工作,使小说尽可能有最佳的构成。此项任务的复杂性犹如根据作为整体性法律判决疑难案件时的复杂性。"〔美〕德沃金:《法律帝国》,李常青译,中国大百科全书出版社1996年版,第205页。

〔39〕民国时期大理院判决中西方法律与中国传统的矛盾表现和修辞性的判决,可参见卢静仪:《清末民初中国家产制度的演变》,北京大学法学院2008年博士学位论文。

〔40〕〔法〕福柯:《知识考古学》,谢强、马月译,生活·读书·新知三联书店1998年版,第6—7页。

〔41〕"尽管长期以来,有些著名的外国学者对法经的真实性提出了质疑,但至少在目前我们还找不到可以否定其存在的理由。""李悝撰写的法经早已湮没失传,其

详细内容已不得而知,但《晋书·刑法志》、《唐律疏议》和明代董说《七国考》转引的西汉桓谭《新论》等文献中,可了解其主要篇目和部分内容。"参见徐世虹主编:《中国法制通史》第2卷"战国·秦汉",载张晋藩总主编:《中国法制通史》,法律出版社1999年版,第6、10页。

〔42〕黑人牧师布朗有一个适龄上小学的女儿,她不能够就近入白人小学就读,她必须走过若干街道,穿过昏暗的隧道,坐上拥挤的校车,然后到黑人小学去上课。布朗于是联合美国有色人种协进会向政府发难,开启了美国历史上的黑人法律平等运动。在黑人律师看来,黑人和白人都是美国的公民,种族隔离就是一种不平等。种族隔离对黑人造成的自卑、缺乏自信和糟糕的教育,既是对黑人的一种压迫,也会导致社会更加不公。政府的律师也有自己的理由,让自卑感的黑人与优越感的白人一起上学,既与美国20世纪50年代的社会现实冲突,也会导致黑人更加的不自信。隔离并不导致歧视,反而是对黑人的特殊保护,因此隔离而非不平等。参见 Brown v. Board of Education, 347 U.S. 483(1954.)。

〔43〕〔美〕弗里曼:《1954—1989年的反歧视法:不明确、自相矛盾、理性化和拒绝承认歧视时刻》,载凯瑞斯编:《法律中的政治》,信春鹰译,中国政法大学出版社2008年版,第202—220页。

〔44〕对休谟和穆勒(一译密尔)因果关系的详细探讨,参见〔美〕哈特、奥诺尔:《法律中的因果关系》,张绍谦等译,中国政法大学出版社2005年版,第9—25页。哈特并非严格意义上的法律历史学家,他所探讨的法律上的因果关系应用了日常语言学派理论。总体上看,哈特和奥诺尔还是相信在法律中能够找到具有"必然性的"因果关系,这也是他们俩创作"法律中的因果关系"的目标所在。

〔45〕〔德〕尼采:《权力意志:重估一切价值的尝试》,陈筱卿译,中央编译出版社2005年版,第24、61、180、294页。

〔46〕〔德〕尼采:《快乐的知识》,黄明嘉译,中央编译出版社2005年版,第87页。

〔47〕〔德〕尼采:《权力意志:重估一切价值的尝试》,陈筱卿译,中央编译出版社2005年版,第344页。

〔48〕总结性的论文可参见 Matthew J. Festa, Applying a Usable Past: The Use of History in Law, 38 *Seton Hall L. Rev.* 479(2008)。